从零到亿
炒股实战系列

新股民快速入门

（第三版）

江山/著

经济管理出版社
ECONOMY & MANAGEMENT PUBLISHING HOUSE

图书在版编目（CIP）数据

新股民快速入门（第三版）/江山著.—北京：经济管理出版社，2018.6
ISBN 978-7-5096-5752-2

Ⅰ.①新… Ⅱ.①江… Ⅲ.①股票投资—基本知识 Ⅳ.①F830.91

中国版本图书馆 CIP 数据核字（2018）第 082753 号

组稿编辑：勇　生
责任编辑：王格格
责任印制：黄章平
责任校对：赵天宇

出版发行：经济管理出版社
　　　　　（北京市海淀区北蜂窝 8 号中雅大厦 A 座 11 层　100038）
网　　址：www.E-mp.com.cn
电　　话：(010) 51915602
印　　刷：三河市延风印装有限公司
经　　销：新华书店
开　　本：720mm×1000mm/16
印　　张：17
字　　数：252 千字
版　　次：2018 年 8 月第 1 版　2018 年 8 月第 1 次印刷
书　　号：ISBN 978-7-5096-5752-2
定　　价：48.00 元

·版权所有　翻印必究·

凡购本社图书，如有印装错误，由本社读者服务部负责调换。
联系地址：北京阜外月坛北小街 2 号
电话：(010) 68022974　邮编：100836

第三版序言

9年来，读者众多，非常幸福。然而，本人长期忙于投资管理，疏于与大家的交流，甚为愧疚。特别是本人发现大量假冒书籍，模仿本人的《新股民快速入门》，深忧误导投资者。于是决定修订出版第三版，但求投资者能获得有效的投资启发。

书中对一些变化了的规则进行了重新修正和补充，对一些知识进行了更新，特别是对创业板和新三板的相关知识进行了系统的整理，以便投资者了解相关投资知识。

千里之行，始于足下。从新股民到成功投资者，你必须勇敢跨出第一步。希望本书能够带给你实实在在的帮助。

江　山

目 录

第一章 股票的基本常识 / 1

一、股票的概念 / 2

二、股票的特点 / 3

三、股票的价值和价格 / 4

四、影响股票价格的因素 / 5

五、股票的分类 / 11

六、证券交易所和证券公司 / 15

七、一级市场、二级市场、三级市场 / 17

八、关于上市公司 / 18

九、开户流程和费用 / 23

十、上市公司的股票发行方式和新股申购过程 / 24

十一、股票的交易规则 / 29

十二、大盘指数 / 31

十三、常见股票术语解释 / 40

插曲：风险教育——中外大股灾 / 44

第二章 技术分析 / 51

一、什么是技术分析 / 51

插曲：技术分析的创立 / 52

二、K线的意义和构成 / 53

三、K线的11个特殊形态及其指导意义 / 54

四、K线组合的应用 / 57

五、重要的反转图形和整理图形 / 64

六、如何判断股价的趋势 / 82

七、移动平均线系统的使用方法 / 85

八、量价关系分析 / 95

九、技术指标的原理和应用技巧 / 100

插曲：道氏理论 / 106

第三章　研读大盘与个股 / 109

一、大盘研读 / 109

二、个股研读 / 119

三、大盘与个股的关系及应用 / 126

四、读盘中的重要问题 / 127

插曲：超高收益 / 131

第四章　如何选择股票 / 133

一、基本面选股 / 133

二、板块（联动）选股 / 147

三、主力重仓选股 / 149

四、重大利好（政策）选股 / 157

五、热点题材选股 / 161

六、借助于沪、深两市规则发现白马股——关注发行权证个股 / 171

七、盲人炒股的启示 / 172

插曲：股市警语——思维方式决定成败 / 173

插曲：笑话——反穿夹克 / 173

第五章　经典买卖技巧（实战案例）/ 177

一、技巧之稳中求快——如何买风险最低、收益最快的股票 / 177

二、技巧之"放长线钓大鱼"——宠辱不惊谋大利 / 183

三、技巧之"随波逐流"——抓住主升浪 / 189

四、技巧之绝地反击——关于抢反弹 / 198

五、技巧之"亡羊补牢"——解套战术 / 201

插曲：神秘和传奇背后的辛酸——私募操盘手的酒后真言 / 207

第六章　股民常见投资失误及其应对方案 / 209

一、股民常见错误 / 209

二、江山资金管理准则 / 219

插曲：要成为成功投资者的条件 / 222

第七章　股票衍生交易品种 / 225

一、权证投资知识 / 225

二、可转换公司债券 / 232

三、股指期货的基本知识 / 238

插曲：股指期货的发源 / 244

插曲：中国股指期货历史 / 245

第八章　认识创业板和新三板 / 247

一、什么是创业板、新三板？/ 247

二、创业板与新三板的上市条件 / 248

三、创业板与新三板的风险 / 251

四、创业板与新三板的开户条件与要求 / 253

五、创业板与新三板的交易规则（新三板做市交易）/ 254

六、怎样查询创业板与新三板股票 / 255

插曲：中国股市骗术小伎俩 / 256

写在后面的话 / 261

第一章　股票的基本常识

导学

　　初入股市，最初级的疑问主要集中在如下方面：股票究竟是什么？股票有哪些特点和种类？怎样开户，有什么费用项目？怎样买卖交易，有哪些规则？什么是证券交易所、证券公司和上市公司？影响股票的因素有哪些？如何申购新股？什么是大盘指数？股票中有哪些我们必须知道的术语？等等。你将会在本章学到这些知识。

　　也许你很忙，没有太多时间来深入学习所有的内容，那么，你需要知道本章的重点（当然，其他知识你还是要了解的），以便在学习时做到节约时间。本章的重点有：

　　股票的特点：可以让你在股票的实际操作中避免因低级的认识失误而导致惨重的损失。

　　影响价格的因素：股票赚钱靠的是价格波动。清楚影响股票价格的因素，就可以让你在发现相应的因素时，对股票作出正确的交易行为。

　　股票的交易规则：是你必须遵守的交易规范。在交易时要心中有数，才能达到交易目的。

　　新股的认购程序和技巧：可以让最初级的投资者几乎都能享受到稳赚的乐趣。

一、股票的概念

(一) 股票是什么

股票是一种有价证券,是股份有限公司在筹集资本时向出资人公开发行的持股凭证。这份凭证证明了出资人的股东身份和权利,并可根据持有的股份享有权益和承担义务。

(二) 股票的起源

1600年,荷兰的海运业已经非常繁荣,其商船数量相当于英、法数量的总和。1602年,荷兰东印度公司成立,用商船继续发展和亚洲之间的贸易,利润非常丰厚。但是,商船要在海上航行数万公里,出没无常的狂风巨浪给远航贸易带来无法回避的巨大风险。远航带来的超额利润是所有人希望得到的,而获取它所必须承担的巨大风险又是所有人无法逃避的,那么,有没有一种办法既能够获得足够的利润又能够把风险控制在一定程度呢?于是,股份制的公司、股票以及股票市场就在人们这种分散投资的需求中诞生了。

荷兰东印度公司是世界上第一家公开发行股票的公司,它发行了当时价值650万荷兰盾的股票,在6个荷兰海港城市设立了办事处,仅在阿姆斯特丹发行的股票数量就占总数的50%以上。当时,几乎每一个荷兰人都去购买这家公司的股票,甚至包括阿姆斯特丹市市长的佣人。

股份有限公司出现以后,很快成为资本主义国家企业组织的重要形式之一。以股票形式集资入股的方式也得到发展,并且产生了买卖交易转让股票的需求。这样,就带动了股票市场的出现和发展。据文献记载,早在1611年就有一些商人在荷兰阿姆斯特丹进行荷兰东印度公司的股票买卖交易,形成了世界上第一个股票市场,即股票交易所。

股票是对股份公司实际资本的所有权证书,代表取得收益的权利,是股东定期从股份公司取得股息的凭证。它本身不是实际资本，但却间接地反映了实际资本运行的状况，从而表现为一种虚拟资本。

二、股票的特点

（一）不可偿还性（又称永久性）

投资者认购了股票后，就不能退股，但可以到二级市场转让，即你买了上市公司的股票就不可以退还给上市公司，但你可以转卖给别人。股票的转让只意味着公司股东的改变，并不减少公司资本。股票的期限等于公司存续的期限。

（二）参与性

股东有权出席股东大会，选举公司董事会，参与公司重大决策。股票持有者的投资权益，通常是通过行使股东参与权来实现的。股东持股越多，就越能掌握公司的决策控制权。比如，某人或公司想控制某个上市公司，就在二级市场上收购其流通股票，当达到一定的比例时，就会对该公司形成控制权。一般达到总股份的50%以上就形成绝对控制权，达到30%就可以形成相对控制权。

（三）收益性

股票的收益性体现在两个方面：
（1）股东凭其持有的股票，有权从公司领取股息或红利，获取投资的收益。股息或红利的大小，主要取决于公司的盈利水平和公司的盈利分配政策。
（2）股票投资者可以通过低买高卖的价差收入来实现资产保值增值。

(四) 流通性

股票的流通性就是股票买卖的方便性。股票的流通，使投资者可以买入股票或者将股票变现。通过股票的流通和股价的变动，可以看出人们对于相关行业和上市公司的发展前景和盈利潜力的判断。在流通市场上吸引大量投资者、股价持续上涨的行业和公司，能够通过高价增发股票，不断吸收大量资本进行生产经营活动，可以优化资源配置。

流通性通常以可流通的股票数量、股票成交量以及股价对交易量的敏感程度来衡量。可流通股数越多，成交量越大，价格对成交量越不敏感（价格不会随成交量一同变化），股票的流通性就越好；反之就越差。例如，100万股的交易量对于工商银行（601398）的价格几乎没有什么影响，而对于中小盘股威尔科技（002016）几乎可以完全控制价格了。

(五) 价格波动性

由于受到诸如公司经营状况、供求关系、银行利率、大众心理等多种因素的影响，股票价格会不断波动。这其实也是所有商品价格的特性。您在投资时不妨把股票也看作是一种商品。

(六) 风险性

股价波动是不确定的，投资者如果决策失误，有可能遭受损失。因此，股票是一种高风险的投资理财产品。

三、股票的价值和价格

(一) 股票的价值

股票本身并没有价值，它是一种有价证券，是股东的资本证明。其价值主要体现在每股权益比率和对公司成长的预期上。如果每股权益比率越高，那么，相应的股票价值越高；反之越低。如果公司的发展非常好，规模不断扩大，效益不断提高，能够不断地分红，那么，投资者对公司未来的预期会提高，股票价值就越高；反之越低。

（二）股票的价格

股票的价格有三种：一是票面价格，即发行时股票的账面价格。二是发行价格，就是股票实际发行的价格。三是市场价格，我们平时所说的价格就是市场价格。

（三）股票的价值与价格的关系

股票的价值决定了股票的价格，股票的价格总是围绕价值上下波动。这就为市场套利提供了机会。所以，对股票价值的评估是进行股票投资的关键决策内容。

为了帮助大家更好地理解股票价值评估，本人开通了微信公众号"估值在线"（二维码见文末），大家可以关注并参与交流。

四、影响股票价格的因素

（一）政治因素

政治因素指能对经济因素发生直接或间接影响的政治方面的原因，如国际国内的政治形势、政治事件、外交关系、执政党的更替、领导人的更换等都会对股价产生巨大的影响。

政治因素对于股价的影响较为复杂，需具体分析其对经济因素的影响而定。战争通常被视为政治因素中最具有决定性的因素。

（二）经济周期

经济周期的循环、波动与股价之间存在着紧密的联系。一般情况下，股价总是伴随着经济周期的变化而升降。

在经济复苏阶段，投资逐步回升，资本周转开始加速，利润逐渐增加，股价呈上升趋势。

在繁荣阶段，生产继续增加，设备的扩充、更新加速，就业机会不断增多，工资持续上升并引起消费上涨；同时企业盈利不断上升，投资活动趋于活跃，股价就会大幅度上升。

在危机阶段，由于有支付能力的需求减少，造成整个社会的生产过剩，企业经营规模缩小，产量下降，失业人数迅速增加，企业盈利能力急剧下降，股价随之下跌；同时，由于危机到来，企业倒闭增加，投资者纷纷抛售股票，股价亦急剧下跌。

在萧条阶段，生产严重过剩并处于停滞状态，商品价格低落且销售困难，而在危机阶段中残存的资本流入股票市场，股价不再继续下跌并逐渐趋于稳定状态。

不难看出，股价不仅是伴随着经济周期的循环波动而起伏的，而且，其变动往往在经济循环变化之前出现。两者相互依存的关系为：复苏阶段——股价回升，繁荣阶段——股价上升，危机阶段——股价下跌，萧条阶段——股价稳定。

（三）经济政策

政府在财政政策、税收政策、产业政策、货币政策、外贸政策等方面的变化，会使股价变动。

就财政收支政策看，当国家对某类企业实行税收优惠，那就意味着这些企业的盈利将相应增加，而这些企业公司发行的股票也会受到重视，其价格容易上升。从财政支出政策看，当国家对某些行业或某类企业增加投入，就意味着这些行业、企业的生产将发展，也会引起投资者的重视。此外，如产业政策的执行，政府对产品和劳务的限价会导致相应股票的价格下跌；税收制度的改变，如调高印花税税率，则会直接导致股价下跌等。例如，国家把四川和重庆划为经济特区，那么川渝地区的上市公司就立刻迎来了发展的重大机遇，这些上市公司的股票表现就会比较好。而国家提高印花税则对股市是直接的利空消息，股市会应声而落。2007年5月，国家将印花税由原来的0.1%提高到0.3%，直接导致了"5·30"暴跌行情。

（四）利率水平

利率水平与股价成反比关系。当利率上升时，一是公司借款成本增加，相应使利润减少；二是资金从股市流入银行，需求减少；三是投资者评估价值所用的折现率上升，股票价值因此会下降。反之则股价会上升。

利率水平对股价的影响是比较明显的，反应也比较迅速。

要把握股价走势，首先要对利率发展趋势进行全面掌握。影响利率的主要因素包括货币供应量、中央银行贴现率、银行存款准备金比率。如果货币供应量减少、银行贴现率提高、银行存款准备金比率提高，就表明中央银行意在收缩银根，利率呈上升趋势；反之，则表示利率总的趋势在下降。

（五）汇率变动

汇率变动对一国经济的影响是多方面的。

总的说来，如果汇率调整对未来经济发展和外贸收支平衡利多弊少，股价就会上升；反之，股价就会下跌。

具体来看，汇率变动对股价的影响主要是针对那些从事进出口贸易的股份公司，它通过对盈利状况的影响，进而反映到股价上。一般来说，本国货币升值不利于出口却有利于进口，而贬值正好相反。

（六）国际收支

国际收支状况也是影响股价的重要因素。一般情况下，国际收支处于逆差状况，对外赤字增加，进口大于出口，此时，政府为扭转这类状况，会控制进口，鼓励出口，并相应地提高利率，实行紧缩政策，从而造成股价看跌；反之，股价将看涨。

（七）物价因素

物价水平也是影响股票行情的重要指标。

一般而言，商品价格上升时，公司的产品能够以较高的价格水平售出，盈利相应增加，股价亦会上升。但是，这也要根据情况而定。如物价上升时，那些拥有较大库存产品的企业的生产成本是按原来的物价计算的，因而，可导致直接的盈利上升；对于需大量依赖新购原材料的企业而言，则可能产生不利影响。

此外，由于物价上涨，股票也有一定的保值作用。同时货币供应量增加，银根松弛，也会使社会游资进入股票市场，增大需求，导致股价上升。但物价与股价的关系并非完全是正相关，即物价上涨股价未必上升。如经济过热、通货膨胀会推动利率上升，则股价可能下降；如物价上涨所导致的上升成本无法通过销售转嫁出去，或物价上涨的程度引起投资者对股票价值所用折现率的估计提高而造成股票价值降低时，股价亦会相应下降。

物价与股价的关系最为微妙、复杂。总的说来，物价的上升对股价走势既有刺激作用又有压抑作用。当其刺激作用大时，其趋势与股价走势一致；当其压抑作用大时，其趋势则可能与股价走势正好相反。

（八）公司经营状况

经营状况是指发行公司在经营方面的能力。如公司在行业中的地位、产品影响力、品牌号召力、生产规模、产品的生命周期、销售力和销售网、员工素质和公司经营管理水平等。上述因素既可直接影响公司的财务状况，又可间接影响投资者的投资意向，进而影响股价变化。

（九）财务状况

发行公司的财务状况也是影响股价的重要原因，甚至是直接原因。依照各国法规，凡是能反映公司财务状况的重要指标都必须公开，上市公司的财务状况还需定期向社会公开。衡量公司财务状况的主要内容包括：

（1）资产净值。它是考察公司经营安全性和发展前景的重要依据。

（2）总资产。它显示公司的经营规模。

（3）自有资本率。它反映了公司的经营作风和抗风险能力。

（4）每股净资产，即每股账面价值。它反映了股票的真实价值。

（5）公司利润总额及资本利润率等。

公司盈利是影响股价变化的最基本的原因之一，因为股票价值是未来各期股息收益的折现值，而股息又来自于公司盈利，由此，盈利的增减变化就成为影响股票价值以及股票价格的最本质因素。从长期来看，公司盈利与股价变化的方向是一致的，即公司盈利增加就预示着股价上升；反之则相反。此外，股价与盈利的变动也不一定同步，股价往往先于盈利的增加而上涨，且上涨的幅度往往会超过盈利增加的幅度。

（十）股利派发政策

对于大部分股东而言，其投资股票的动机之一是为获得较高的股息、红利，因此，发行公司的股利派发率也是影响股价极为重要的原因。公司的盈利增加，为投资者增加股息提供了可能性。但股利的增加与否，还须取决于公司的股利政策。因为增加的盈利除了可能被用于派发股利外，还可能用于再投资。股利政策不同对股价影响很大，有时甚至比公司盈利的影响更为直接、迅速。一般情况是，在公司宣布发放股利的短期内，股价马上出现升势，而取消股利则股价即刻下降。

此外，发行公司对股利派发进行不同的技术处理也会对股价产生影响。一般来说，股利的种类包括现金股利、财产股利（实物股利）以及股票股利三种。在不同的情况下，采取不同种类的股利派发则有明显的影响作用。如在股价看涨的情况下，按同样的股利率，以股票股利（俗称"红股"）形式派发则明显影响股价，其原因在于：在上述情况下，股票股利可比现金或财产股利获得更多的经济效益。举例来说，某股票面值10元，市价60元，股息 50%。如果以现金股利形式支付，将得到现金 5 元；如果以股票股利形式支付，将得到 0.5 股股票，市价高达 30 元。

支付股票股利对于发行公司而言，可以防止资本外流，有利于扩大公司资本总额。但是，由于增加了股份，也加重了股利派发的负担，尤其在公司经营状况与利润不能同资本额同步增长的情况下，将导致股价下跌。

（十一）股票分拆

一般大面额股票在经过一段较长时期的运作后，都会经历一个分割的过程。一般在公司进行决算的月份宣布股票分割。由于进行股票分割往往意味着该股票行情看涨，其市价已远远脱离了它的面值；也由于分割后易于投资者购买，便于市场流通，因而吸引了更多的投资者。此外，由于投资者认为股票分割后可能得到更多的股利和无偿取得更多的配售股权，因此增加购买并过户，使股市上该种股票数量减少，欲购买的人更多，造成股价上涨。

（十二）市场供求

市场供求关系是直接影响股价波动的重要原因。股票供不应求则股价会涨，供过于求则股价会跌。2006 年由于大量的"热钱"涌入股市，而可买的股票数量有限，供不应求，直接导致了股价的飙升。绝大多数投资者，只要买到股票的几乎都稳赚。

投资者在实际投资中要综合参考以上 12 种因素对股价的影响，进而判断股市的大体趋势和目标个股的发展方向，最终作出投资决策，以提高投资的准确性。

五、股票的分类

(一) 股票按照股东的权利可以分为普通股和优先股

1. 普通股

普通股是指在公司的经营管理和盈利及财产的分配上享有普通权利的股份，代表满足优先股东的收益权要求后对企业净盈利和剩余财产的索取权，它构成公司资本的基础，是股票的一种基本形式，也是发行量最大、最重要的股票。

目前在上海和深圳证券交易所上市交易的股票，都是普通股。

普通股股票持有者按其所持有股份比例享有以下基本权利：

(1) 公司决策参与权。普通股股东有权参与股东大会，并有表决权和选举权，也可以委托他人代表其行使股东权利。

(2) 利润分配权。普通股股东有权从公司利润分配中得到股息。普通股的股息是不固定的，由公司盈利状况及其分配政策决定。普通股股东必须在优先股股东取得固定股息之后才有权享受股息分配权。

(3) 优先认股权。如果公司需要扩张而增发普通股票时，现有普通股股东有权按其持股比例，以低于市价的某一特定价格优先购买一定数量的新发行股票，从而保持其对企业所有权的原有比例。

(4) 剩余财产分配权。当公司破产或清算时，若公司的财产在偿还欠债后还有剩余，其剩余部分按先优先股股东、后普通股股东的顺序进行分配。

2. 优先股

优先股是指股份有限公司在筹集资本时给予投资者某些优先条件的股票。优先股有如下特点：

(1) 优先股有固定的股息，不受公司业绩好坏影响，并可以先于普通股股东领取股息。

（2）当公司破产进行财产清算时，优先股股东对公司剩余财产有先于普通股股东的要求权。

（3）优先股股东不参加公司的红利分配，无表决权和参与公司经营管理权。

（二）股票按购买主体划分可以分为国有股、法人股、社会公众股

国有股指有权代表国家投资的部门或机构以国有资产向公司投资形成的股份，包括公司现有国有资产折算成的股份。由于我国大部分股份制企业是由原国有大中型企业改制而来的，因此，国有股在公司股权中占有较大的比重。国有股的股权属于国家所有，其所有权通过国有资产管理部门来行使。

法人股指企业法人或具有法人资格的事业单位、社会团体以其依法可经营的资产向公司投资所形成的股份。根据法人股认购的对象，可将法人股进一步分为境内发起法人股、外资法人股和募集法人股三种。

社会公众股是指我国境内个人和机构，以其合法财产向公司可上市流通股权部分投资所形成的股份。投资者在股票市场买卖的股票都是社会公众股。

我国国有股和法人股目前还不能直接上市交易。国有股东和法人股东要转让股权，可以在法律许可的范围内，经证券主管部门批准，与合格的机构投资者签订转让协议，一次性完成大宗股权的转移。目前要取得一家上市公司的控股权，一般收购方需要从原国有股东和法人股东手中协议受让大宗股权。因为现有股份公司多数由原来的国有大中型企业改制而来，国有股和法人股占总股本的比重较大。随着兼并收购、买壳、借壳等资产重组活动的展开，国有股、法人股的转让行为也逐渐增多。

（三）按股票发行上市的地点又可分为A股、B股、H股、S股、N股

A股是指在中国内地注册并在中国内地上市的普通股票。A股以人民币认购和交易，参与投资者为中国内地的机构或个人。

B股也称为人民币特种股票。是指那些在中国内地注册并在中国内地上市的特种股票。以人民币标明面值，只能以外币认购和交易。参与投资者为中国香港地区、中国澳门地区、中国台湾地区居民和外国人，持有合法外汇存款的内地居民也可投资。上海证券交易所的B股是以美元交易；深圳证券交易所的B股是以港币交易。我国第一只B股上海真空B股于1991年上市。

H股即港股，是指那些在中国内地注册、在中国香港（Hong Kong）上市的外资股。1993年第一只H股青岛啤酒H股在中国香港上市。

S股是指主要生产或者经营等核心业务在中国内地，注册地在新加坡（Singapore）或者其他国家和地区，在新加坡交易所上市的股票。在沪、深两地的A股中，那些在前面冠名S的股票，是指还没有进行股权分置改革的股票。

N股是指那些在中国内地注册、在纽约（New York）上市的外资股。

（四）特别处理股票：ST股票与*ST股票

1. ST股票

ST的英文全称为Special Treatment，即特别处理。ST股票，即特别处理股票。1998年4月22日，沪、深证券交易所宣布将对财务状况和其他状况异常的上市公司的股票交易进行特别处理。特别处理股票针对的是公司的财务状况异常。财务状况异常主要有以下六种情况：

（1）最近两个会计年度的审计结果显示净利润为负值，即上市公司连续两年亏损的。

（2）最近一个会计年度的审计结果显示其股东权益低于注册资本，即每股净资产低于股票面值的。

（3）注册会计师对最近一个会计年度的财产报告出具无法表示意见或否定意见的审计报告的。

（4）最近一个会计年度经审计的股东权益扣除注册会计师、有关部门不予确认的部分，低于注册资本的。

（5）最近一份经审计的财务报告对上年度利润进行调整，导致连续两个会计年度亏损的。

（6）经交易所或中国证监会认定为财务状况异常的。

另一种"其他状况异常"是指自然灾害、重大事故等导致生产经营活动基本中止，公司涉及可能赔偿金额超过公司净资产的诉讼等情况。

ST股票日涨、跌幅限制为5%。被特别处理的上市公司的中期报告必须经过审计。如果经过审计，以上六种情况已经消除，上市公司可以向交易所申请撤销特别处理。

需要注意的是，对于特别处理的股票，上市公司的权利与义务不变，也就是说，特别处理不是对公司的处罚措施。特别处理的目的是向投资者提醒风险，防止股价异常波动，以维护市场交易秩序，保护投资者的权益。

2. *ST 股票

*ST 股票，是指存在退市风险的股票。我国2003年开始启用新标记"*ST"来警示退市风险，是在原有"特别处理"基础上增加的一种特殊的特别处理。*ST 股票的日涨、跌幅限制为5%。股票终止上市风险的公司一般存在以下五种问题：

（1）最近连续两年亏损的。

（2）因财务会计报告存在重大会计差错或虚假记载，被中国证监会责令改正或公司主动改正，对以前年度财务报告进行追溯调整，导致最近两年连续亏损的。

（3）因财务会计报告存在重大会计差错或虚假记载，中国证监会责令其改正，在规定期限内未对虚假财务会计报告进行改正的。

（4）在法定期限内未依法披露年度报告或半年度报告的。

（5）处于股票恢复上市交易日至其披露恢复上市后的第一个年度报告期间的。

*ST 是交易所根据《公司法》相关规定，对上市公司的退市风险向投资者作出的充分警示，而这种处理又区别于 ST。

上述问题中的第（1）、第（2）类情形是考虑到上市公司如果出现连续三年亏损，将被暂停上市，因此在其年报显示连续两年亏损时，有必要提前进行"退市风险警示"，以保护投资者权益；上述问题中的第（3）、第（4）类情形则是针对上市公司没有按规定公开其财务状况,或者对财务会计报告作虚假记载,根据《公司法》的有关规定,公司也存在退市风险需加以警示;第(5)类情形是根据《亏损上市公司暂停上市和终止上市实施办法(修订)》,上市公司股票在恢复上市交易后,如其恢复上市后的第一个年度报告显示公司出现亏损的,上市公司股票仍面临终止上市,故在此期间应向投资者揭示可能退市的风险。

六、证券交易所和证券公司

(一)证券交易所

证券交易所是股票交易的场所。在我国,普通投资者无法直接进入交易所交易,而目前主要是证券(经纪)公司才能在交易所拥有席位,所以普通投资者必须通过证券公司来交易股票,并向证券公司缴纳一定的手续费。目前,我国内地的证券交易所有两个,分别是上海证券交易所和深圳证券交易所。

上海证券交易所是我国目前最大的证券交易中心,成立于1990年11月26日。深圳证券交易所是我国第二大证券交易所,筹建于1989年,于1991年7月经中国人民银行批准正式营业。

这两个交易所开业以来,不断改进市场运作方法,逐步实现了交易的电脑化、网络化及股票的无纸化操作。目前,这两个交易所上市的证券品种有股票(A股、B股)、国债、企业债券、权证、基金等。

上海证券交易所和深圳证券交易所按照国际通行的会员制方式组成,是非营利性的事业单位。其业务范围包括:

(1)组织并管理上市证券。

(2)提供证券集中交易的场所。

(3)办理上市证券的清算与交割。

(4) 提供上市证券市场信息。

(5) 办理中国人民银行许可或委托的其他业务。

其业务宗旨是：完善证券交易制度，加强证券市场管理，促进中国证券市场的发展与繁荣，维护国家、企业和社会公众的合法权益。

上海证券交易所和深圳证券交易所由会员、理事会、总经理和监事会四个部分组成。

会员是经审核批准且具备一定条件的法人，他们都享有平等的权利，有权参加会员大会，对交易所的理事和监事有选举权和被选举权，对交易所的事务有提议权和表决权。会员大会是证券交易所的最高权力机关，每年召开一次。

理事会为证券交易所会员大会的日常事务决策机构，向会员大会负责。总经理为交易所的法定代表人，由理事会提名通过报主管机关批准。

总经理的职责是组织实施会员大会和理事会的决议并向其报告工作，主持本所日常业务和行政工作，聘任本所部门负责人，代表本所对外处理有关事务。

证券交易所还设监事会，负责本所财务、业务工作的监督，并向会员大会负责。

（二）证券公司

证券公司是指依照《公司法》规定设立的，并经国务院证券监督管理机构审查批准而成立的，专门经营证券业务，具有独立法人地位的金融机构。

证券公司（Securities Company）是专门从事有价证券买卖的法人企业。分为证券经营公司和证券登记公司。

1. 证券经营公司

狭义的证券公司是指证券经营公司，是经主管机关批准并到有关工商行政管理局领取营业执照后专门经营证券业务的机构。它具有证券交易所的会员资格，可以承销、发行、自营买卖或自营兼代理买卖证券。普通投资人的证券投资都要通过证券经营公司来进行。从证券经营公司的功能分类，可分为证券经纪商、证券自营商和证券承销商。

（1）证券经纪商。代理买卖证券的证券机构，接受投资人委托，代为买卖证券，并收取一定手续费即佣金。

（2）证券自营商。自行买卖证券的证券机构，它们资金雄厚，可直接进入交易所为自己买卖股票。

（3）证券承销商。以包销或代销形式帮助发行人发售证券的机构。

实际上，许多证券公司是兼营这三种业务的。按照各国现行的做法，证券交易所的会员公司均可在交易市场进行自营买卖，但专门以自营买卖为主的证券公司为数极少。

2. 证券登记公司

证券登记公司是证券集中登记过户的服务机构。它是证券交易不可缺少的部分，并兼有行政管理性质。它须经主管机关审核批准方可设立。

七、一级市场、二级市场、三级市场

（一）一级市场

一级市场指证券发行市场。一级市场是股份公司为扩充经营，按照一定的法律规定和发行程序，向投资者出售新证券所形成的市场，即股票上市形成的市场。

（二）二级市场

二级市场指证券流通和交易市场。二级市场是证券经过发行市场后，不断进行买卖交易流通所产生的市场。一般投资者股票买卖的市场就是二级市场。

（三）三级市场

即目前市场上称谓的"三板市场",其真正意义是"代办股份转让",简称STARS系统。主要是为退市股票和被业内称为"两网"的STAQ、NET系统遗留的法人股流通提供场所。

"新三板市场"原指中关村科技园区非上市股份有限公司进入代办股份系统进行转让试点,因挂牌企业均为高科技企业而不同于原转让系统内的退市企业及原STAQ、NET系统挂牌公司,故形象地称为"新三板"。目前,新三板不再局限于中关村科技园区、天津滨海、武汉东湖以及上海张江等试点地的非上市股份有限公司,而是全国性的非上市股份有限公司股权交易平台,主要针对的是中小微型企业。

八、关于上市公司

（一）上市公司的概念

上市公司是指所发行的股票经国务院或者国务院授权证券管理部门批准在证券交易所上市交易的股份有限公司。公司的上市条件有：

（1）上市公司首先是股份有限公司。股份有限公司主要是区别于有限责任公司。

股份有限公司,是指其全部资本分为等额股份,股东以其所持股份为限对公司承担责任,公司以其全部资产对公司的债务承担责任。

有限责任公司,是指符合法律规定的股东出资组建,股东以其出资额为限对公司承担责任,公司以其全部资产对公司的债务承担责任的企业法人。

股份有限公司和有限责任公司有以下区别：

①有限责任公司是属于"人资两合公司",其运作不仅是资本的结合,而且还是股东之间的信任关系;股份有限公司完全是资合公司,是股东的资

本结合，不基于股东间的信任关系。

②有限责任公司的股东人数有限制，为 2 人以上 50 人以下；而股份有限公司股东人数没有上限，只有最低限制为不少于 5 人。

③有限责任公司的股东向股东以外的人转让出资有限制，需要经过全体股东过半数同意；而股份有限公司的股东向股东以外的人转让出资没有限制，可以自由转让。

④有限责任公司不能公开募集资金，不能发行股票；股份有限公司可以公开发行股票，募集资金。

⑤有限责任公司不用向社会公开披露财务、生产、经营管理的信息；而股份有限公司的股东人数多，流动频繁，因此，需要向社会公开其财务状况。

（2）股份有限公司申请股票上市的条件。

①股票经国务院证券管理部门批准公开发行；

②公司股本总额不少于人民币 3000 万元；

③开业时间在 3 年以上，最近 3 年连续盈利；

④向社会公开发行的股份达公司股份总数的 25%以上；公司股本总额超过人民币 4 亿元的，公司发行股份的比例为 10%以上；

⑤公司在最近 3 年内无重大违法行为，财务会计报告无虚假记载；证券交易所可以规定高于前款规定的上市条件，并报国务院证券监督管理机构批准。

（3）暂停股票上市的法定情形。

①公司股本总额、股权分布等发生变化不再具备上市条件；

②公司不按规定公布其财务状况，或者对财务会计报告作虚假记载；

③公司有重大违法行为；

④公司最近 3 年连续亏损；

⑤证券交易所上市规则规定的其他情形。

（二）上市公司的利润分配政策

上市公司的年度净利润在扣除所得税和提取法定公积金后，会作出利润分配方案。公司的分配政策关系到股东的直接利益，所以会引起股价的波动。

1. 上市公司利润分配的方式

（1）送股或转增股。送股是指公司利润不以现金方式回报股东，而采用送红股的办法。转增股是指公司提取资本公积金增加股本。如果某只股票有送股或转增股分配方案，凡是在股权登记日登记在案的投资者都享有送股权或转增股权。

送股和转增股都将通过证券交易所的系统，自动划入投资者账户。送股或转增股上市后即可交易。

（2）现金红利。现金红利是以现金形式发放的股利，是上市公司常见的利润分配方式。

（3）配股和转配股。

①配股。配股是上市公司根据自身发展的需要，依据法律规定和相应的程序向投资者进一步筹措资金的行为。

上市公司的配股必须符合六条规定：

第一，配股募集资金的用途必须符合国家产业政策的规定。

第二，前一次发行的股份已经募足，并间隔1年以上。

第三，公司在最近3年内的净利润率每年都在10%以上，属于能源、原材料、基础设施类的公司可以略低，但不能低于9%。

第四，公司最近3年的财务会计文件无虚假记载或重大遗漏。

第五，本次配股募集资金后，公司预测的净利润率应达到同期银行个人定期存款利润率。

第六，公司一次配股发行股份总数不得超过该公司前一次发行并募足股份后其普通股份总数的30%，如配股募集资金用于国家重点建设项目和技改项目的，在发起人承诺足额认购其可配股份的情况下，可不受30%比例的限制。

配股价格要以每股净资产、二级市场股价定位和所用项目的规模来参考定价。

②转配股。转配股是国有股股东或法人股股东将公司的配股权转让,社会公众须通过购买配股权证的形式来得到转配股。这种转让是有偿的。中国证监会规定,转配股部分暂时不能上市流通。

转配股的认购程序与认购一般的配股一样,只要到证券营业部办理认购手续,或通过电话委托方式认购。当然,首先是你看好公司的前景。

2. 关于股票分红的几个重要日期

因为股票可以自由买卖,所以公司股东是经常变化的,公司为了确定哪些人有资格领取股利,必须在发放股利之前确定有关的日期。

(1) 股利宣布日,即公司宣布分派股利的当天,并确定股权登记日和付息日。

(2) 股权登记日,股权登记日亦称除息日。凡在股权登记日及之前购买并办理完过户手续的股东,即在册股东,都有权获得最近一次股利;凡在股权登记日之后或之前购买但尚未办妥过户手续的股东,即非在册股东,都无权领取最近一次股利。

(3) 股利发放日,或称付息日,指实际支付股利的日期。

3. 除息除权

上市公司每年分派给股东股利时,都要确定除息日和除权日。在除息日、除权日之前购买并持有的股票,都有资格获得股利,称为含息股票和含权股票,在除息日、除权日后购买的股票没有资格获得股利,我们称为除息股票或除权股票。除息除权前后的股票价格会发生变化,其换算关系如下:

除息价 = 除息日前一天收盘价 - 每股现金股息额

送股除权价 = 原股数 × (原价 - 股息) / (原股数 + 送股数)

配股除权价 = [原股数 × (原价 - 股息) + 配股数 × 配股价] / (原股数 + 配股数)

送股配股除权除息价 = [原股数 × (原价 - 股息) + 配股数 × 配股价] / (原股数 + 送股数 + 配股数)

注:原价即除息除权日前一天原股票收盘价。

例:某上市公司除息除权日前一交易日股票的收盘价为 50 元,此次公司的派息、送股、配股方案是：每10股派息5元，每10股送红股3股，每10股再配3股，配股价为每股10元。

除息价 = 50 – 5 ÷ 10 = 49.5（元）

①送股除权除息价 = 10 × (50 – 5 ÷ 10) ÷ (10 + 3) = 38.08（元）

②配股除权除息价 = [10 × (50 – 5 ÷ 10) + 10 × 3] ÷ (10 + 3) = 40.38（元）

③送股配股除权除息价 = [10 × (50 – 5 ÷ 10) + 10 × 3] ÷ (10 + 3 + 3) = 32.81（元）

股票除权除息日将参考除权除息价开盘。

4. 零碎股的处理方法

零碎股是指不足1股的股票，零碎股经常会在分红、配股后出现。例如，某上市公司年度分红为每10股送3.2股，则0.2股为零碎股。

（1）如果配股出现零碎股，深市是舍去，沪市是四舍五入。

（2）沪深两市关于零碎股的处理方法：

①沪市是对每一个股东应得的零碎股进行大小排队，从大开始依次送，送完为止。如零碎股大小相同者，则由电脑随机抽签决定。

例：每10股送2.8654737股。甲有3000股，某上市公司应送859.64211股；乙有2500股，应送716.368425股；丙和丁各有2200股，应各送630.404214股。按规定，甲、乙、丙、丁先送整数股，即甲得859股，乙得716股，丙、丁各得630股。零碎股按大小排队，甲排第一（0.64211股），丙、丁并列第二（0.404214股），乙排第三（0.368425股）。于是，剩余股总数为0.64211 + 0.368425 + 0.404214 × 2 = 1.818963股，则甲先得1股，剩余0.818963股，由电脑抽签决定丙、丁谁得该股。当然乙就得不到了。

②深市对于零碎股的处理非常简单：国有股、法人股、管理人员股、社会公众及内部职工股、零碎股一律不派发给投资者，一并记入深圳登记结算公司的风险账户。

九、开户流程和费用

（一）股票账户开户流程

（1）自然人 A 股开户流程。

第一步，开立沪深股东卡。本人持身份证先填写《开户协议书》，后到柜台办理。开户费为：沪 40 元、深 50 元（有的证券公司为招揽客户，免费开立）。

第二步，开立资金卡。本人持身份证、股东卡，在资金柜台填写开户协议书。

第三步，银证联网。本人持身份证、资金卡、银行储蓄卡（需要提前开立，必须是与该证券公司要求的一致。比如，证券公司只要求建行或者工行储蓄卡，那么，其他卡就不可以银证联网），填写相应表格，交资金柜台办理。

（2）机构法人 A 股开户流程。

第一步，开立股东卡。经办人持营业执照副本、法人授权书、法人代表证明书、开户银行账号、法人及本人身份证、开户费（沪 40 元、深 50 元）填写相关表格，交柜台办理沪深股东卡。

第二步，经办人持营业执照副本、法人授权书、法人及本人身份证、银行账号，在资金柜台填写《开户协议书》。

（3）B 股开户流程。

第一步，凭本人身份证明文件，到外汇存款银行将现汇存款或外币现钞存款划入银行 B 股保证金账户，获取进账凭证（不允许跨行或跨地划转外汇资金）。

第二步，凭本人有效身份证明和本人进账凭证到证券公司开立 B 股资金账户（最低金额 1000 美元或 7800 港元）。

第三步，凭 B 股资金开户证明开立 B 股股票账户。开户费为：沪 19 美元、深 120 港元。

（二）A 股交易存在的费用

A 股交易的费用为双向收费（印花税除外），买与卖双向都要交纳：
股票买卖的手续费 = 印花税 + 交易佣金 + 过户费 + 其他费用

（1）印花税：目前为交易金额的 1‰（国家税收，不容浮动）。目前仅在卖出时单边征收，买入时不征收。

（2）过户费：深圳不收，上海收（交易股数的 1‰，最低为 1 元）。

（3）交易佣金：规定最高为交易金额的 3‰，不得超过，可以下浮，最低为 5 元。各家券商及各种交易形式（网上交易、电话委托、营业部刷卡）有所不同，具体标准需咨询各家券商。

以上三种费用只有股票成交才收费，撤单后不收费。

（4）其他费用：其他费用是指投资者在委托买卖证券时，向证券营业部交纳的委托费（通信费）、撤单费、查询费、开户费、磁卡费以及电话委托、自助委托的刷卡费、超时费等。一般沪深本地投资者向证券营业部交纳 1 元委托费，异地交纳 5 元委托费。其他费用由券商根据需要酌情收取，目前证券公司出于竞争的考虑而减免部分或全部此类费用。

十、上市公司的股票发行方式和新股申购过程

（一）上市公司的股票发行方式

1. 公开发行与非公开发行

这是根据发行对象的不同来划分的。

公开发行又称公募，是指向没有特定对象的社会广大投资者公开推销股票。公开发行可以扩大股东的范围，分散持股，减少被少数人操纵的风险，有利于提高公司的社会性和知名度，增加股票的适销性和流通性，为以后筹集更多的资金打下基础。公开发行可以采用股份公司自己直接发售的方法，

也可以支付一定的发行费用通过证券中介机构代理发行。

非公开发行又叫私募，是指发行者只对特定的发行对象推销股票。有两种途径：第一种是股东配股，即以低于市场的价格向原有股东分配该公司的新股认购权，原股东根据自己意愿决定是否认购。如果不愿意认购，也可以把该认购权有偿转让。第二种是私人配股，即第三者分摊，指股份公司将新股票分售给股东以外的与公司有特殊关系的第三者。这样既体现了对该股东的优惠照顾，又可以在新股票发行遇到困难时向其分摊股票，筹集资金。非公开发行降低了发行成本，调动了股东的积极性，巩固和发展了公司的公共关系，但也存在流动性差，不利于打造公司的社会性和知名度，易被控制的缺点。

2. 直接发行与间接发行

这是根据发行者推销出售股票方式的不同来划分的。

直接发行又称直接招股，是指股份公司自己承担股票发行的一切事务和发行风险，直接向认购者推销出售股票的方式。采用直接发行方式时，要求发行者熟悉招股手续，精通招股技术并具备一定的条件。如当认购额达不到计划招股额时，新建股份公司的发起人或现有股份公司的董事会必须自己认购未出售的股票。

间接发行又称间接招股，是指发行者委托证券发行中介机构发行股票的方式。这些中介机构作为股票的推销者，办理一切发行事务，承担一定的发行风险并从中提取相应的收益。常见的方式为代销、包销和承销。

股票间接发行时究竟采用哪一种方法，发行者和推销者考虑的角度是不同的，需要双方协商确定。一般说来，发行者主要考虑自己在市场上的信誉、用款时间、发行成本和对推销者的信任程度；推销者则主要考虑所承担的风险和所能获得的收益。

3. 有偿增资、无偿增资和搭配增资

这样划分的标准为按照投资者认购股票时是否交纳股金。

有偿增资，是指认购者必须按股票的某种发行价格支付现款，才能获得股票的一种发行方式。一般公开发行的股票和私募中的股东配股、私人配股都采用有偿增资的方式。这种方式可以直接从外界募集公司的资本金。

无偿增资，是指认购者不必向股份公司交纳现金就可获得股票的发行方式，发行对象只限于原股东。这种方式不能直接从外界募集资本金，而是利用减少股份公司的公积金或盈余结存来增加资本金，通常在股票派息分红、股票分割和法定公积金或盈余转作资本配股时采用无偿增资的发行方式。按比例将新股票无偿交付给原股东，其主要是为了股东权益，以增强股东信心和公司信誉。无偿发行要受资金来源的限制，因此，不能作为通常的股票发行方式。

搭配增资，是指股份公司向原股东发行新股时，仅让原股东支付部分价款就可获得一定数额的股票。例如股东认购面额为 100 元的股票，只须支付 50 元就可以了，其余部分无偿赠送，由公司的公积金充抵。这种发行方式是对原有股东的另一种优惠措施，以快速实现公司的增资计划。

上述这些股票发行方式，各有利弊及条件约束。股份公司在发行股票时，可以从实际情况出发择优选用其中的某一种方式或兼用几种方式。当前，公开发行和间接发行是世界各国所采用的最普遍的发行方式。

4. 溢价发行、等价发行和折价发行

这是按发行价格与股票面值的关系来划分的。

溢价发行，是指股票发行价格大于股票票面金额的发行方式。一般采用溢价发行的公司对自己的前景充满信心，或者是发行股票时，股市行情较好。

等价发行，是指股票发行价格等于股票票面金额的发行方式。

折价发行，是指发行价格低于股票面值的发行方式。折价发行一般是公司为了顺利发行完所募集的股份而采用的低价发行方式。折价发行的原因主要有两个：一是公司的知名度和社会影响力较小，二是股市处在一个不利的行情状态。

（二）如何申购新股

1. 新股申购的规则

从 2016 年开始，A 股新股发行将按新规申购，主要包括取消现行新股申购预先缴款制度，改为新股发行采用市值申购的方法，投资者只要有市值就能申购，中签之后才缴款，强调新股申购自主决策、自担风险、自负盈亏，券商不得接受投资者全权委托申购新股。

(1) T-2 日（含）前 20 个交易日日均持有 1 万元非限售 A 股市值才可申购新股，上海、深圳市场分开单独计算。

(2) 客户同一个证券账户多处托管的，其市值合并计算。客户持有多个证券账户的，多个证券账户的市值合并计算。融资融券客户信用证券账户的市值合并计算。

(3) 上海每持有 1 万元市值可申购 1000 股，深圳每持有 5000 元市值可申购 500 股。

(4) 深圳有市值的普通或信用账户才可申购，上海只要有指定交易的账户即可申购，客户只有第一次下单有效（按发行价买入）且不能撤单。

(5) 申购时间：上海 9：30~11：30/13：00~15：00，深圳 9：15~11：30/13：00~15：00。

(6) 客户申购时无需缴付认购资金，T+2 日确认中签后需确保 16：00 有足够资金用于新股申购的资金交收。

(7) 客户中签但未足额缴款视为放弃申购，连续 12 个月内累计 3 次中签但放弃申购者，自最近一次放弃申购次日起 6 个月（按 180 个自然日计算，含次日）内不得参与网上新股申购。

2. 新股申购交易技巧

(1) 选择申购时段：10：30~11：00 中签率最高。

据统计，以半小时为单位，新股申购中签率最高的申购时段是 10：30~11：00，其次是 13：30~14：00 时段，以及 9：30~10：00 时段。

(2) 只要有机会，每只新股必打。

新股申购规则改变以后，实行认缴制。即先进行申购，中签了再补充现金。这就比以往有很多优势，因此，投资者不要错过任何一个机会。

(3) 卖出技巧：开板就卖；换手率超过 10% 就卖。

3. 相关注意事项

投资者应该检查一下是否存在操作失误，从而影响打新的结果，请关注以下注意事项。

（1）没先查沪深 A 股市值有没有新股申购额度。

这个新股申购额度是按其 T-2 日（T 为申购日）前 20 个交易日（含 T-2 日）的日均持有市值计算而来。有额度才能申购新股（深市和沪市分开计算，即深市的额度仅能保证申购深圳新股，满限额为止，申购单位为 500 股。上海的额度仅能保证申购上海新股，满额为止，申购单位为 1000 股。现在证券公司交易软件一般给你计算好了，你在申购时，如果有额度，就可以直接申请，没有就不能申请。但如果你想突击建立市值，记住，T-2 日前提前 20 个交易日就要准备，否则，时间太短的话，你只有加大市值准备力度。假设你需要 50 万元的深市申购额度，那么如果你在 T-2 日，提前 20 天（即 T-22 日）买入深市股票，在 T 日进行新股申购就能够按上限申购了。当然，你如果在 T-2 日直接买入 1000 万元深市股票也可以（1000 万元÷20 = 50 万元）。

提示：要打新股要提前准备相应市场的市值仓位，确保新股申购额度。但建议不要单纯为了打新而构建仓位。

（2）没有留下准确联系方式。

当前，90%的投资者都是通过网络进行交易，与营业部疏远，联系方式变更后也未能及时更新，导致很多服务信息无法及时送达投资者手中。

提示：变更联系方式不必再去营业部办理，在交易软件中即可更改。

（3）误以为中签就万事大吉。

很多投资者对 T+2 日缴款的规则并不了解，以为中签了就万事大吉，只需坐等卖出股票。

提示：新规下，中签后还得缴款，没缴款就是无效申购，无效申购不仅最终获配不到新股，还有可能被纳入黑名单。

（4）忘记按时缴款。

有部分投资者忘记缴款的时间，当然也有部分投资者以为自己账户资金足够。

提示：根据新规，在公布中签结果后，投资者需要在T+2日下午4点前准备中签后所需的足够款项，如果账户中的申购款不够，则会被视为投资者弃购，纳入无效申购，单市场连续三次无效申购，投资者将会被纳入黑名单，无法再参加新股申购。

（5）不了解中签查询操作。

不管券商有无告知服务，投资者都要养成查询习惯。

提示：先搞懂如何查询申购配号：在你申购时，系统生成的系统流水账号，可以在网上交易记录里查询。

例如：你的申购配号为888888-888890。公布的中签号码为后三位888，后四位8686等，而你的号码后三位数与公布的中签号码后三位数相同都是888，这样你便中签1000股或者500股（值得注意的是，沪市一个号是1000股，深市是500股）。

中签后如何缴款？T+1日晚间就能查到中签结果，T+2日也可再次查询，确保下午4点前申购资金全部到位。

（6）不知当天卖老股款可缴纳中签款。

据了解，有投资者中签后知道T+2日要缴款，但苦于确实没现金按时缴款。

提示：T+2日当天可以卖老股缴纳打新中签款。

（7）多账户申购同一新股。

不少投资者为提升自己的中签概率，多账户同时申购同一新股。

提示：根据新规，同一投资者名下的证券账户，哪怕分布于不同证券公司，但在申购同一只新股时，只能申购一次。

十一、股票的交易规则

按照沪深两市关于证券交易的规则，大体归纳如下：

1. 交易时间

周一~周五（法定休假日除外）：

9：30~11：30

13：00~15：00

2. 竞价成交

（1）竞价原则：价格优先、时间优先。价格较高的买进委托优先于价格较低的买进委托，价格较低的卖出委托优先于价格较高的卖出委托；同价位委托，则按时间顺序优先。

（2）竞价方式：9：15~9：25进行集合竞价（集中一次处理全部有效委托），9：30~11：30、13：00~15：00进行连续竞价。

3. 交易单位

（1）股票的交易单位为"股"，100股＝1手，委托买入数量必须为100股或其整数倍。

（2）基金的交易单位为"份"，100份＝1手，委托买入数量必须为100份或其整数倍。

（3）国库债券和可转换债券的交易单位为"手"，1000元面额＝1手，委托买入数量必须为1手或其整数倍。

（4）当委托数量不能全部成交或分红送股时可能出现零碎股（不足1手的为零碎股），零碎股只能委托卖出，不能委托买入。

4. 报价单位

股票以"股"为报价单位；基金以"份"为报价单位；债券以"手"为报价单位。例如，行情显示"深发展A"30元，即"深发展A"股现价为30元/股。

交易委托价格最小变动单位：A股、基金、债券为人民币0.01元；深B为港币0.01元；沪B为美元0.001元；上海债券回购为人民币0.005元。

5. 涨跌幅限制

幅度不得超过10%，超过涨跌限价的委托为无效委托。

6. ST 股票

在股票名称前冠以"ST"字样的股票表示该上市公司存在财务异常,被交易所实行特别处理。ST(包括 *ST 股)股票交易日涨跌幅限制为 5%。

7. 委托撤单

在委托未成交之前,投资者可以撤销委托。

8. "T+1"交收

"T"表示交易当天,"T+1"表示交易日当天的第二天。"T+1"交易制度指投资者当天买入的证券不能在当天卖出,需待第二天进行自动交割过户后方可卖出(债券当天允许"T+0"回转交易。资金使用上,当天卖出股票的资金回到投资者账户上可以用来买入股票,但不能当天提取,必须到交收后才能提款。A 股为 T+1 交收,B 股为 T+3 交收)。

十二、大盘指数

(一)指数的定义

股价指数全称为股票价格指数,是股市中反映各种股票价格变动水平的一种指标。它是根据多个上市公司的股票价格综合编制而成的。股价指数通常以某一段时间或某年某月某日的具体日期为基期,基期的股价指数为一常数,以后各期的股价指数的计算公式为:

各期的股价指数 = 计算期股价平均值或基期股价平均值 × 常数

股票价格指数的编制步骤如下:

首先,选择样本股。选择部分或全部具有代表性的上市公司股票作为股票价格指数的样本股,以较准确地反映市场股价总趋势。

其次,选定某基期,并以一定方法计算基期平均股价。

再次,计算计算期平均股价并做必要的修正。收集样本股在计算期的收盘价格并按选定的方法计算平均价格。

最后，指数化。将基期平均股价定为某一常数，并据此计算期间内股价的指数值。

我国内地目前有上海和深圳两个证券交易中心，也形成了沪、深两个系列的指数，即上证指数系列和深证指数系列。这两个系列的指数对于我们判断行情走势有极其重要的指导作用。所以，我们要掌握指数的构成、意义，以便在实战中灵活参考，提高投资的成功率。

在学习中，有些指数的算法和考量比较复杂，初学者不必全部掌握，只需要了解指数的实质，指数受哪些因素影响。重要的是用其作为辅助工具，提高判断大行情的能力。

（二）上证指数系列

上证指数系列是国内外普遍采用的衡量中国证券市场表现的权威统计指标，由上海证券交易所编制并发布。

1. 上证指数分类

上证指数系列包括很多类别的指数。主要有：上证180指数、上证50指数、上证综合指数、A股指数、B股指数、分类指数、债券指数、基金指数等指数系列。下面简要介绍两个极其重要的指数（是我们判断股市行情的重要指标）：

（1）上证综合指数。上证综合指数是上交所最早编制的指数，即我们通常所说的上证指数。它是以上海证券交易所挂牌上市的全部股票为计算范围，以发行量为权数的加权综合股价指数。上证指数系列均以样本股报告期的股本数为权数计算总市值进行加权计算。即报告期指数 =（报告期样本股总市值/基期总市值）×100，其中上证综合指数与分类指数的股本数取样本股的发行股数，总市值取市价总值。

具体计算方法是，以基期和报告期样本股的收盘价（如当日未成交，则沿用上一日收盘价）分别乘以样本股数相加后求得基期和报告期的市价总值，再相除即得股价指数。但如遇到上市股票增资扩股、新股上市以及退市等情况时，则需进行修正。修正公式为：修正后的市值 = 修正前的市值 + 新增（减）市值。由此公式得出新除数（即修正后的除数，又称新基期），并据此计算以后的指数。

（2）上证180指数。为推动证券市场基础建设的长远发展和规范化进程，2002年6月，上海证券交易所对原上证30指数进行了调整并更名为上证成份股指数，简称上证180指数。

上证成份股指数的编制方案，是结合中国证券市场的发展现状，借鉴国际经验，在原上证30指数编制方案的基础上作进一步完善后形成的，目的在于通过科学客观的方法挑选出最具代表性的样本股票，建立一个反映上海证券市场的概貌和运行状况、能够作为投资评价尺度及金融衍生产品基础的基准指数。

上证成份股指数以成份股的调整股本数为权数进行加权计算，计算公式为：

当前指数 = 当前成份股的调整市值/基日成份股的调整市值 × 1000

其中，调整市值 = Σ（市价 × 调整股本数），基日成份股的调整市值亦称为除数，调整股本数采用分级靠档的方法对成份股股本进行调整。根据国际惯例和专家委员会意见，上证成份股指数的分级靠档方法如下所示。比如，某股票流通股比例（流通股本/总股本）为7%，低于10%，则采用流通股本为权数；某股票流通比例为35%，落在区间（30，40）内，对应的加权比例为40%，则将总股本的40%作为权数。

流通比例（%）≤10（10，20］（20，30］（30，40］（40，50］（50，60］（60，70］（70，80］>80

加权比例（%）20　30　40　50　60　70　80　100

上证指数系列均采用派氏加权综合价格指数公式计算，编制过程类似，其他指数不再一一表述。

2. 指数的实时计算

上证指数系列均为"实时逐笔"计算。

在每一交易日集合竞价结束后，用集合竞价产生的股票开盘价（当日无成交者取昨收盘价）计算开盘指数，以后每有一笔新的成交，就重新计算一次指数，直至收盘，实时向外发布。各成份股的计算价位根据以下原则确定：

若当日没有成交，则以前日收盘价为准。

若当日有成交，则以最新成交价为准。

3. 指数的修正

如果所选股票的样本发生了一些非交易变化，则指数需要修正，以保证指数的连续性。

（1）修正方法。上证指数系列均采用"除数修正法"修正。

修正公式为：

修正前的市值/原基期 = 修正后的市值/新基期

其中，修正后的市值 = 修正前的市值 + 新增（减）市值。

由公式推算出新基期，并据此计算以后的指数。

（2）需要修正的几种情况。新股上市：凡有成份股新上市，则上市后第一个交易日计入指数（上证180指数除外）。

除息：凡有成份股除息（分红派息），指数不予修正，任其自然回落。

除权：凡有成份股送股或配股，在成份股的除权基准日前修正指数。修正后市值 = 除权报价 × 除权后的股本数 + 修正前市值（不含除权股票）。

汇率变动：每一交易周的最后一个交易日，根据中国外汇交易中心该日人民币兑美元的中间价修正指数。

停牌：当某一成份股在交易时间内突然停牌，取其最后成交价计算即时指数，直至收盘。

暂停交易：当某一成份股暂停交易时，不作任何调整，用该股票暂停交易的前一交易日收盘价直接计算指数。若停牌时间超过两日以上，则予以撤权，待其复牌后再予以复权。

摘牌：凡有成份股摘牌（终止交易），在其摘牌日前进行指数修正。

股本变动：凡有成份股发生其他股本变动（如内部职工股上市引起的流通股本增加等），在成份股的股本变动日前修正指数。

修正后市值 = 收盘价 × 调整后的股本数 + 修正前市值（不含变动股票）

停市：A股或B股部分停市时，指数照常计算；A股与B股全部停市时，指数停止计算。

4. 上证指数系列简况

上证指数系列简况详见表1-1。

表1-1 上证指数系列简况

指数名称	基准日期	基准点数	备注
样本指数类			
上证180指数	2002-06-28	3299.06	上证180指数是上交所对原上证30指数进行了调整并更名而成，其样本股是在所有A股股票中抽取最具市场代表性的180种样本股票，自2002年7月1日起正式发布。作为上证指数系列核心的上证180指数的编制方案，目的在于建立一个反映上海证券市场的概貌和运行状况、具有可操作性和投资性、能够作为投资评价尺度及金融衍生产品基础的基准指数
上证50指数	2003-12-31	1000	上证50指数是根据科学客观的方法，挑选上海证券市场规模大、流动性好的最具代表性的50只股票组成样本股，以便综合反映最具市场影响力的一批龙头企业的整体状况。上证50指数自2004年1月2日起正式发布。其目标是建立一个成交活跃、规模较大、主要作为衍生金融工具基础的投资指数
上证红利指数	2004-12-31	1000	上证红利指数挑选在上交所上市的现金股息率高、分红比较稳定、具有一定规模及流动性的50只股票作为样本，以反映上海证券市场高红利股票的整体状况和走势。该指数2005年1月4日发布。上证红利指数是上交所成功推出上证180、上证50等指数后的又一次指数创新，是满足市场需求、服务投资者的重要举措。上证红利指数是一个重要的特色指数，它不仅进一步完善了上证指数体系和指数结构，丰富指数品种，也为指数产品开发和金融工具创新创造了条件
上证180全收益指数	2002-06-28	3299.06	上证180全收益指数（简称上证180全收益）是上证180指数的衍生指数，与上证180指数的区别在于指数的计算中将样本股分红计入指数收益，供投资者从不同角度考量指数走势
上证50全收益指数	2003-12-31	1000	上证50全收益指数（简称上证50全收益）是上证50指数的衍生指数，与上证50指数的区别在于指数的计算中将样本股分红计入指数收益，供投资者从不同角度考量指数走势
上证红利全收益指数	2004-12-31	1000	上证红利全收益指数（简称红利指数全收益）是上证红利指数的衍生指数，与上证红利指数的区别在于指数的计算中将样本股分红计入指数收益，供投资者从不同角度考量指数走势
综合指数类			
上证指数	1990-12-19	100	上证综合指数的样本股是全部上市股票，包括A股和B股，从总体上反映了上海证券交易所上市股票价格的变动情况，自1991年7月15日起正式发布
新上证综合指数	2005-12-30	1000	新上证综指当前由沪市所有已完成股权分置改革的股票组成；此后，实施股权分置改革的股票在方案实施后的第二个交易日纳入指数；指数以总股本加权计算；新上证综指于2006年1月4日发布

续表

指数名称	基准日期	基准点数	备注
综合指数类			
上证 A 股指数	1990-12-19	100	上证 A 股指数的样本股是全部上市 A 股，反映了 A 股的股价整体变动状况，自 1992 年 2 月 21 日起正式发布
上证 B 股指数	1992-02-21	100	上证 B 股指数的样本股是全部上市 B 股，反映了 B 股的股价整体变动状况，自 1992 年 2 月 21 日起正式发布
工业指数	1993-04-30	1358.78	上海证券交易所对上市公司按其所属行业分成五大类别：工业类、商业类、房地产业类、公用事业类、综合业类。行业分类指数的样本股是该行业全部上市股票，包括 A 股和 B 股，反映了不同行业的景气状况及其股价整体变动状况，自 1993 年 6 月 1 日起正式发布
商业指数	1993-04-30	1358.78	
地产指数	1993-04-30	1358.78	
公用指数	1993-04-30	1358.78	
综合指数	1993-04-30	1358.78	
其他指数类			
基金指数	2000-05-08	1000	基金指数的成份股是所有在上海证券交易所上市的证券投资基金，反映了基金的价格整体变动状况，自 2000 年 6 月 9 日起正式发布
国债指数	2002-12-31	100	上证国债指数是以上海证券交易所上市的所有固定利率国债为样本，按照国债发行量加权而成。自 2003 年 1 月 2 日起对外发布，基日为 2002 年 12 月 31 日，基点为 100 点，代码为 000012 上证国债指数是上证指数系列的第一只债券指数，它的推出使我国证券市场股票、债券、基金三位一体的指数体系基本形成。上证国债指数的目的是反映我国债券市场整体变动状况，是我国债券市场价格变动的"指示器"。上证国债指数既为投资者提供了精确的投资尺度，也为金融产品创新夯实了基础
企债指数	2002-12-31	100	上证企业债指数是按照科学客观的方法，从国内交易所上市企业债中挑选满足一定条件的具有代表性的债券组成样本，按照债券发行量加权计算的指数。指数基日为 2002 年 12 月 31 日，基点为 100 点，指数代码为 000013，指数简称企债指

5. 上证指数专家委员会

为保证指数编制的科学性和指数运作的规范性，上海证券交易所于 2002 年 10 月 11 日成立了国内首个指数专家委员会，就指数编制方法、样本股选择等提供咨询意见。

上海证券交易所指数专家委员会由国内外资深专家组成，前香港证监会副主席吴伟骢担任上证指数专家委员会主席。专家委员会负责对上证指数编制方法、指数维护规则等方面的评估、建议和审定，保障指数编制及指数运作的科学性、透明性和精确性，并对样本股资格进行评判和审定，以确保指数样本符合编制规则的要求。专家委员会还对指数运作、指数发展等方面提供建议。

上海证券交易所指数专家委员会通常每半年召开一次会议，也可根据需要召开临时会议。专家委员会的有关决议以上海证券交易所指数运作机构的名义发布，一般在非交易日发布。上海证券交易所指数专家委员会于2001年11月即开始运作，是国内成立的首个指数专家委员会，确保了指数决策的权威、独立、透明。

(三) 深证指数系列

深证指数是由深圳证券交易所编制的股价指数，该股价指数的计算方法基本上与上证指数相同，其样本为所有在深圳证券交易所挂牌上市的股票，权数为股票的总股本。由于以所有挂牌的上市公司为样本，其代表性非常广泛，且它与深圳股市的行情同步发布，它是股民和证券从业人员研判深圳股市股票价格变化趋势必不可少的参考依据。

现深圳证券交易所并存着两套股票指数，分别是老指数深证综合指数和现在的深证成份股指数。老深证综合指数，即"深圳证券交易所股票价格综合指数"，于1991年4月4日开始编制和公布，后被修订的深证成份股指数取代。1995年2月20日开始实施发布的深证成份股指数的基准日定为1994年7月20日，基数为1000点。但由于样本股票发生了很大的变化，深证成份股指数已不能完全反映股市的实际情况，所以有人仍然依据老深综指来分析深市行情。

1. 指数种类

深圳证券交易所股价指数有：

(1) 综合指数：深证综合指数、深证A股指数、深证B股指数。

(2) 成份股指数：包括深证成份股指数、成份股A股指数、成份股B股指数、工业类指数、商业类指数、金融类指数、地产类指数、公用事业类指数、综合企业类指数。

（3）行业指数：深证农业指数、深证采掘业指数、深证制造业指数、深证交通运输指数等众多行业指数。

（4）深证基金指数。

2. 基日与基日指数

（1）深证综合指数以1991年4月3日为基日，1991年4月4日开始发布。基日指数定为100。

（2）深证A股指数以1991年4月3日为基日，1992年10月4日开始发布。基日指数定为100。

（3）深证B股指数以1992年2月28日为基日，1992年10月6日开始发布。基日指数定为100。

（4）成份股指数以1994年7月20日为基日，1995年1月23日开始发布。基日指数定为1000。

（5）深证基金指数以2000年6月30日为基日，2000年7月3日开始发布。基日指数定为1000。

3. 计算范围

（1）综合指数类的指数股（即采样股）是深圳证券交易所上市的全部股票。全部股票均用于计算深证综合指数，其中的A股用于计算深证A股指数；B股用于计算深证B股指数。

（2）成份股指数类的指数股（即成份股）是从上市公司中挑选出来的40家成份股。成份股中A股和B股全部用于计算深证成份股指数，其中的A股用于计算成份A股指数，B股用于计算成份B股指数。成份股按其行业归类，其A股用于计算行业分类指数。

4. 计算方法

（1）综合指数类和成份股指数类均为派氏加权价格指数，即以指数股的计算日股份数作为权数进行加权计算。

（2）两类指数的权数分别为：

综合指数类：股份数＝全部上市公司的总股本数

成份股指数类：股份数＝成份股的可流通股本数

(3) 指数计算公式：

该日指数＝(该日指数股总市值/基日指数股总市值)×基日指数

(4) 指数股中的 B 股用上周外汇调剂平均汇率将港币换算成人民币，用于计算深证综合指数和深证成份股指数。深证 B 股指数和成份股 B 股指数仍采用港币计算。

(5) 每一交易日集合竞价结束后，用集合竞价产生的股票开市价（无成交者取昨收市价）计算开市指数，然后逐笔计算即时指数，直至收市。

具体计算方法为：

今日即时指数＝上日收市指数×(今日即时指数股总市值/经调整上日指数股收市总市值)

指数股总市值＝指数股 A 股总市值＋指数股 B 股总市值

指数股 A 股总市值＝∑(指数股 A 股股价×指数股 A 股之股份数)

指数股 B 股总市值＝∑(指数股 B 股股价×指数股 B 股之股份数)×上周外汇调剂平均汇率

(6) 基金指数的计算方法与成份股指数计算方法相同，以在深交所直接上市的新基金单位数（即可流通基金单位数）为权数。

5. 深圳证券交易所的成份股选择原则

为保证成份股样本的客观性和公正性，成份股不搞终身制，深交所定期考察成份股的代表性，及时更换代表性降低的公司，选入更有代表性的公司。当然，变动不会太频繁，考察时间为每年的 1 月、5 月、9 月。

根据调整成份股的基本原则，参照国际惯例，深交所制定了科学的标准和分步骤选取成份股样本的方法，即先根据初选标准从所有上市公司中确定入围公司，再从入围公司中确定入选的成份股样本。

(1) 确定入围公司。确定入围公司的标准包括上市时间、市场规模、流动性三方面的要求：

①有一定的上市交易时间，一般应当在 3 个月以上。

②有一定的上市规模。将上市公司的流通市值占市场比重（3 个月平均数）按照从大到小的顺序排列并累加，入围公司居于 90% 之列。

③有一定的市场流动性。将上市公司的成交金额占市场比重（3个月平均数）按照从大到小的顺序排列并累加，入围公司居于90%之列。

（2）确定成份股样本。根据以上标准确定入围公司后，再结合以下各项因素确定入选的成份股样本：

①公司的流通市值及成交额；

②公司的行业代表性及其成长性；

③公司的财务状况和经营业绩（考察过去三年）；

④公司两年内的规范运作情况。

对以上各项因素赋予科学的权重，进行量化，就选择出了各行业的成份股样本。

十三、常见股票术语解释

（1）牛市：股市前景乐观，股票价格持续上升的行情。

（2）熊市：前途暗淡，股票价格普遍持续下跌的行情。

（3）利多：对于多头有利，能刺激股价上涨的各种因素和消息，如银行利率降低，公司经营状况好转等。

（4）利空：对空头有利，能促使股价下跌的因素和信息，如银根抽紧，利率上升，经济衰退，公司经营状况恶化等。

（5）反弹：股票价格在下跌趋势中因下跌过快而回升的价格调整现象。回升幅度一般小于下跌幅度。

（6）盘整：通常指价格变动幅度较小，比较稳定，最高价与最低价之差不大的行情。

（7）死空头：总是认为股市情况不好，不能买入股票，股票会大幅下跌的投资者。

（8）死多头：总是看好股市，总拿着股票，即使被套得很深，也对股市充满信心的投资者。

(9) 多翻空：多头确信股价已涨到顶峰，因而大批卖出手中股票成为空头。

(10) 空翻多：空头确信股价已跌到尽头，于是大量买入股票而成为多头。

(11) 短多：短线多头交易，长则两三天短则一两天，操作依据是预期股价短期看好。

(12) 斩仓（割肉或叫止损）：在买入股票后，股价下跌，投资者为避免损失扩大而低价（赔本）卖出股票的行为。

(13) 套牢：预期股价上涨而买入股票，结果股价却下跌，低于成本，又不甘心将股票卖出，被动等待。

(14) 坐轿：预期股价将会大涨，或者知道有庄家在炒作而先期买进股票，让别人去抬股价，等股价大涨后卖出股票，自己可以不费多大力气就能赚大钱。

(15) 抬轿：认为目前股价处于低位，上升空间很大，于是积极追高买进，结果股价涨了自己没有盈利，却为在低位买入的人提供了出货良机，替别人抬了轿子。

(16) 多杀多：普遍认为股价要上涨，于是纷纷买进，然而股价未能如期上涨，竞相卖出，而造成股价大幅下跌。

(17) 热门股：交易量大、换手率高、流通性强的股票，特点是价格变动幅度较大，与冷门股相对。

(18) 对敲：是股票投资者（庄家或大的机构投资者）的一种交易手法。具体操作方法为在多家营业部同时开户，以拉锯方式在各营业部之间报价交易，以达到操纵股价的目的。

(19) 筹码：投资人手中持有的一定数量的股票。

(20) 踏空：投资者因看淡后市，卖出股票后，该股价却一路上扬，或未能及时买入，因而未能赚得利润。

(21) 跳水：指股价迅速下滑，幅度很大，超过前一交易日的最低价很多。

(22) 诱多：股价盘旋已久，下跌可能性渐大，"空头"大都已卖出股票后，突然"空方"将股价拉高，误使"多方"以为股价会向上突破，纷纷加码，结果"空头"由高价惯压而下，使"多头误入陷阱"而"套牢"，称为"诱多"。

(23) 诱空："主力多头"买进股票后，再故意将股价做软，使"空头"误信股价将大跌，故纷纷抛出股票错过获利机会，形成误入"多头"的陷阱，称为"诱空"。

(24) 骗线：主力利用技术分析的 K 线原理，刻意制造某种 K 线走势，使依靠技术分析的人上当，而达到自己的操作目的，谓之"骗线"。

(25) 阴跌：指股价进一步退两步，缓慢下滑的情况，如阴雨连绵，长期不止。

(26) 停板：因股票价格波动达到一定限度而被停止交易。其中，因股票价格上涨达到一定限度而停止交易叫涨停板；因股票价格下跌达到一定限度而停止交易叫跌停板。目前国内规定 A 股涨跌幅度为 10%；ST 股为 5%。

(27) 洗盘：是主力操纵股市，故意压低股价的一种手段，具体做法是，为了拉高股价获利出货，先有意制造卖压，迫使低价买进者卖出股票，以减轻拉升压力。

(28) 平仓：投资者在股票市场上卖出全部股票的行为。

(29) 平开：某股票的当日开盘价与前一交易日收盘价持平的情况称为开平盘，或平开。

(30) 低开：某股票的当日开盘价低于前一交易日收盘价的情况称为低开。

(31) 高开：某股票的当日开盘价高于前一交易日收盘价的情况称为高开。

(32) 均价：指现在时刻买卖股票的平均价格。若当前股价在均价之上，说明在此之前买的股票大都处于盈利状态。否则，即为亏损状态。

(33) 填权：股票除权后的除权价不一定等同于除权日的理论开盘价，当股票实际开盘价交易高于这一理论价格时，就是填权。

第一章 股票的基本常识

(34) 多头陷阱：为多头设置的陷阱，通常发生在指数或股价屡创新高，并迅速突破原来的指数区且达到新高点，随后迅速滑落跌破以前的支撑位，结果使在高位买进的投资者严重被套。

(35) 空头陷阱：通常出现在指数或股价从高位区以高成交量跌至一个新的低点区，并造成向下突破的假象，使恐慌抛盘涌出后迅速回升至原先的密集成交区，并向上突破原压力线，使在低点卖出者踏空。

(36) 场内交易：在证券交易所内进行的证券买卖活动。

(37) 场外交易：在交易所以外市场进行的证券交易总称，也称为"柜台市场""第三市场"或"第四市场"。

(38) 散户：通常指投资额较少，资金数量达不到证券公司要求的中户标准的投资者。

(39) 建仓：投资者开始买入看涨的股票。

(40) 市价总额（总市值）：指在某特定的时间内，交易所挂牌交易全部证券（以总股本计）按当时价格计算的证券总值。可以反映该证券市场的规模大小，由于它是以各证券的发行量为权数的，所以当发行量大的证券（流通量不一定大）价格变动时对总市值影响就大。这也是股市中庄家经常通过拉抬大盘股来影响股指的一个重要原因。

(41) 回档：在多头市场上，股价涨势强劲，但因过快而出现回跌，称为回档。

(42) 卖压：在股市上大量抛出股票，使股价迅速下跌。

(43) 买压：买股票的人很多，而卖股票的人却很少。

(44) 浮多：与实多相对，指资金较弱、持股时间短、见涨就卖见跌就买、只图眼前利益的小投资者。

(45) 实多：指资金实力雄厚、持股时间长，不做见跌就买见涨就卖，而非只图眼前一点小利的投资者。

(46) 护盘：股市低落、人气不足时，机构投资大户大量购进股票，防止股市继续下滑的行为。

(47) 惯压：用大量股票将股价大幅度压低，以便低成本大量买进。

(48) 盘档：一是当天股价波动幅度很小，最高价与最低价之间不超过2%；二是行情进入整理，上下波动幅度也不大，持续时间在半个月以上。

(49) 抢帽子：指当天先低价买进，等股价上升后再卖出相同种类和相同数量的股票，或当天先卖出股票，然后再以低价买进相同数量和相同种类的股票，以获取差价利益。

(50) 跳空与补空：股市受强烈的利多或利空消息影响，开盘价高于或低于前一交易日的收盘价，股价走势出现缺口，称为跳空；在股价之后的走势中，将跳空的缺口补回，称为补空。

(51) 空仓：没有买入任何股票，证券账户内只有现金。

(52) 获利盘：指股票交易中，能够卖出赚钱的那部分股票。

(53) 崩盘：证券市场上由于某种原因，出现了证券大量抛出，导致证券市场价格无限度下跌，不知到什么程度才可以停止。

(54) 出货：指庄家在高价时，不动声色地卖出股票，称为出货，与吃货相反。

插曲：风险教育——中外大股灾

(一) 1929 年纽约大股灾

1929 年 10 月 24 日，星期四。对美国证券投资者来说，是世界末日。

那天开盘后并无任何异样，只是交易量非常大。突然，股价开始下跌。到了上午 11 点，股市陷入了疯狂，人们竞相抛盘。到了 11：30，股市已经完全失控，狂跌不止。自杀风从那时起开始蔓延，一个小时内，就有 11 个知名的投机者自杀身亡。全天换手 1289460 股。

随后纽约证券交易所发生了自成立 112 年来最大的崩盘，持续的时间也超过以往经历的任何一次。

数以千计的人自杀身亡，而那些活着的投机者，接下来的日子也是生不如死。

一个投资者在1929年初的财产有750万美元,最初他还保持着理智,用其中的150万购买了自由国债,用作基本生活保障,可是当崩盘发生后,他失去了理性,用这笔资金补了仓。结局是他倾家荡产。

20世纪最为著名的经济学家——凯恩斯也没有预料到1929年的大崩盘,而且还低估了这次危机对美国和世界经济的影响。财富几乎在一夜之间化为乌有。

后来,其凭借着敏锐的判断力,到1936年的时候,靠投资股市把财富又增长到了50万英镑以上(相当于现在的4500万美元)。但是在1938年的熊市中,他的资金又缩水了62%。一直到他1946年去世,1929年的崩盘都是他心理上抹不掉的阴影。

而像凯恩斯一样在股市中破产的经济学家也不在少数。股市崩盘导致美国经济失去了由证券投资盈利形成的对支出的支撑。股市崩盘以后,控股公司体系和投资信托的崩溃,大幅削弱了借贷能力和为投资筹措资金的意愿,这迅速转化为订单的减少和失业的增加。

1929年9月~1933年1月,道琼斯30种工业股票的价格从平均每股364.9美元跌落到62.7美元,20种公用事业股票的平均价格从141.9美元跌到了28美元,20种铁路股票的平均价格则从180美元跌到了28.1美元。

受股市影响,金融动荡也因泡沫的破灭而出现。几千家银行倒闭、数以万计的企业关门,1929~1933年短短的4年间出现了四次银行恐慌。

大崩盘之后,随即发生了大萧条。大萧条以不同以往的严重程度持续了10个年头。从1929年9月繁荣的顶峰到1932年夏天大萧条的谷底,道琼斯工业指数从381点跌至36点,缩水90%,到1933年底,美国的国民生产总值几乎还达不到1929年的1/3。实际产量直到1937年才恢复到1929年的水平,接着又迅速滑坡。直到1941年,以美元计算的产值仍然低于1929年的水平。1930~1940年,只有1937年全年平均失业人数少于800万。1933年,大约有1300万人失业,几乎在4个劳动力中就有1个失业。

更严重的是，股市崩盘彻底打击了投资者的信心，一直到1954年，美国股市才恢复到1929年的水平。

(二) 1987年灾难卷土重来

1987年10月19日，美国股市再次大崩盘。

股市开盘，1929年的恐怖重现。仅3小时，道琼斯工业股票平均指数下跌508.32点，跌幅达22.62%。

这意味着持股者手中的股票一天之内即贬值了两成多，总计有5000亿美元消逝于无形，相当于美国当年国民生产总值1/8的财产瞬间蒸发了。

美国股市崩盘当日，伦敦、东京、中国香港、巴黎、法兰克福、多伦多、悉尼、惠灵顿等地的股市也纷纷跳水。

随后的一周内，恐慌加剧。10月20日，东京证券交易所股票跌幅达14.9%，创下东京证券市场下跌的最高纪录。10月26日，香港恒生指数狂泻1126点，跌幅达33.5%，创香港股市跌幅历史最高纪录，将自1986年11月以来的全部收益统统吞没。与此相呼应，东京、悉尼、曼谷、新加坡、马尼拉的股市也纷纷下跌。于是亚洲股市崩溃的信息又回传欧美，导致欧美的股市下泻。

据统计，在10月19~26日的8天内，因股市狂跌损失的财富高达2万亿美元之多，是第二次世界大战中直接及间接损失总和3380亿美元的5.92倍。美林证券公司的经济学家瓦赫特尔因此将10月19~26日的股市暴跌称为"失控的大屠杀"。

1987年10月股市暴跌，首先影响到的还是那些富人。之前在9月15日《福布斯》杂志上公布的美国400名最富的人中，就有38人的名字从榜上抹去了。10月19日当天，当时的世界头号首富萨姆·沃尔顿就损失了21亿美元，丢掉了首富的位置。

更悲惨的是那些将自己一生积蓄投入股市的普通民众，他们本来期望借着股市的牛气，赚一些养老的钱，结果一天的工夫一生的积蓄便在跌落的股价之中消失得无影无踪。

股市的震荡刚刚有所缓解，社会经济生活又陷入了恐慌的波动之中。银行破产、工厂关闭、企业大量裁员，1929 年发生的悲剧再度重演。比 1929 年幸运的是，当时美国经济保持着比较高速的增长，股市崩盘并没有导致整体的经济危机。但股灾对美国经济的打击仍然巨大，随之而来的是美国经济的一段长时间的停滞。

（三）东京股市大崩盘

1987 年后的日本股市一直呈上升态势，到 12 月，东京交易所最后一次开市的日经平均股指高达 38915 点。

进入 20 世纪 90 年代，股市价格旋即暴跌。到 1990 年 10 月股指已跌破 20000 点。1991 年上半年略有回升，但下半年跌势更猛。1992 年 4 月 1 日东京证券市场的日经平均指数跌破了 17000 点，日本股市陷入恐慌。8 月 18 日降至 14309 点，基本上回到了 1985 年的水平。

到此为止，股指比最高峰时下降了 63%，上市股票时价总额由 1989 年底的 630 万亿日元降至 299 万亿日元，3 年减少了 331 万亿日元，日本股市的泡沫彻底破灭。

股市泡沫的破灭带来的后果是严重的。证券业空前萧条。1992 年不少大公司的赤字高达 400 亿日元以上。

银行业也出现危机，日本经济形势严重恶化，房地产价格跌幅近半，整个国家的财富缩水了近 50%。

当年资产价格的持续上涨激发了人们借贷投机的欲望，日本银行当初急切地给房地产商放贷终于酿下了苦果。房地产泡沫的破灭和不良贷款不可避免地增加，使日本银行背上了沉重的包袱，引发了通缩，使得日本经济经历了更持久、更痛苦的萧条。

日本经历了长期熊市，即使在 2005 年的反弹之后，日本股市离它的历史最高点还有 70% 之遥。

(四) 中国式股灾

与西方发达市场经济国家相比，中国股市发展历程较为短暂，但依然经历了两次惊心动魄的股灾。

第一次发生在1996年。1996年国庆节后，股市全线飘红。4月1日~12月9日，上证综合指数涨幅达120%，深证成份股指数涨幅达340%。证监会连续发布了后来被称作"12道金牌"的各种规定和通知，意图降温，但行情仍节节攀高。12月16日《人民日报》发表特约评论员文章《正确认识当前股票市场》，给股市定性："最近一个时期的暴涨是不正常和非理性的。"涨势终于被遏制。上证指数开盘就到达跌停位置，除个别小盘股外，全日封死跌停，次日仍然跌停。全体持仓股民三天前的纸上富贵全部蒸发。

第二次发生在2001年。当年7月26日，国有股减持在新股发行中正式开始，股市暴跌，沪指跌32.55点。到10月19日，沪指已从6月14日的2245点猛跌至1514点，50多只股票跌停。当年80%的投资者被套牢，基金净值缩水了40%，而券商佣金收入下降30%。

第三次发生在2007年。2007年5月30日，财政部宣布上调印花税，从1‰提到3‰。当日，沪指开盘跳空低开近5个点，收盘下跌6.5%。短短一周内，沪指重挫近千点，从4300点一路狂跌至3400点，大部分股票连续遭遇多个跌停，众多投资者猝不及防、损失惨重，历史上称为"5·30事件"。经过"5·30"大跌之后，沪指最终又上涨至历史最高点6124点，但更多的是蓝筹股带动的指数型行情，众多中小盘股其后盘整甚至下跌，大部分投资者"赚指数不赚钱"。2007年11月5日，中石油上市压垮了大盘指数，从此开始了连续一年的漫漫熊市，跌幅超过70%，最低至1664.93点。

第四次发生在2015年。2014年7月，在"改革牛"的强烈预期中，居民疯狂入市和加杠杆启动了一轮迅猛的牛市行情。2015年6月，市场在媒体"4000点牛市起步"的鼓噪之下，杠杆疯牛将股市泡沫推升到极致，6月12日，大盘创下5178高点。最疯狂的创业板估值平均高达160倍，令人咋舌。

3~5月，在牛市最疯狂的时期，券商融资融券额度全部用满，伞形信托发行更是直接秒杀。6月12日，沪深两市融资融券余额达到2.23万亿元（之后4个交易日又创下2.27万亿元的历史极值），场外配资达3万亿元，如果再算上大股东股权质押的1万多亿元，由银行提供给股票市场的优先级资金达到6万亿元以上。财富从银行到股市大搬家，加剧了资金的脱实向虚的恶性循环，存在巨大的风险。6月12日，证监会发文清理配资，接入证券公司的HOMS、同花顺和铭创等具有分仓功能的软件、第三方配资公司都在清理之列。

6月15日，市场迎来了断崖式暴跌，陷入极大的恐慌和大面积踩踏之中。至7月9日，上证指数在18个交易日内暴跌1803点，最大跌幅近35%；8月18~26日，上证指数在7个交易日内暴跌1155点，最大跌幅约29%。6月中旬~8月末，有21个交易日指数大幅下跌或暴跌，17次千股跌停。上证指数从高位5178点一路下跌至最低2850点，区间振幅超过2300点，跌幅为45%。创业板指从4000点跌至1779点，腰斩过半，惨烈程度可见一斑。数以千计的公司停牌试图避险。据统计，6月29日~7月7日，沪、深两市多达近千家上市公司发布停牌或申请停牌等公告。这意味着，7个交易日之内，至少有30%的公司处于停牌状态，被市场人士称为A股史上最大规模停牌潮。高杠杆操作直接导致大量投资者被爆仓，亿万、千万、百万身家瞬间化为乌有。这在中国资本历史上，是一次史无前例的巨大灾难。

下跌过程中，在央行降准降息，证监会宣布暂停IPO，要求股东高管在未来六个月只增持不减持，以及银行体系通过向证金公司注资向股市注入流动性等一系列政策呵护下，股市最终停住下跌脚步，步入漫长的震荡修复期。

股市是有风险的，忽略风险的盲目投机是极其危险的。因此，踏踏实实地学习投资知识非常必要。

第二章 技术分析

> **导学**
>
> 技术分析是股市投资的基本功。十八般兵器你需要样样精通。不学指标技术分析就等于是盲人摸象。本章精选了非常经典的K线和其他指标等技术知识，并经过了浓缩和注解。请投资者烂熟于心。

一、什么是技术分析

技术分析是指通过一定的技术手段，对过去及现在的市场行为（包括交易价格、成交量或涨跌时间、涨跌股数等）作出图形描绘和指标计算，以推测未来价格的变动趋势，寻找买卖时机的一种方法。

技术分析只关心证券市场本身的变化，而不考虑会对其产生影响的各种外部因素。技术派的箴言是：无风不起浪，事出必有因。至于是什么原因，技术派不去追究，只要是利好，股价肯定能够反映出来；同样，利空因素，股价也能反映出来。技术派只关注价格、成交量、趋势等因素，从而推断股价接下来的走势。

技术分析单纯从经济行为角度看待价格变动，其分析方法是建立在以下三个假定基础之上的。

(一) 价格变动完全由供求关系决定

技术分析的基础，是建立在市场的任何变化总是反映在现在的价格水平上，市场行为涵盖一切信息这一假设上。也就是说，价格是供给和需求关系变化的反映。如果供给超过需求，价格就下降；如果需求超过供给，价格就上升。因此，无论什么原因使价格变化，比如利率的变化、失业率的变化、战争或新总统上台等，都已经反映在现在的交易价格之中。

(二) 价格沿既定方向发展

技术分析假定价格总是在既定的方向变化直到发生某种事情才会改变。价格趋势本身不会反转，只有在外界影响下才可能发生。因此，价格趋势的继续总比反转的可能性大。这是用图形预测的基础，是进行技术分析最根本、最核心的因素。

(三) 历史事件往往会重复发生

技术分析假定历史事件往往会重复发生，从心理学角度看投资者每次在相同的市场条件下会做出同样的决策。这些决策变成市场中的买和卖的交易。市场中有非常大量的投资者进行交易，虽然每个投资者对买和卖的选择是偶然的，但总体上价格的反映还是有规律可循的。这是从人的心理因素方面考虑的。

插曲：技术分析的创立

技术分析的理论基础是空中楼阁理论。该理论由美国著名经济学家凯恩斯于1936年提出，该理论完全抛开股票的内在价值，强调心理构造出来的空中楼阁。投资者之所以要以一定的价格购买某种股票，是因为他相信有人将以更高的价格向他购买这种股票。至于股价的高低，这并不重要，重要的是有人愿以更高的价格向你购买。精明的投资者无须去计算股票的内在价值，他所需做的只是抢在股价达到最高点之前买进股票，而在股价达到最高点之后将其卖出。

二、K线的意义和构成

（一）K线的意义

K线图最早是日本德川幕府时代大阪的米商用来记录当时一天、一周或一月中米价涨跌行情的图示法，后被引入股市。K线图有直观、立体感强、携带信息量大的特点，蕴含着丰富的东方哲学思想，能充分显示股价趋势的强弱、买卖双方力量平衡的变化，预测后市走向较准确，是现今应用较广泛的技术分析手段。

K线是股价历史走势的记录，将每日的K线按时间顺序排列起来，便是一张K线图。通过对K线图进行分析，可以辨别行情的多空能量变化，可以此预测股市未来的发展趋势。

K线是一种特殊语言，从表面看K线图只是一种阴阳交错的历史走势图，实际上它内含着因果关系。其实，任何事情都是如此：有果必有因，有因必有果。从K线图上来看，上一交易日对于今一交易日来说，上一交易日是"因"，今一交易日则是"果"；而今一交易日对于下一交易日来说，今一交易日是"因"，则下一交易日是"果"。正是这一因果关系的存在，股票分析人士才得以根据K线的阴阳变化，从中寻找规律，并借此判断股价走势。

K线的规律性表现在：一些典型的K线或K线组合出现在某一位置时，股价或指数将会按照某种趋势运行，当这些典型的K线或K线组合又重新出现在类似位置时，就会重复历史的情况。

（二）K 线的构成

K 线的构成价格有四个，即开盘价、收盘价、最高价、最低价。其中，开盘价和收盘价构成 K 线的实体部分（开、收盘价格相同则实体部分变为"一"字）。对于阳线来说，开盘价与最低价之间的价差部分用下影线表示（如果开盘价即为当天最低价，则没有下影线），收盘价与最高价之间的价差部分用上影线表示（如果收盘价是最高价则没有上影线）。而对于阴线来说，下影线则代表最低价和收盘价之间的价差部分（收盘价如果是最低价则没有下影线），上影线代表最高价和开盘价之间的价差部分（开盘价是最高价则没有上影线），如图 2-1 所示。

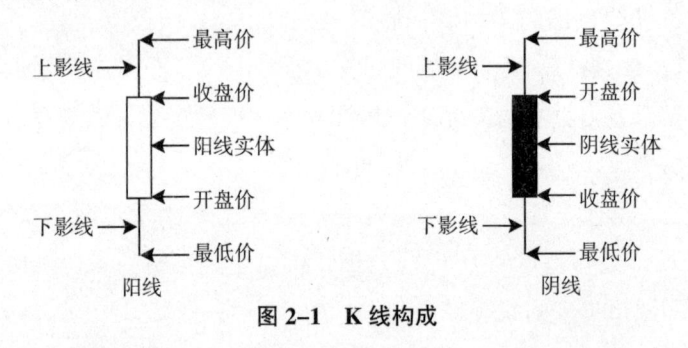

图 2-1 K 线构成

K 线按时间划分可分为：日 K 线、周 K 线、月 K 线、年 K 线以及 5 分钟 K 线、15 分钟 K 线、30 分钟 K 线、60 分钟 K 线等。

日 K 线是根据当天的最高价、最低价、当天开盘价和当天收盘价四个数据来画的 K 线。周 K 线是根据一周内的最高价、最低价、该周第一个交易日的开盘价和最后一个交易日的收盘价四个数据来画的 K 线。其他周期 K 线的画法类同。

三、K 线的 11 个特殊形态及其指导意义

K 线中有 11 个特殊形态（见图 2-2），熟知这些 K 线的市场意义对于提

高研究市场的准确性有重要作用。

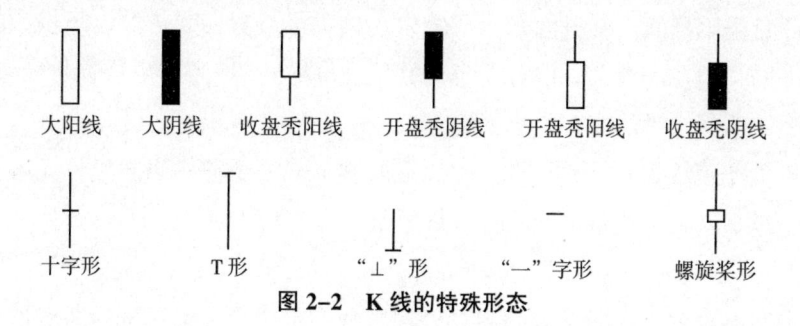

图 2-2　K 线的特殊形态

1. 大阳线

大阳线表示买盘相当强劲，后市看涨，但在不同时期，应区别对待。

（1）在低价区，突然出现大阳线，应该买进。

（2）长期盘整之后出现大阳线，可果断跟进。

（3）高价区出现大阳线时，应谨慎对待，持币观望为佳。

2. 大阴线

大阴线表示卖盘强劲，后市看跌，但在不同的阶段，应区别对待。

（1）在高价区出现大阴线时，是股价反转之兆，股民应卖出股票，走为上策。

（2）在盘整之后，出现大阴线，表示多数投资者看淡后市，此时投资者应卖出股票。

（3）在低价区出现大阴线时，市场的卖压并非较大，投资者可持观望态度。

3. 收盘秃阳线

收盘秃阳线表示开盘后，卖方力量较强，股价下挫，当跌幅较深时，抛盘减轻，股价回升，不断上涨，最终以最高价报收。

在低价区出现收盘秃阳线时，投资者可参考买入。

4. 开盘秃阴线

开盘秃阴线表示开盘后，卖方力量大于买方力量，股价大幅度下跌。当跌幅较深时，部分投资者不愿忍痛斩仓，低位抛压逐渐减轻，股价反弹。

5. 开盘秃阳线

开盘秃阳线表示在开盘后，买方发动较强的攻势，卖方难以阻挡，股价一路上升，但在收盘前，股价受卖方打压，价格回落。

6. 收盘秃阴线

收盘秃阴线表示开盘后，买方力量较强，股价上涨。当涨幅较大后，卖方力量越来越强，股价下跌，并以最低价收盘，后市看跌。

7. 十字形

十字形表示买、卖双方的力量势均力敌。十字形可以用来判断行情是否反转，一般来说，如果十字形出现在连日上涨之后，就可能是下跌的信号；而如果出现在连日下跌之后，就可能是上涨的信号。

8. T形

T形表示开盘后，卖方力量强于买方力量，股票价格下跌，但在随后，买方力量强于卖方力量，股价开始反弹，并以和开盘价一样的最高价收盘。

若在低价区出现该种图形时，投资者可酌情买进；若在高价区出现该种图形，投资者可酌情卖出。

9. "⊥"形

"⊥"形，又称灵位塔形。它表示开盘后，买方力量强于卖方力量，股价上涨到全日的最高价点，随后，卖方力量逐渐加强，股价下挫，以和开盘价一样的最低价收盘。

若在高价区出现灵位塔形，投资者要酌情卖出；若在低价区出现灵位塔形，投资者应持币观望。

10. "一"字形

这种图形表示成交价在全天都是一样。出现这种图形一般是开盘即涨停并维持到收盘的极强势或开盘跌停并维持到收盘的极弱势。另外，如果当日成交清淡或无成交，也可出现"一"字形。

11. 螺旋桨形

螺旋桨是指实体很小而上下影线都很长的小阴线或者小阳线。它是十字形的变形。

螺旋桨的特征如下：

（1）出现在上升或下跌尾势。

（2）K线实体很小，上、下影线都很长。

（3）K线实体可为阴线，也可为阳线。

螺旋桨形是一种转势信号，比长十字形更强烈。它出现在上升行情中，尤其是股指有了较大涨幅之后，则后市看跌；它出现在下跌行情中，尤其是股指有了较大跌幅之后，则后市看涨。

四、K线组合的应用

（一）孕线

孕线又名"身怀六甲"。它是由一长一短的两条K线组成的。第一条K线较长大，第二条K线较短小，否则，不视为孕线。孕线分为三种情况，其基本图形和变化图形如图2-3所示。

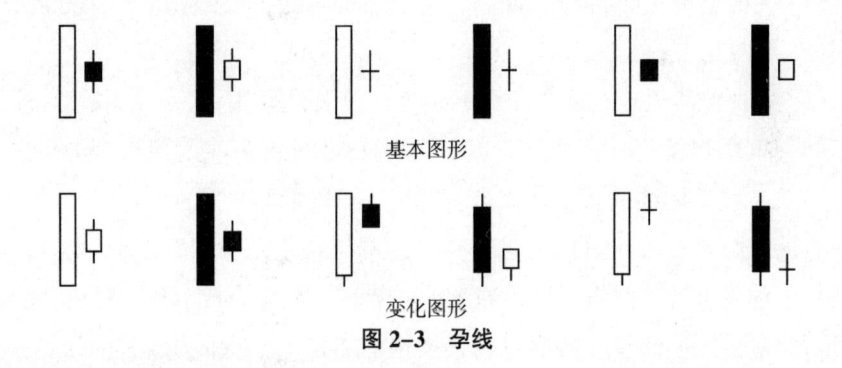

基本图形

变化图形
图2-3 孕线

（二）孕线的特征

（1）孕线可出现在股价走势的各个部位。

（2）由一根较长的K线和一根较短的K线组合而成。较短的一根K线在右，实体被左方较长的一根 K 线的实体部分完全包容。

（3）后面一根 K 线可以是小阳线、小阴线或十字线。如果孕线中较短的 K 线是一根十字线，则被称为十字胎。

孕线在高位出现是见顶信号，股价有可能转为下跌；在低位出现，是见底信号，股价有可能转为升势；在上升途中出现，是续涨信号，股价仍会上升。

（三）包线

包线是一种转势信号，由大小不同且阴阳相反的两根 K 线组成，其中前一根 K 线实体较短，后一根 K 线实体较长。其基本图形和变化图形如图 2-4 所示。

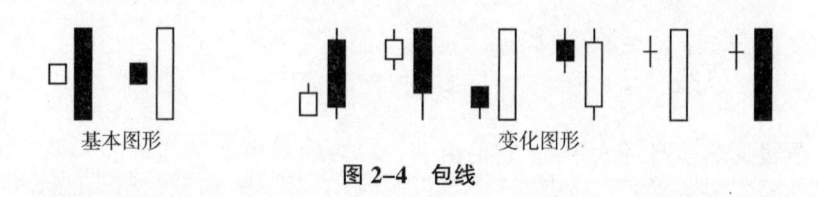

基本图形　　　　　　　　　变化图形

图 2-4　包线

包线的特征如下：

（1）一般出现在底部和顶部。

（2）第二根 K 线的长度能完全包容第一根 K 线的全部。

（3）底部包线出现在下跌趋势中，第二根 K 线为阳线，它的长度完全包容了第一根小阴线的全部（上、下影线不算）；顶部包线出现在升势中，它的第二根 K 线即阴线的长度能完全包容第一根阳线的全部。

底部包线是股价止跌回升的信号；顶部包线是见顶回落的信号。总之，包线是一种股价转势信号，即由原来的升势转为跌势，或由原来的跌势转为升势。通常情况下，包线两根 K 线长度相差越大，转势的力度就越强烈；后一根 K 线包容前面的 K 线越多，转势的可能性也越大。

（四）希望之星

希望之星是一种股价见底回升信号，其基本图形及变化图形如图 2-5

所示。

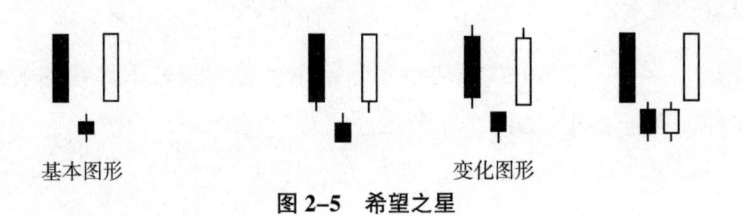

基本图形　　　　　　　　　　变化图形

图 2-5　希望之星

希望之星的特征如下：

（1）希望之星由三根 K 线构成。

（2）一般出现在底部。

（3）在股价下跌末期，先出现一条大中型阴线，次日股价下跌减速，形成小阴线（可带上、下影线），而第三天则一改颓气，出现一根大中阳线。股价见底回升。

（五）黄昏之星

黄昏之星是一种股价见顶回落信号，它也由三根 K 线组合而成，其基本图形及变化图形如图 2-6 所示。

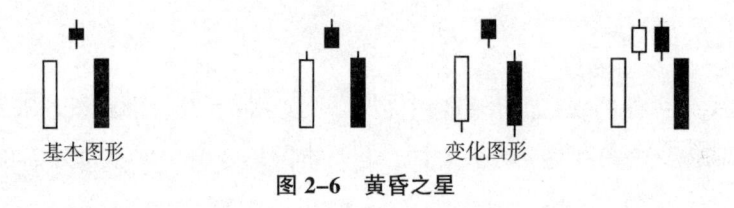

基本图形　　　　　　　　　　变化图形

图 2-6　黄昏之星

黄昏之星的特征如下：

（1）黄昏之星由一根实体较长的阳线、一根实体较短的阴线（或阳线）、一根实体较长的阴线三根 K 线组合而成，一般出现在顶部。

（2）在上涨过程中，先拉出一根长阳线，第二天高开，但尾盘回落，收出一根实体很小的 K 线，构成星的主体。K 线实体一般阴线居多，但也有是阳线的情况，第三天股价突然下跌，伸出一根长阴线。

黄昏之星是一种较可靠的股价见顶回落信号，投资者应提高警惕。

（六）锤头

锤头是一种出现在下跌趋势中实体很小且带有较长下影线的 K 线形态，其基本图形及变化图形如图 2-7 所示。

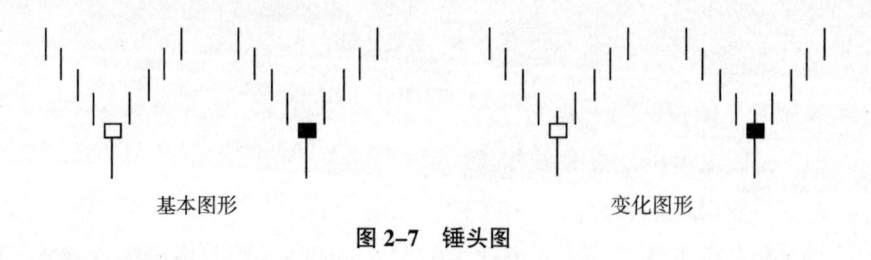

　　　　基本图形　　　　　　　　　　变化图形

图 2-7　锤头图

锤头的特征如下：

（1）出现在股价下跌末期。

（2）锤头实体很小，下影线大于或等于实体的两倍。

一般不带上影线，或上影线不明显。一般股价下跌的幅度越大，锤头见底回升的信号越可靠。在一般情况下阳线锤头比阴线锤头的反转力度要强大。锤头出现后，如果后续几日量增价涨，则可考虑买入。

（七）吊线

吊线是一种出现在上升趋势中实体很小且带有较长下影线的 K 线形态，其形状就像一个吊死鬼，令人恐怖，其基本图形及变化图形如图 2-8 所示。

　　　　基本图形　　　　　　　　　　变化图形

图 2-8　吊线

吊线的特征如下：

（1）出现在股价上涨行情的尾势。

（2）其 K 线实体可以是阳线也可以是阴线，没有上影线或者只有很短的上影线，但下影线很长（通常是实体长度的两倍以上）。

（3）吊线常出现在股价已有较大幅度上涨的情况下，它表明目前股价转为跌势的可能性很大，尤其是吊线的实体部分为阴线的时候，这种转变的可靠性更大。

投资者如在股市上涨行情中尤其是在股价已有较大幅度上涨后的行情中看到这种 K 线，不论后市如何，都应当引起高度警觉，可先减磅操作，等待发现股价重心继续下移时，马上抛空脱身出局。

（八）红三兵

红三兵是反映股价即将出现上升可能的一种 K 线组合，它由三根连续创新高的小阳线组成，其基本图形及变化图形如图 2-9 所示。

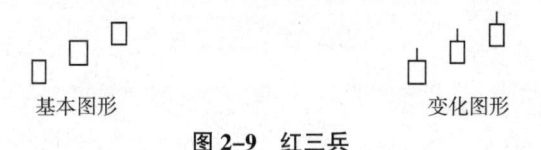

基本图形　　　　　　　　变化图形

图 2-9　红三兵

红三兵的特征如下：
（1）出现在股价上涨行情初期。
（2）结果温和放量则更可靠。
红三兵预示着股价将有一段较大的涨幅。

（九）黑三兵

黑三兵是由三根小阴线组成，且最低价一根比一根低。像三个穿着黑色服装的士兵在列队，故称为黑三兵。其基本图形及变化图形如图 2-10 所示。

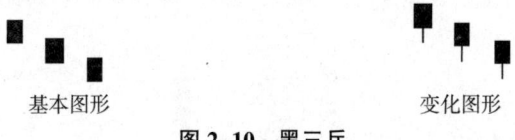

基本图形　　　　　　　　变化图形

图 2-10　黑三兵

黑三兵的基本特征如下：

（1）一般出现在股价有较大涨幅或较大跌幅之时。

（2）三根小阴线最低价一根比一根低。

黑三兵出现的位置不同，所代表的市场含义也不同；如果黑三兵出现在上升形势中，则预示着股价将会转升为跌，投资者应考虑做空；如果黑三兵出现在股价连续急跌之后，则预示着股价短期内有望止跌回升。

（十）上升三法

上升三法是股价持续上涨的信号，它出现在上升途中，由一根较大阳线接三根较小阴线，再接一根较大阳线组合而成。其基本形态如图2-11所示。

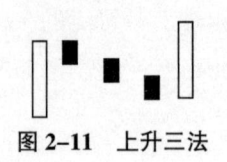

图2-11 上升三法

上升三法的特征如下：

（1）一般出现在股价上涨过程中。

（2）由五根大小不等的K线组成，前后两根同是长阳线，中间三根都是小阴线。

（3）三根小阴线都没有跌破前面长阳线的开盘价，但它们对应的成交量却递减。

（4）后一根阳线收盘在前几根K线最高点之上，且成交量明显放大。

上升三法出现在股价上涨过程中，是升势将继续的确认信号。

（十一）下跌三法

下跌三法由五根大小不同的K线组成，其基本形态如图2-12所示。

图2-12 下跌三法

下跌三法的基本特征如下：

（1）一般出现在股价下跌趋势中。

（2）由五根大小不等的 K 线组成，前后两根为长阴线，中间三根同为小阳线，小阳线也可带小的上、下影线。

（3）三根小阳线都没有冲破第一根阴线的开盘价。

（4）后一根阴线全部或大部分吞吃了前面三根小阳线，市场重新进入下跌的轨道。

下跌三法出现在股价下跌过程中，是一种可靠的卖出信号。

但是，该形态中出现的三根小阳线，往往成为障眼法，在这种情况下，应逆向卖出兑现。

（十二）三只乌鸦

三只乌鸦是一种表示后市看跌的 K 线组合，它由三根阴线组成。具体形状如图 2-13 所示。

图 2-13 三只乌鸦

三只乌鸦的特征如下：

（1）出现在涨势尾势。

（2）由三根阴线组成，三根阴线相连，且每天的收盘价均低于上一日的收盘价，每天的开盘价都在上一日 K 线的实体部分，但收盘价接近每日的最低价。下跌的节奏较为平和。

（3）阴线也可为两根，称为"两只乌鸦"，指导作用弱于"三只乌鸦"。

在上升行情中尤其是股指有了较大升幅后出现三只乌鸦，是一种强烈向淡的转势形态，投资者应在发现它的雏形时避开乌鸦带来的晦气平仓观望。

五、重要的反转图形和整理图形

（一）头肩底反转和头肩顶反转

1. 头肩底（见图 2-14）

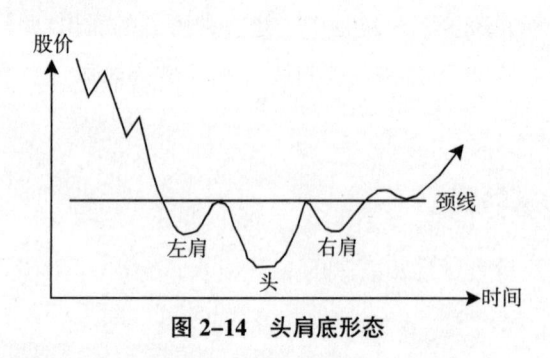

图 2-14 头肩底形态

头肩底的特征如下：

（1）有三个明显的价格低谷，中间一谷明显低于其左、右两谷。最低的一谷构成头部，其他两谷为左、右肩部，这两谷的底部大致处于同一价位。

（2）价格从左肩谷底与从头部谷底两次反弹的高点大致相同。股价从右肩反弹时突破前两次反弹高点的连线（即颈线）。

（3）从左肩到头部成交量越来越萎缩，至头部的谷底位置时，成交量萎缩至极点；从头部至右肩，成交量逐步放大，在股价突破颈线时显著放大。

（4）股价突破颈线之后，往往有回抽，伴随成交量明显缩小。回抽在颈线上方止跌，也有可能略微破一点颈线，一般不可破位 3%。

头肩底形态是一种可靠的底部信号，投资者可在见到此形态后积极做多。

2. 头肩顶

与头肩底正好相反，头肩顶是重要的顶部反转形态，但它并不是头肩底的简单倒影。其形状如图 2-16 所示。

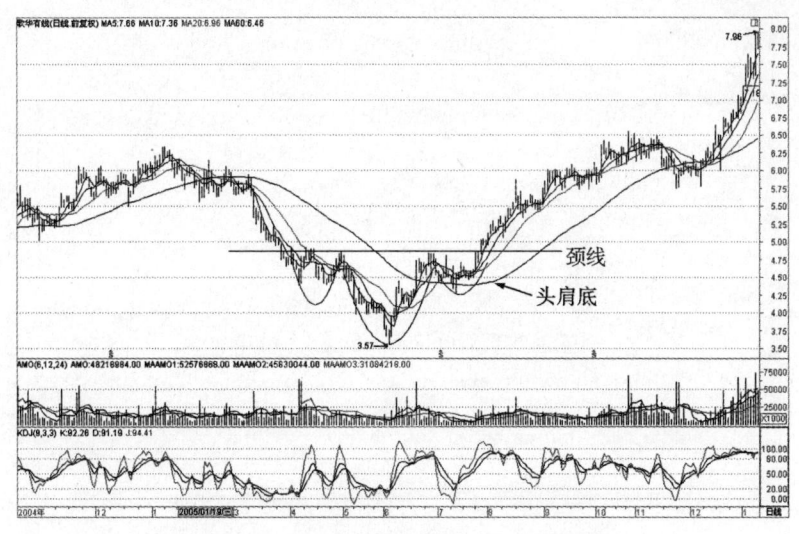

图 2-15　头肩底出现后的股价走势势如破竹

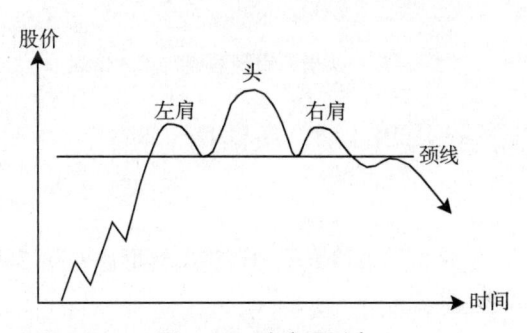

图 2-16　头肩顶形态

头肩顶的特征是：

（1）有三个明显的价格高峰，中间一峰明显高于左、右两峰，其形状就像是一个"山"字。中间最高的峰称头部，左、右两峰分别称为左肩、右肩。

（2）左肩与右肩的高点大致处于同一价位。头部的两个谷的谷底价位相当，它们之间的连线就是颈线。股价从右肩回落时击穿颈线，击穿后常会用回抽确认突破是否有效，如果回抽没有突破颈线位置，则股价之后会一泻千里。

（3）从左肩到头部再到右肩，成交量递减。

在上升趋势后期出现头肩顶形态，意味着市场转向空头，投资者应尽早平仓离场。

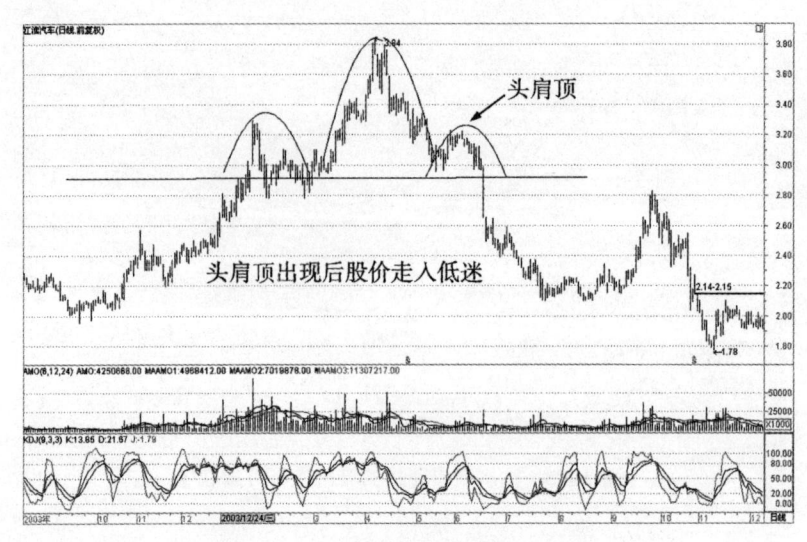

图 2-17　头肩顶出现后股价走入低迷

(二)"W"底结构和"M"头结构

1."W"底

"W"底也叫双重底，是一种重要的底部反转形态。其形状如图 2-18 所示。

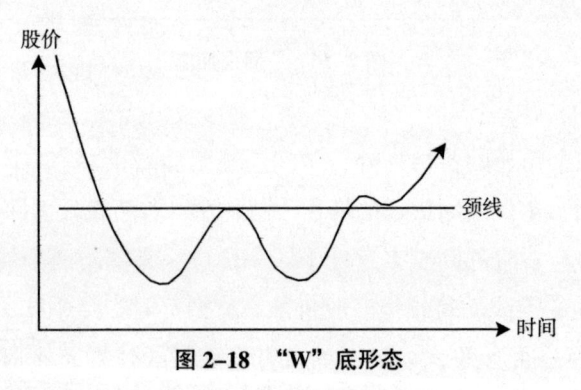

图 2-18　"W"底形态

"W"底的特征如下：

(1)出现在股价深幅下跌或漫长下跌之后。

(2)有两个明显的价格低谷，且这两个价格低谷谷底大致处于同一价格水平或者第二个谷底比第一个谷底高一点。

（3）第二个谷底一般略宽，且低点成交量明显小于第一个谷底。

（4）股价形成第一个低点后的反弹幅度在10%左右。当股价从第二个底部反弹穿过颈线时，伴随成交量迅速放大。

（5）股价突破颈线后，有时会回抽，但不能破颈线位。价格在颈线上方企稳后会迈步上升，上升趋势确立。

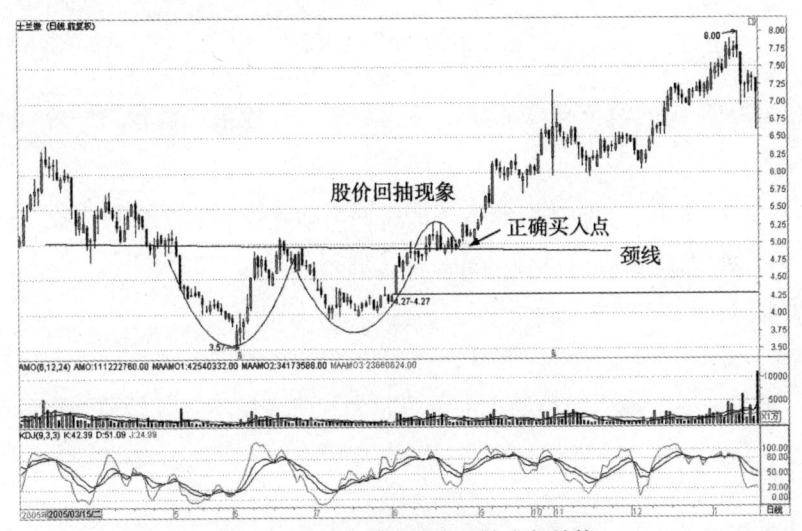

图 2-19 双底是比较常见的底部结构

注意： 有的股票指导书建议投资者在第二个谷底时买入，我们觉得是严重误导投资者，因为那个时候尚不能判断是否会出现"W"形走势。正确的买入点只有一个：股价突破颈线回调企稳后，并且要伴随成交量的放大。

2."M"头

"M"头也叫"M"顶或双重顶，它是一种重要的顶部反转形态，其形状如图 2-20 所示。

双重顶的特征如下：

（1）一般在高位出现。

（2）有两个明显的价格高峰，且两个峰顶的价位相当。通常来说，第二个头可能比第一个头高出一些，是庄家为最后出货制造的做多假象。

图 2-20 "M"头形态

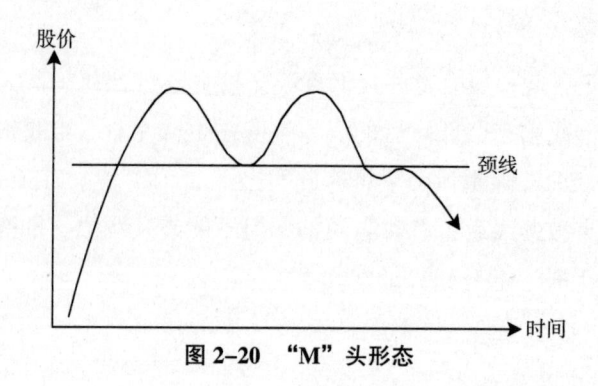

（3）"M"头的两个高峰都伴以大成交量，一般第二峰较第一峰成交量大幅减少。

（4）股价从第二峰回落时跌破了前次回落的颈线。

（5）股价跌破颈线后常有微量反弹，遇到颈线压力股价走低，以确认向下突破有效。

"M"头是一种强势反转信号，在股价走出这种雏形后，投资者应提高警惕，随时准备出逃。最早的出逃位置是发现价涨量不增（较前峰）的第二峰顶部。最后的止损点在股价下穿颈线后反弹之时。

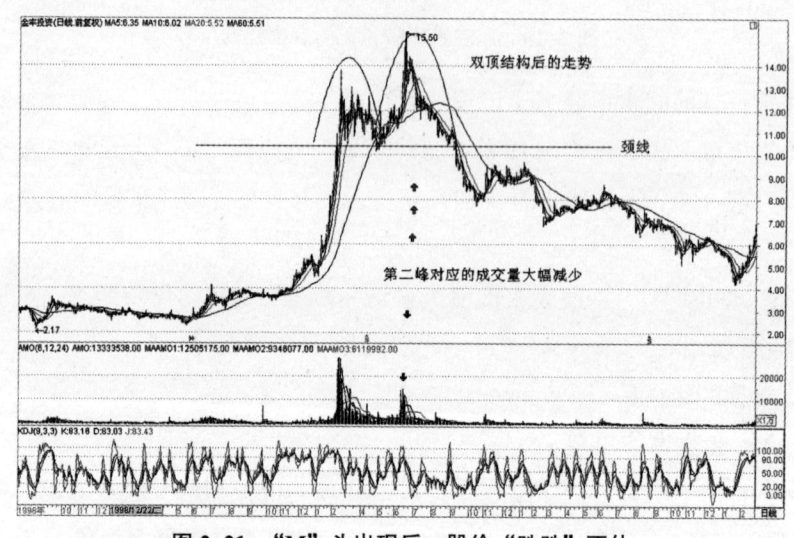

图 2-21 "M"头出现后，股价"跌跌"不休

（三）圆形反转

1. 圆弧底

圆弧底是一种明显而可靠的底部反转形态，这种形态出现后一般会走出大牛行情，如图 2-22 所示。

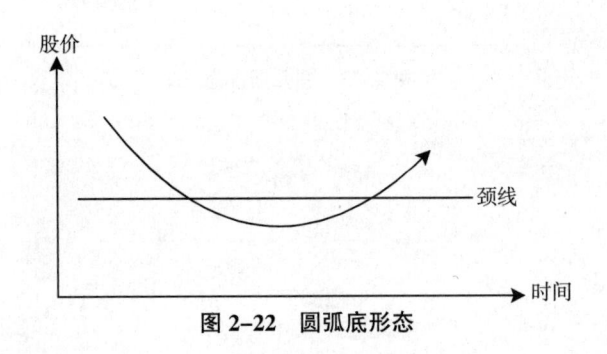

图 2-22 圆弧底形态

圆弧底的特征如下：

（1）股价经过漫长下跌，股价和成交量的走势均呈现圆弧形且持续时间较长。圆弧中部以后有时会出现成交量明显放大，而后价格平台整理成交量缩小。

（2）底部形态的完结以形态右边的小平台被有效突破为标志。由于市场在底部积蓄了巨大的能量，所以其突破后的上涨往往是快速有力的，就好比火山爆发一样，一发而不可收拾。

圆弧底是一种大行情发动前的有效信号。但是，其形成过程较长，过早买入会将资金压死，降低了资金利用率。请投资者参照以下买入原则：

（1）圆弧底部的确立以成交量的极度萎缩为参照。

（2）以价格小幅持续攀升成交量同步温和放大为指导原则。

（3）如果圆底之后出现平台整理，则在平台中成交量缩至地量时买入。

（4）价格小幅攀升，成交量温和放大，并突破 30 日均量线时买入。

2. 圆弧顶

圆弧顶（见图 2-23）是一种顶部反转形态，其出现的概率较小，但一旦出现，则跌幅较深。

图 2-23 圆弧顶形态

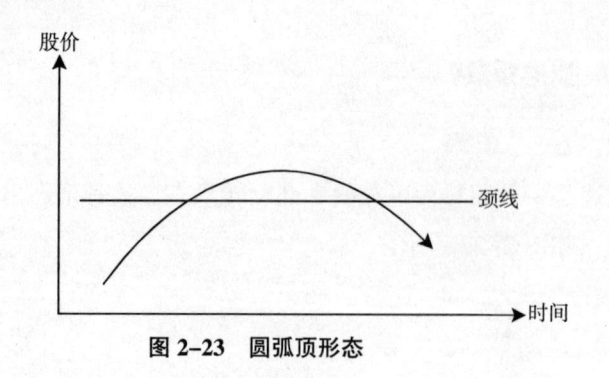

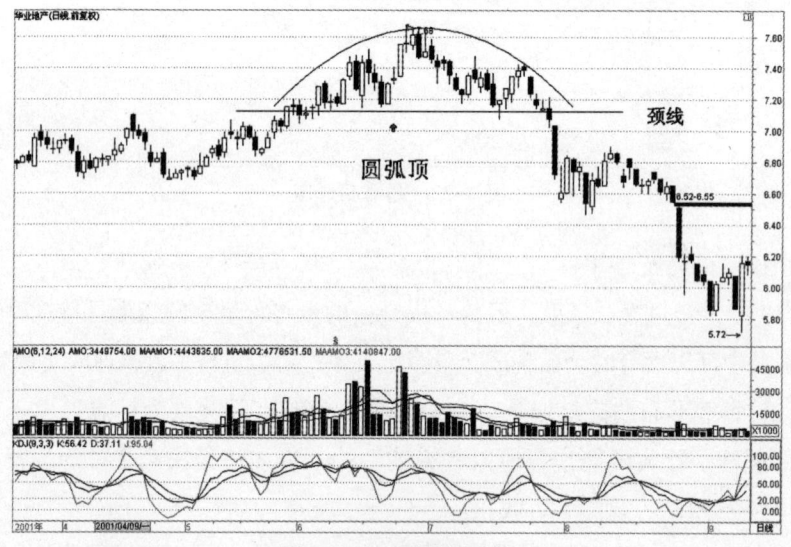

图 2-24A 圆弧顶形态

（1）一般出现在股价长时间大幅上涨后。

（2）股价上涨乏力减缓而转为缓慢下降，最后加速下跌形成一个圆弧顶状。

（3）圆顶形态在蓝筹股中出现概率较高，股价杀伤力度较大。

操作要点：

①在股价走势转缓成交递减时减仓。此时虽不能完全确立形态，但在里面浪费时间，不如转投其他股票。

②形态确立坚决清仓。

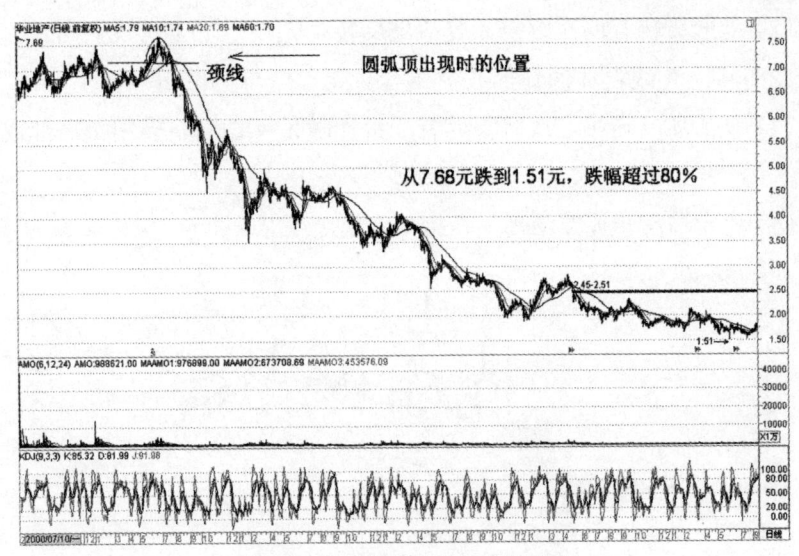

图 2-24B　圆弧顶出现时的位置

3. 岛形反转

岛形反转是由重大利好和利空转换造成的特殊走势，它是强有力的反转信号，但出现概率不高。

岛形反转分为底部岛形反转（又称复活岛反转）和顶部岛形反转（又称死亡岛反转）。如图 2-25 所示。

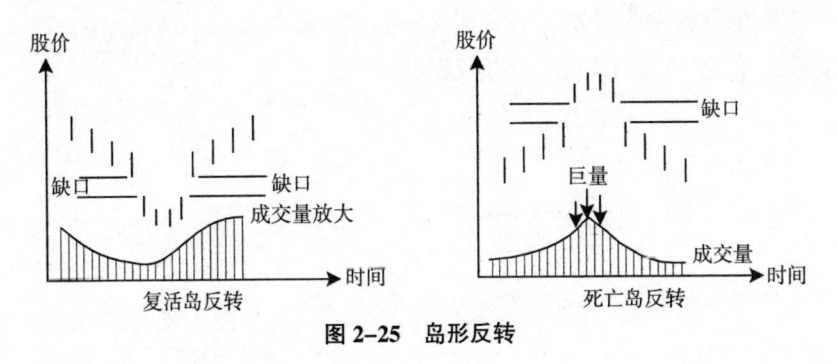

图 2-25　岛形反转

岛形反转的特征如下：

（1）底部岛形反转出现在大盘下跌行情的末期；顶部岛形反转出现在上涨行情的末期。

（2）岛形反转有两次跳空，复活岛反转是先跳空低走再跳空高走，形成一个脱离其他K线群体的岛形K线组合；死亡岛与之相反。

（3）复活岛反转第二次跳空处有巨量伴随，死亡岛反转则是岛部成交量巨大。

（4）死亡岛反转比复活岛反转指导作用更可靠。

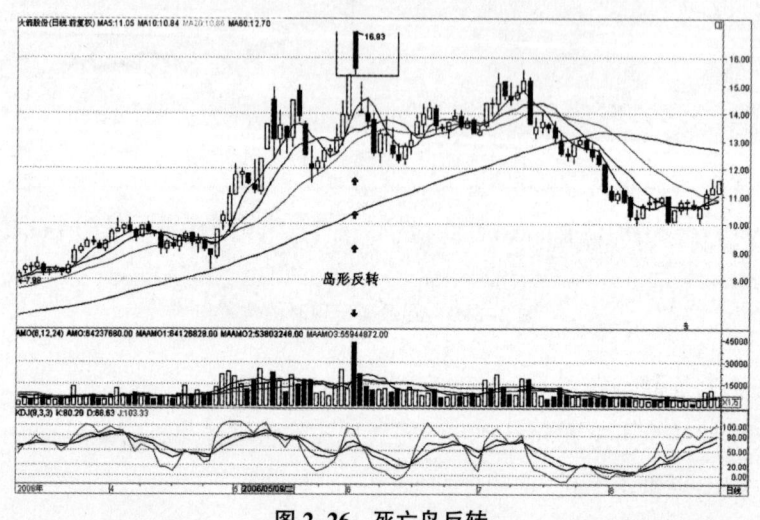

图 2-26　死亡岛反转

4．"V"形反转

"V"形反转是一种剧烈的底部反转形态。股价先是急跌，然后突然发力急涨形成一个"V"字形状。其形状如图 2-27 所示。

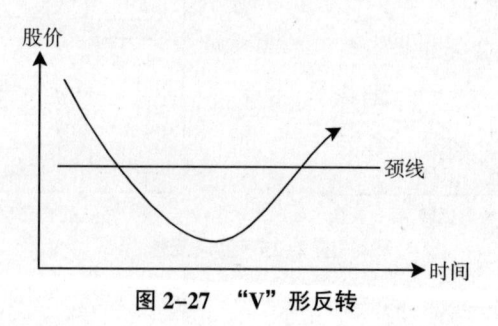

图 2-27　"V"形反转

V形反转的特征如下：

（1）出现在股价持续急跌或深幅下跌之后。

（2）下跌趋势末期，恐慌性抛盘导致股价急跌，利空充分释放，盘面变得较轻，少量买盘即可拉动股价快速回升，随着跟风盘的蜂拥而至，股价快速上升，形成"V"字形走势。

（3）"V"字形转点一般对应着极少的成交量。

"V"形反转的买入时机较难把握，重点是看成交量是否在急跌后变得较小，委托卖盘较轻而委托买盘跟进积极。如果是，则迅速介入。

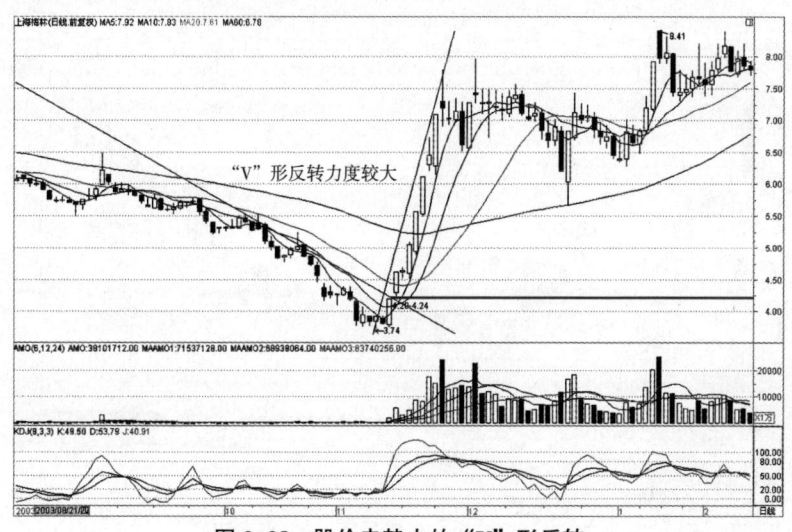

图 2–28　股价走势中的"V"形反转

5. 潜伏底

潜伏底形成时间非常漫长，但却极易产生黑马股底部形态。股价经过长期的下跌，已到了跌无可跌的地步，多空双方都不敢贸然行动，股价在极其狭窄的带状区域内波动，成交量也萎缩至极点，在 K 线图上表现为小阴小阳交错的水平状。最后，在利好消息的刺激和主力的参与下，股价向上突破，成交量也异常地放大，上升行情迅速展开。潜伏底的形态如图 2–29 所示。

潜伏底的特征是：

（1）一般出现在熊市的末期或者个股长期深度下跌之后。

（2）股价在一个极窄的区域内长时间地横向运动，上下波动范围极小，成交量极度萎缩。

图 2-29 潜伏底形态

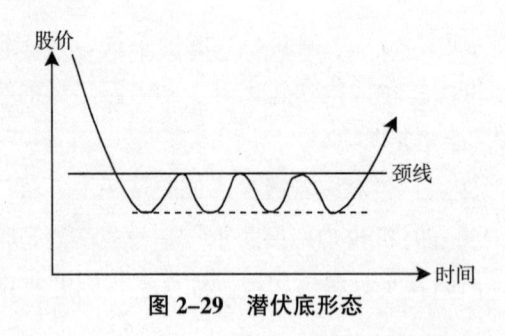

图 2-30 潜伏底形态走势图

（3）潜伏底的最终完结以上档压力线被突破为标志，之后股价开始大幅上升，也有可能暂时回调再企稳上升。投资者可在放量突破后买入。

潜伏底突破后的股价上升幅度，大致可以这样来预测：其盘整的横向长度，竖起来即为该股的目标价位，即盘整时间越久，突破后上涨得越高。

6. 喇叭形反转

喇叭形反转（又称扩散三角形反转）是股价极端疯狂和不理智的走势，其危险和杀伤指数为五星级。技术分析派对其讳莫如深。喇叭形反转虽然少见，但一旦出现，则可让人"辛辛苦苦几十年，一夜回到解放前"。

图 2-31 喇叭形反转

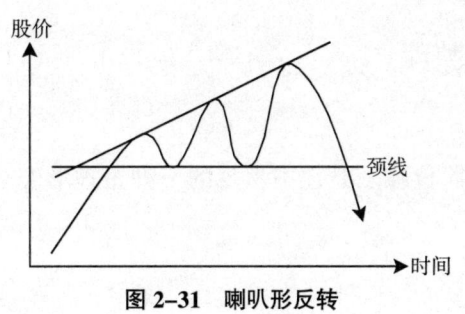

喇叭形反转的特征如下：

（1）出现在股价上升行情末期。

（2）股价的波幅越来越大，高点连线和低点连线构成一个从左向右扩散的喇叭状。

（3）成交量大而杂乱。

投资者应该对喇叭形保持高度警惕，一旦雏形出现，则在冲高时卖出。喇叭形出现时的任何买入都是不理智行为。

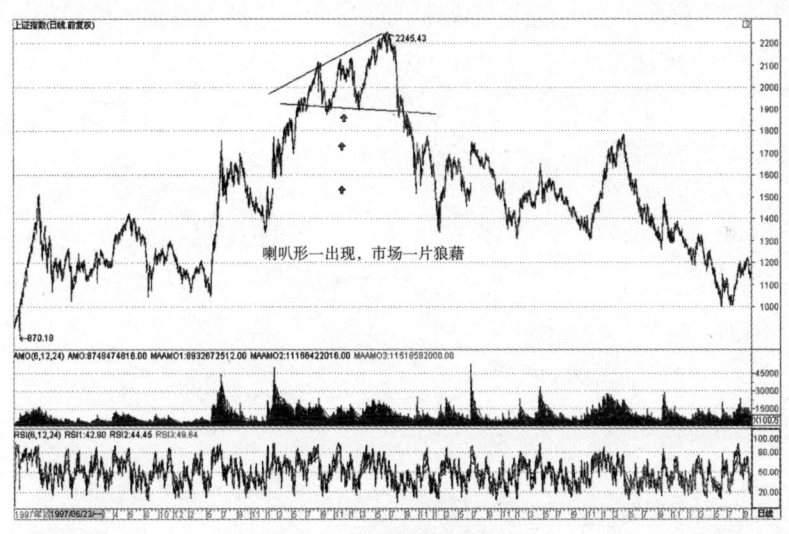

图 2-32 喇叭形是死亡号角

(四)三角形整理

1. 上升三角形

上升三角形是股价在上升途中出现的一种整理形态。其形状如图 2-33 所示。

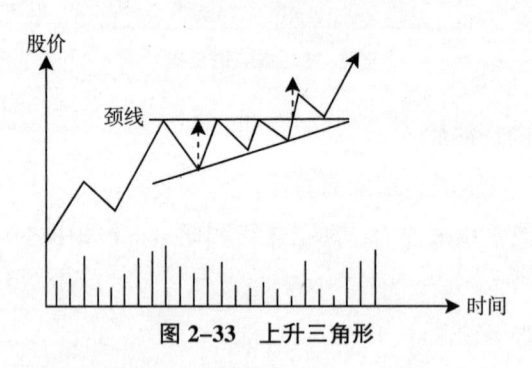

图 2-33　上升三角形

上升三角形的特征如下：

(1)出现在股价上涨途中。

(2)股价每次上涨的高点大致处于同一水平位置，回调的低点却不断上

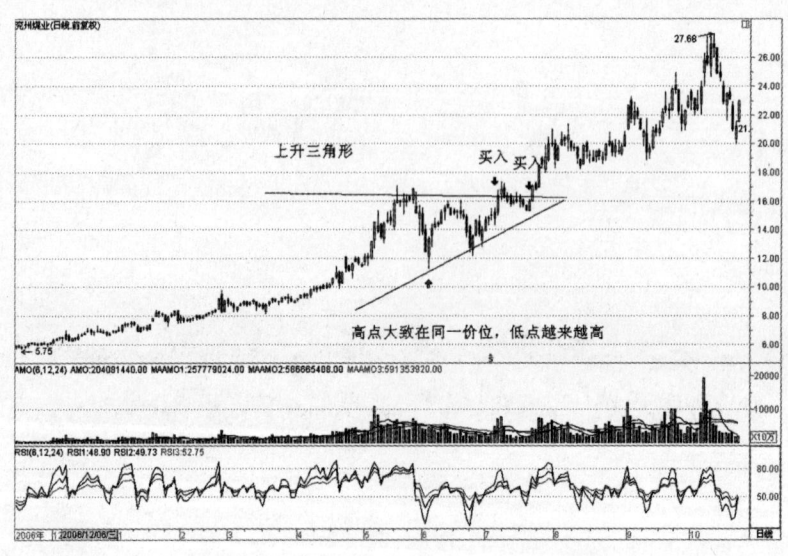

图 2-34　上升三角形意味着大行情在后面

移，波幅越来越窄，将上边的高点和下边的低点分别用直线连起来就构成一个向上倾斜的三角形。

（3）随着股价波幅越来越小，成交量在形态内逐渐萎缩而后突然放量，以大阳线突破高点连线宣告图形完结。

（4）在突破后有时会有回抽现象，如果在原来高点连线处止跌回升，则确认向上突破有效。

上升三角形形态的完成标志应是市场以收盘价放量突破该三角形的上边线。上升三角形向上突破后的第一目标价位是从突破点算起，向上投射出与三角形最宽处相等的垂直距离。

投资者遇到上升三角形整理形态时，可等股价放量突破形态上边压力线时买入，如果回抽可等股价回抽确认完毕再次上升时买入。

2. 上升旗形

上升旗形是一种上升趋势中的调整形态。股价急速拉升，然后进行震荡整理，整理的高点边线与低点连线构成一个略向下倾斜的平行四边形。整体上看好像一面挂在旗杆上的旗子，所以叫做上升旗形。其形态如图 2-35 所示。

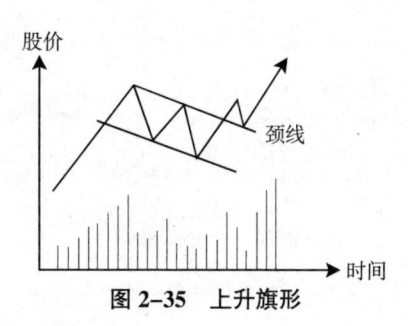

图 2-35 上升旗形

上升旗形有以下特征：

（1）股价在大成交量配合下持续沿高角度趋势线攀升，形成旗杆。

（2）旗面走势均匀而略向下倾斜。

（3）旗面走势对应成交量萎缩，向上突破时成交量骤增。

（4）旗面的时间不能超过 20 个交易日，否则不视为旗形整理。

（5）股价冲破压力线后，经常有一个回抽，如果在压力线上方止跌回升，则确认向上突破有效。

（6）上升旗形是市场主力的诱空行为，为了减轻以后大幅拉升的压力，以这种震仓的方法吓出胆小的跟风盘。一旦目的达到，股价将势如破竹。上升旗形向上突破后的理论升幅，大体与旗面形成前的升幅（即旗杆的高度）相等。

对于上升旗形出现后的操作策略是：

①在股价放量突破压力线时，买入。

②股价若在突破后回抽，则在回抽企稳又放量上升时，买入。

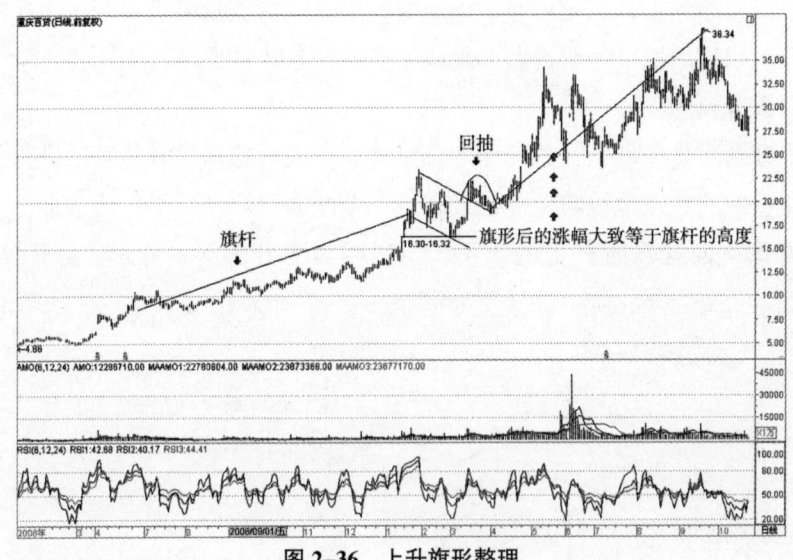

图 2-36 上升旗形整理

3. 矩形

矩形是最典型的盘整形态，表明多空双方力量势均力敌，使价格在一定范围内均衡震荡。矩形出现在底部，则为反转形态，是潜伏底的变形，在此不赘述。矩形出现在上升途中的概率较高，也最有价值，它是股价继续看涨的确认信号。如图 2-37 所示。

图 2-37 矩形

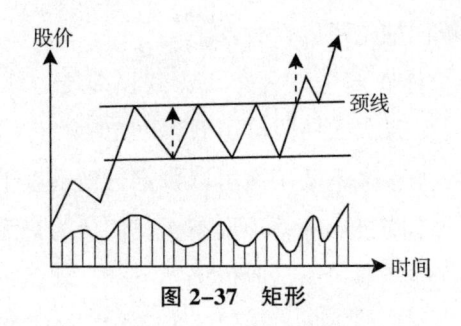

矩形的特征如下：

（1）股价经过一段时间的上涨，开始变缓，然后在一定的价位范围内上下波动，波动高点连线和低点连线构成一个矩形形态。

（2）矩形从左到右成交量递减。

（3）矩形整理完毕向上突破时，必须有大成交量的支持。

（4）矩形向上突破后常会反抽，来确认突破是否有效。

图 2-38 矩形整理走势图

投资者遇到矩形整理可以采取如下策略：

①在矩形尚未放量突破时耐心等待。

②在放量突破或回抽企稳后，买入。

③当股价落到箱体底部企稳后介入，到顶部压力线附近卖掉，高抛低吸，获取短线价差。如果买入后股价走低，以 5% 为参考止损位。

有很多书籍列举了很多下降中途可以判定行情继续下跌的图形，如下降三角形、下降旗形、下降楔形等整理形态，我们认为毫无意义。因为即使在下降中途，不出现这些经典形态，股价仍然下跌。就像一个人既然死了，他还想死得好看点，这不是荒唐吗？我们认为这是有些研究者走火入魔了。

投资者注意，我们卖出的最后点位是在前面所提到的经典头部图形形成时，记住，是最后点位，技术高手早在这之前就已经清仓了。下降途中最好的处理办法就是等待，或者干其他有意义的事情，直到底部信号出现。

（五）缺口形态

缺口是一种特殊的 K 线组合，是指当日成交价格完全在前一交易日最高价之上或最低价之下。缺口有两种，即除权缺口和交易缺口。如图 2-39 所示。

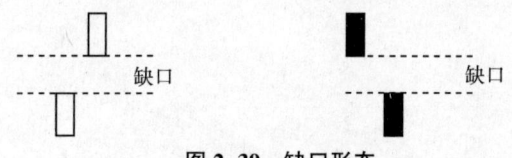

图 2-39　缺口形态

1. 除权缺口

如果一只股票分配方案是 10 送 10，那么，原来是 20 元的股票除权后就变成 $20 \times 10 \div (10 + 10) = 10$（元）了（参考前面的除权除息知识），而按沪深两市交易规则，涨跌幅限制为 10%，所以，当日价肯定在 20 元以下。

（1）股价经过除权，除权价与除权价格差距较大，而在 K 线形态上显示出缺口。这种缺口都是向下的。

（2）两日交易的价格间隔，即跳空处没有成交。

除权缺口没有实际研究价值，我们重点讨论交易缺口。

2. 交易缺口

交易缺口分为普通缺口和功能性缺口。功能性缺口又有突破缺口、中途缺口和竭尽缺口三种。

普通缺口一般产生在股价的整理区域或在成交密集区，缺口的产生是自然成交的结果。

技术上有种说法：对于缺口，三日不补，七日必补，否则不补。即倘若三个交易日之内缺口没有补上，则七日之内肯定会补上；七日如果没补，则此缺口不会被补上了。此说法仅供参考。

普通缺口识读要点：

（1）连续三个向上的跳空缺口预示一波上升行情快要完结，连续三个向下的跳空缺口预示一波下跌行情快要完结。

（2）缺口颈线的作用，是明显的支撑或阻力，成交量越大，这种作用越强。

（3）向上的缺口如成交量不大，此缺口一般会被回补；向下的缺口则不需要用成交量来判定回补与否。

（4）缺口的回补是股价走势不变的确认信号。

功能性缺口测市功能更强。下面我们分别介绍突破缺口、中途缺口、竭尽缺口。如图2-40所示。

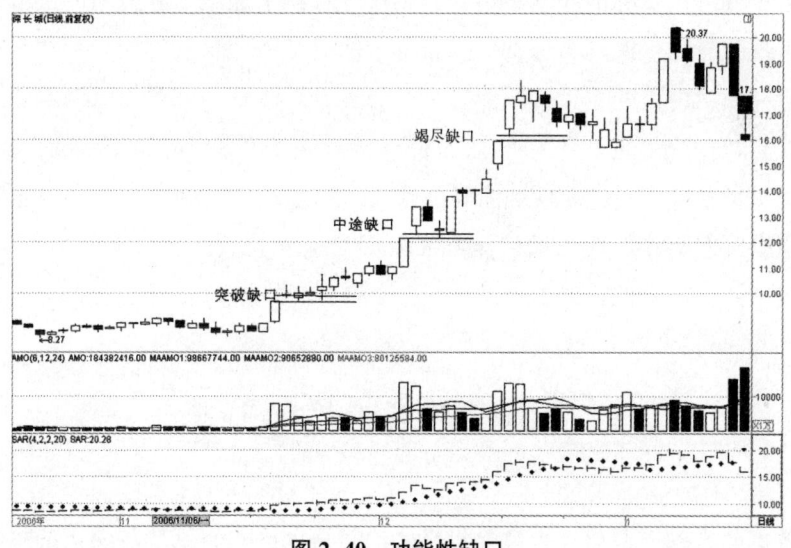

图2-40　功能性缺口

突破缺口常出现在大底部向上突破和大顶部向下突破时，预示着股价走势的大反转。

依据：

（1）有没有"W"底、潜伏底等经典底部形态作确认信号。

（2）有没有大的成交量，有则说明突破有效。但要注意，向下突破性缺口的产生，不一定需要成交量配合。关键是判断头部形态是否确立。

中途缺口，一般出现在大涨或大跌行情的中途。中途缺口一般出现在大波行情中部，并且伴随大成交量，其回补概率极小。

在一个漫长的单边升势当中，均线系统须形成完全的多头排列，这时出现中途缺口，股价将加速上升，中途缺口有重要的测市意义。具体方法是：将缺口出现的点位减去启动形态的底边的最低点，其所得的绝对值再加上缺口形成时的点位所得到的数值，可以看作是本轮行情的理论目标价位。现举例说明：假如某只股票在上升中途产生中途缺口，缺口产生的点位为30元，启动形态的底边最低点位是10元，则本轮行情的理论目标价位为（30－10）+ 30 = 50（元）。此目标价位仅作参考，实际操作应灵活处理，结合量价关系和顶部形态综合判断，以提高准确性。

竭尽缺口，又称消耗性缺口。常出现在长期上涨或下跌行情的末端，此缺口出现的当日或次日，通常伴随着巨大的成交量和猛烈的股价变动。它预示股价在短期内将发生反转行情。

在升势中判断竭尽缺口的依据是成交量的先大后小。即缺口出现时巨量，而后迅速缩水。此时应抓紧时间出货，以躲避高位跳水的危险。

在下降趋势中，竭尽缺口则不需要成交量来验证。此时出现竭尽缺口，应积极关注，做好建仓的准备。

六、如何判断股价的趋势

技术分析的一个重要观点是价格会沿趋势演进，直到出现明显的反转信号。趋势线就是趋势分析的一个重要工具，可以指导我们确定准确的交易时机。

（一）趋势线的确定方法

趋势线包括下跌支持线和上升阻力线两种。如果股价一波比一波的谷底不断抬高，则将几个谷底连成的直线就是上升趋势线；如果股价一波比一波的波峰不断降低，则将几个波峰连成直线就是下降趋势线。

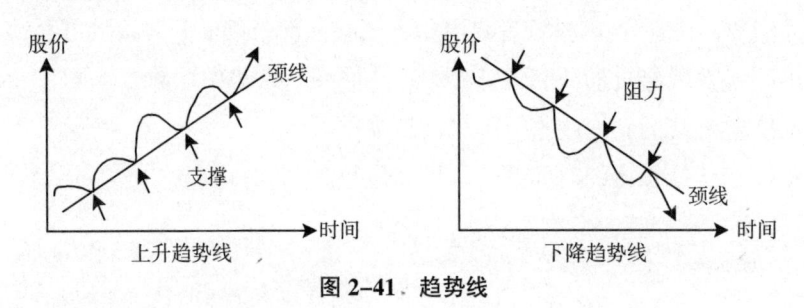

图 2-41 趋势线

上升趋势线对股价起强烈支撑作用，支持股价继续上涨；下跌趋势线对股价起阻力作用，阻止股价上涨。

趋势线按时间跨度来说，跨度在半年以上的为长期趋势线，跨度在 1~6 个月之内的为中期趋势线，跨度在 1 个月之内的为短期趋势线。

一个长期趋势线包含着若干中期趋势线；中期趋势线中又包含若干短期趋势线。如图 2-42 所示。

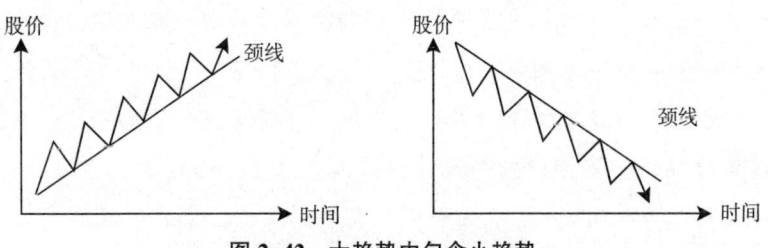

图 2-42　大趋势中包含小趋势

趋势线是不断变化的，旧的趋势线的破位，就会形成新的趋势线。如图 2-43 所示。

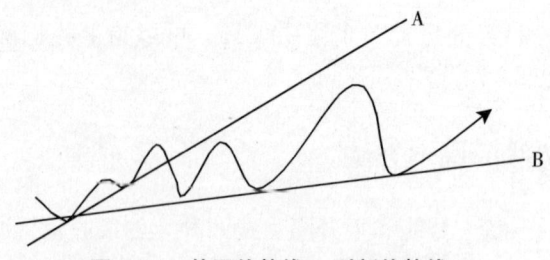

图 2-43 从旧趋势线 A 到新趋势线 B

因为投资者要依据趋势线进行投资，所以趋势线的准确与否关系着投资人的资金安全和利益。投资者要用如下三项标准来判断趋势线的可靠性：

(1) 趋势线经过的波底（升势中）或波峰（跌势中）越多越可靠。

(2) 趋势线的斜率越小，可靠性越高。

(3) 趋势线维持的时间越长，可靠性越高。

（二）怎样用趋势线指导交易

趋势线是一种可靠的分析工具，具体交易可参照以下几点（这是其他书中找不到的经典交易方法，投资者应仔细体会其中的玄机）：

(1) 若上涨趋势形成，则当股价落到上涨趋势线附近，而又放量抽出阳线（小阳线最佳）时，买入。同理适用于短期趋势落到中期趋势线附近，中期趋势线落到长期趋势线附近。

> 为什么要放量收阳线，如何把握这根阳线？
>
> 因为趋势线是根据历史点位形成的，其准确性很难判定。若在此时买入，一旦跌破，不但要止损，更是耽误了时间，错过其他好机会。
>
> 阳线的作用是确定上升趋势没有改变，降低了投资风险，并且提高了投资准确性。把握这根阳线，应该在下午 2:30 后到收盘这段时间，如果分时走势是向好的，形成阳线的概率非常大，则在收盘前建仓。

(2) 若下跌趋势形成，则当股价反转到下跌趋势线附近，又收到阴线时，卖出。同理适用于短期对中期，中期对长期下跌趋势线。

> 为什么要收阴线，如何把握这根阴线？提示：下跌趋势线中的阴线作用正好与确立上涨趋势的阳线相反，是为了确立下跌趋势，指导卖出。

（3）股价跌破上升趋势线，持票者首先考虑清仓；股价突破下降趋势线，则等到新趋势形成后再说。

（4）虽然还没有形成趋势，但底部形态刚刚完成，股价冲高回调又企稳后，买入。

（5）见到顶部形态，不用形成下跌趋势，尽早清仓。

（三）有效突破的判定

正确判断趋势线的有效突破，有助于投资者作出正确的投资决策。当判明股价涨破阻力趋势线后应及时买进，当股价跌破支持线后应及时抛出。任何判断失误都会降低资金使用效率或造成损失。具体判定方法如下：

（1）某日突破以收盘价突破为有效。

（2）连续两天以上的突破较为有效。

（3）连续两天以上创新价的突破是有效的突破。

（4）突破趋势线后，股价和成交量同时上升或保持不变的突破为有效。

（5）短期突破以5%以上为有效；中期以10%以上为有效；长期以20%以上为有效。

七、移动平均线系统的使用方法

移动平均线是技术分析中最重要的指标和工具，它对于投资者准确判断股价走势和提高交易水平有不可替代的重要作用。可以这么说，不懂均线系统，就谈不上技术分析。投资者若想在实战中获利丰厚，非下苦功学习和钻研不可。

（一）移动平均线概述

1. 移动平均线的由来

移动平均线（简称均线，K线图上表示为MA）就是将过去股价变动的平均值所连成的曲线，用以研判股价未来的走势。

均线的画法：以5日均线为例，将5日内的收盘价逐日相加，然后除以5，得出5日的平均值，次日再以同样方式得出另一个数值，以此类推可得出很多数值，再将这些平均值在坐标图上依先后次序连起来就是我们看到的均线了。

移动平均线的基本特征是利用平均数来消除股价不规则的偶然变动，以观察股市的整体趋势。

2. 均线的分类

均线可分为短期（如3日、5日、10日）、中期（如20日、30日）和长期（如60日、80日、100日、150日）三种均线。均线参数可以更改，以适合自己的需要。如做短线者可用3日、7日和15日均线。

3. 移动平均线的作用

（1）预测股价未来的走势。因为均线消除了股价的偶然变动，反映了一种整体的趋势，而趋势又是可以延续的，所以，均线可为我们判断未来股价走势提供重要依据。

（2）反映市场的平均成本。从均线的计算方法可以大体上判断均线所代表日期内的平均买入成本，以作出准确的投资策略。

（3）价值轴心。如果股价上涨过于偏离均线，则均线对股价起下拉的作用。如果股价下跌过于偏离均线，则均线对股价起上拉的作用。

（4）支撑和压力。从某种意义上说，这个作用相当于颈线。在下方，对股价下跌有支撑作用，在上方对股价上升有压力作用。

4. 移动平均线的应用

（1）葛兰威尔投资八法——单根均线的使用。美国证券投资界的一代宗师葛兰威尔创立了以单根均线分析股价波动和指导交易的八大法则，称为葛兰威尔投资八法。现仍被技术分析派人士广泛应用，奉为经典。

葛兰威尔投资八法内容如图 2-44 所示。

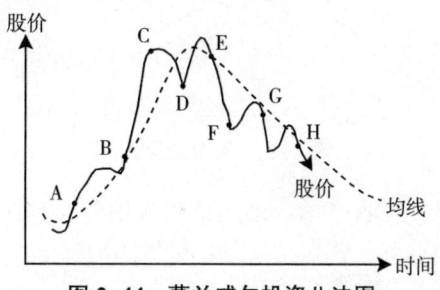

图 2-44　葛兰威尔投资八法图

①均线由下降转为走平或初升，股价从下向上穿越均线，买入。如图 2-44 中 A 点所示。

②均线处在上升趋势，股价下跌并在均线处止跌回升，买入。如图 2-44 中 B 点所示。

③均线处在上升趋势，股价从上方跌穿均线，又放量向上穿破均线，买入。如图 2-44 中 D 点所示。

④股价持续下跌，跌破均线并与均线偏离过大时，买入。如图 2-44 中 F 点所示。

⑤均线由上升趋势转为平势或向下，股价从上向下跌穿均线，卖出。如图 2-44 中 E 点所示。

⑥均线处在下降趋势，股价从下方试图向上突破，但受阻回荡，卖出。如图 2-44 中 G 点所示。

⑦均线处在下降趋势，股价从下向上突破均线，又重新跌穿均线，卖出。如图 2-44 中 H 点所示。

⑧均线处在上升趋势，股价以猛烈之势从下向上突破均线，并持续上扬偏离均线过远，卖出。如图 2-44 中 C 点所示。

（2）均线组合的使用技巧。两根均线组合：金叉和死叉。

①黄金交叉。黄金交叉是指短期均线从下向上突破长期均线形成的交叉。如图 2-45 所示。

图 2-45　黄金交叉图

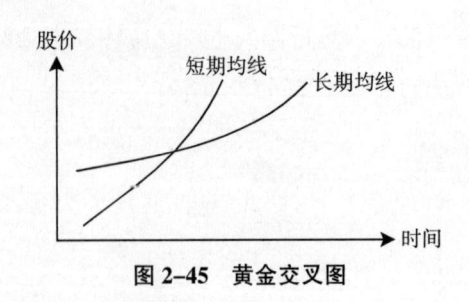

均线出现金叉现象表明市场看多，是买入信号。如图 2-46A 所示。

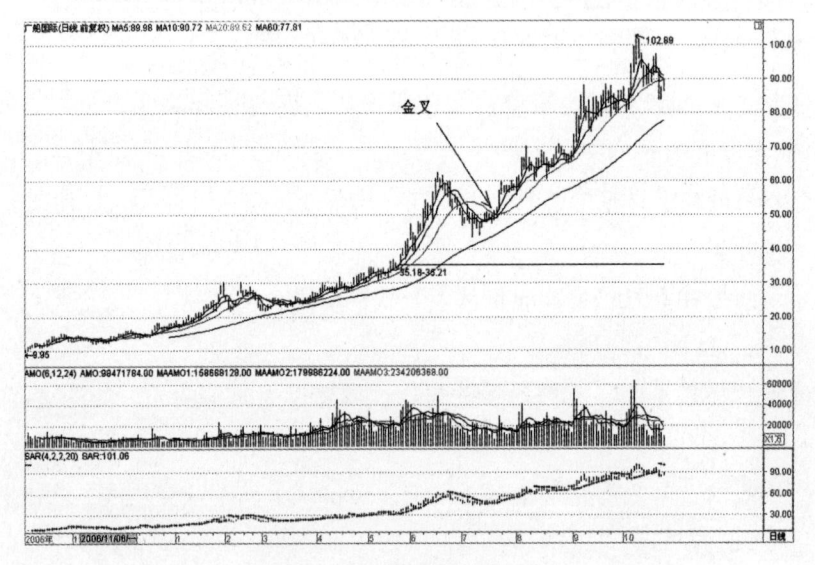

图 2-46A　金叉是上涨信号

市场研制方法：

第一，一般时间长的均线金叉比时间短的均线金叉可靠。如 10 日均线与 20 日均线金叉比 5 日与 10 日均线金叉可靠。

第二，如果两条均线都向上出现的金叉更可靠。两条均线交叉角度越大，准确性越高。

第三，整理行情中出现金叉不可靠（见图 2-46B）。这是因为主力很容易在技术上作假，暂时钝化该指标。

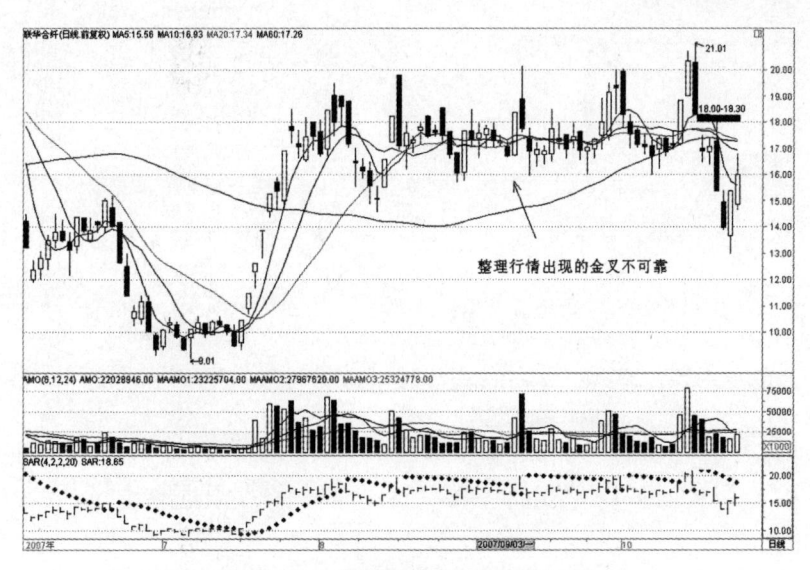

图 2-46B　整理行情中的金叉不可靠

②死亡交叉。死亡交叉是指短期均线从上向下穿过长期均线所形成的交叉。如图 2-47 所示。

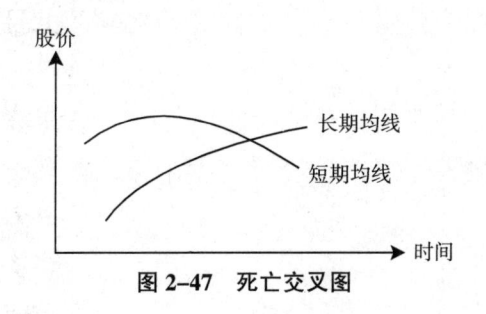

图 2-47　死亡交叉图

均线出现死叉现象表明市场看空，是卖出信号。如图 2-48 所示。

第一，两条均线代表的时间越长，死叉的可靠性越高。如 10 日均线下穿 20 日形成的死叉比 5 日均线下穿 10 日均线形成的死叉可靠。

第二，两条都向下的均线出现的死叉更可靠。两条均线交叉角度越大，准确性越可靠。

第三，整理行情中出现的死叉不可靠。

③三根均线组合：完全多头排列是指短期、中期、长期均线同时向上且

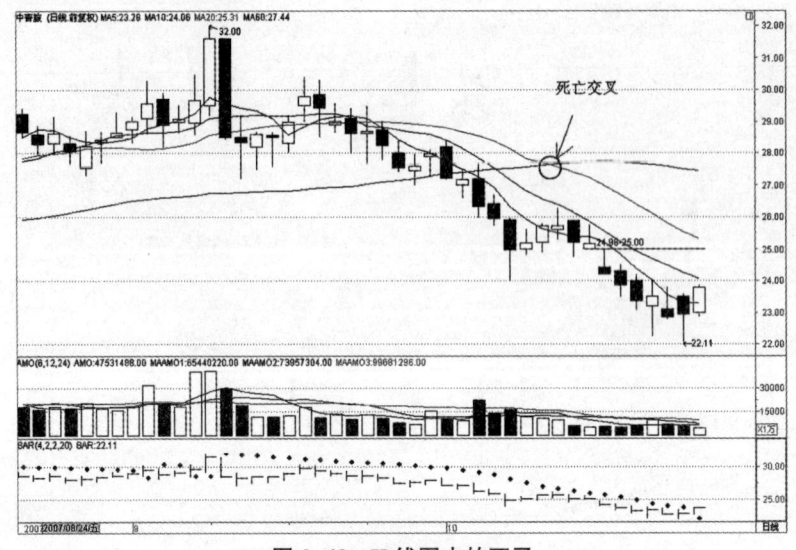

图 2-48　K 线图中的死叉

短期均线在上、中期均线居中、长期均线在下的一种均线排列方式。

完全多头排列表明市场处在极强势状态，投资者应积极做多。但由于均线有价值轴心作用，也应随时小心偏离过大而回调。如图 2-49 所示。

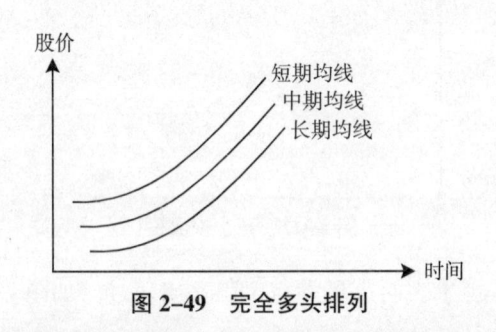

图 2-49　完全多头排列

不完全多头排列是指中期均线在上、短期均线居中、长期均线在下，三条均线同时向上的一种均线排列方式。不完全多头排列是指市场处在强势状态，投资者应谨慎做多。如图 2-50 所示。

完全空头排列是指长期、中期、短期三条均线都向下且长期均线在上期、中期均线居中、短期均线在下的一种均线排列方式。如图 2-51 所示。

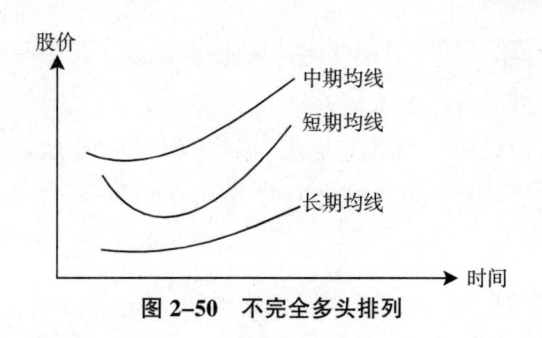

图 2-50　不完全多头排列

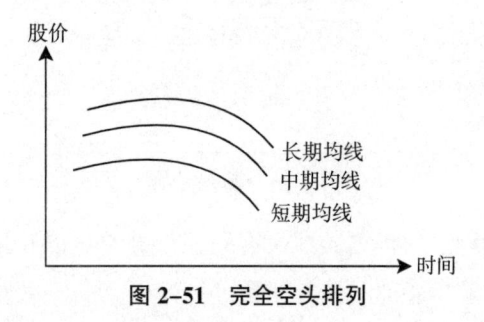

图 2-51　完全空头排列

完全空头排列表明市场处在极弱势，投资者应以做空为主。如果短期均线与长期、中期偏离过远，则可结合其他指标适当做一些反弹行情。

不完全空头排列是长期、中期、短期三条均线向下且长期均线在上、短期均线居中、中期均线在下的排列方式。如图 2-52 所示。

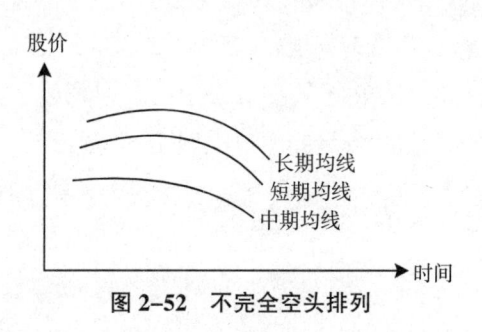

图 2-52　不完全空头排列

不完全空头排列表明市场处在弱势状态，投资者此时的操作策略是：

第一，多看少做或不做。

第二，如果前期跌幅超过 60%，且最低位有放量情况，那么，此种形态很可能是底部完成的尾声。只要短期均线向上调头，甚至与长期均线形成金叉，长期投资者可适当建仓。

黏合排列是指长期、中期、短期三条均线不分次序地黏合在一起并作横向走势的一种均线排列方式。如图 2-53 所示。

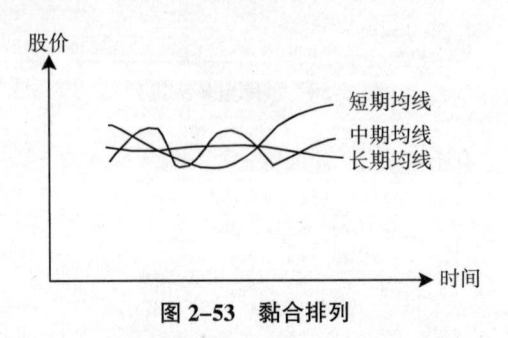

图 2-53 黏合排列

黏合排列时，均线的排列次序没有限制，甚至可以互相纠缠。这种均线排列一般出现在顶部、底部和较长期整理行情中。

黏合排列的操作相对简单：

第一，黏合排列期间不做任何操作（唯持股者可参考卖出）。

第二，黏合排列后期均线开始发散形成完全多头排列（不可能形成不完全多头排列，因为从黏合中脱离最快的肯定是短期均线，其次是中期均线，而长期均线肯定最慢，这样排列就只能是完全多头排列），买入；均线从黏合发展为完全空头排列（道理同上），卖出。

（3）股价以巨量长阳线向上突破黏合中的三根均线，买入。股价以大阳线向下跌破黏合中的三根均线，卖出。如图 2-54 所示。

（二）价"托"与价"压"的识别

1. 价"托"

价"托"是指短期、中期均线金叉后又分别与长期均线金叉形成的三角形区域。价"托"的作用相当于三个金叉+完全多头排列，是上涨初期出现的强势走势。"托"越大，之后升幅越大。它的形状如图 2-55 所示。

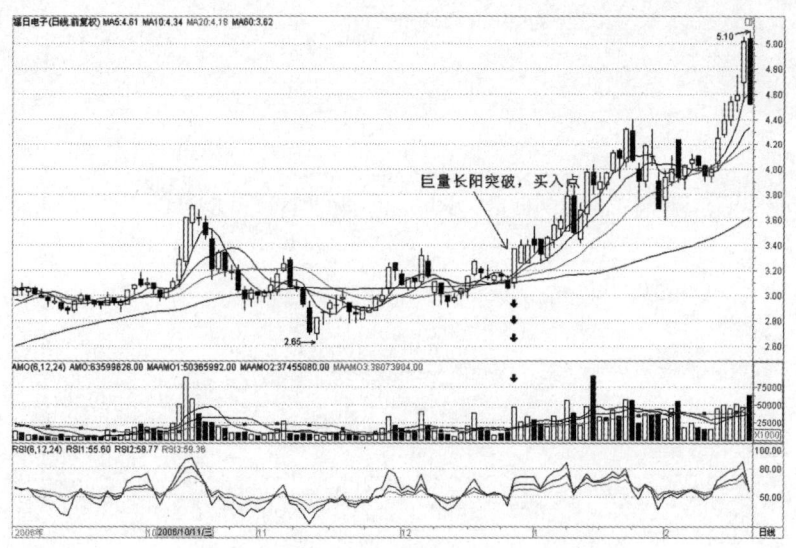

图 2-54　巨量长阳突破三根均线是买点

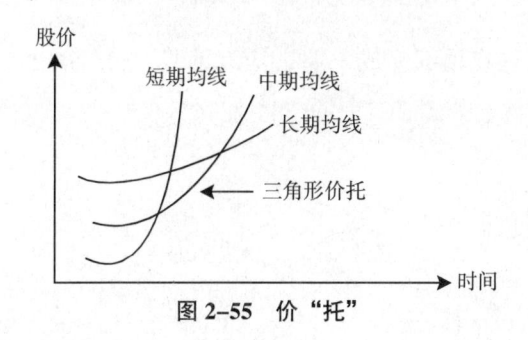

图 2-55　价"托"

价"托"（见图 2-56）出现的操作策略：

（1）在"托"尚未完全形成时要提前预测到"托"的出现，特别是短期均线与长期均线的金叉出现后，买入。

（2）"托"形成后，积极做多。

（3）"托"形成后，股价相对较高，很可能面临回调。如果出现回调，则在回调企稳回升时，买入。此为最佳买入点。

（4）盘整行情的"托"，没有参考意义。

2. 价"压"

价"压"是短期、中期均线死叉后又分别与长期均线死叉形成的三角形

图 2-56 价"托"是股价大涨的信号

区域,它容易出现在顶部完成末期,是市场转为弱势的重点信号。"压"越大,之后跌幅越深。如图 2-57 所示。

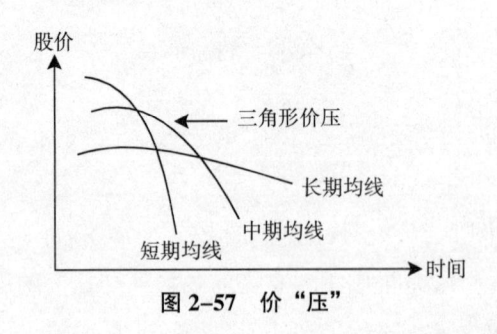

图 2-57 价"压"

对于价"压"(见图 2-58),投资者的操作策略是:

(1)在第一、第二个死叉投资者没有及时卖出的,这是最后一个可以保存元气的机会,卖出!

(2)整理行情下出现的"压",没有指导意义。需参照其他指标综合判断。

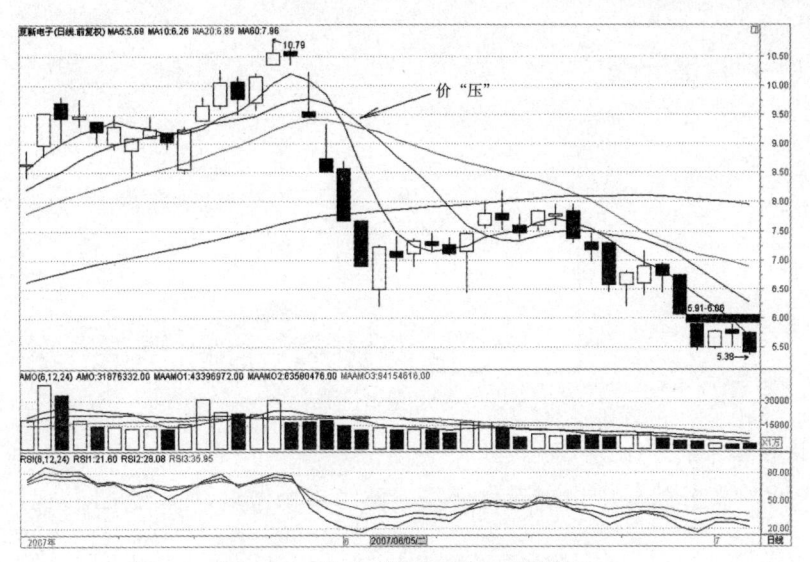

图 2-58 价"压"是股价大跌的信号

八、量价关系分析

　　量价关系是技术分析的核心分析技术之一，对交易有非常重要的指导作用。下面讲到几种非常经典和重要的量价关系，投资者要熟练记忆和使用。
　　量价关系分析是通过成交量和股价的配合规律来判断股价走势的一种分析方法。
　　成交量被技术分析派人士认为是股价涨跌的关键因素，没有成交量，单纯分析股价没有实质意义。所以量价关系分析在技术分析领域中的地位极高。以下是几种基本的量价关系以及各自在不同价位所代表的指导意义：

(一) 量增价涨

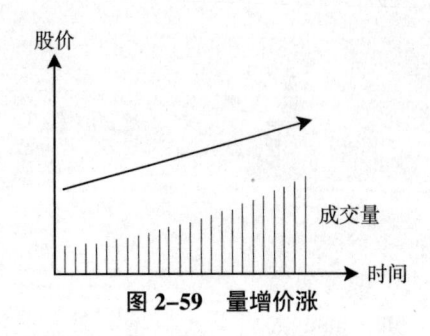

图 2-59 量增价涨

指导意义:

(1) 在上升趋势中出现量增价涨,说明市场做多动能充足应及时跟进做多。

(2) 股价处于高位,或远离均线,成交量增速过快,为反转信号,冲高卖出。

(3) 下跌趋势中出现量增价涨,多为反弹,套牢者可止损。短线喜好者可抢反弹,快进快出,博取短线价差利润。

(4) 在整理行情尾势出现,是向上突破信号,买入。

(二) 量增价跌

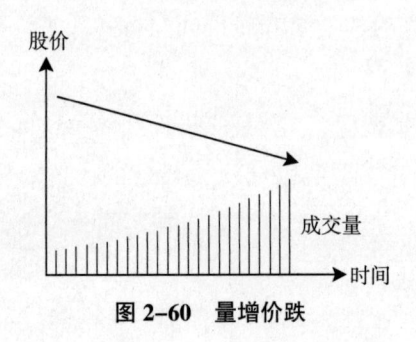

图 2-60 量增价跌

指导意义:

(1) 上升趋势中出现,为主力震仓吸筹,如果股价没有跌破 20 日均线,中长期投资者可持有。

（2）如果股价处在顶部，量增价跌是反转信号，卖出。

（3）下跌趋势中出现，表明做空力量强大，空仓。

（4）底部出现量增价跌，为反转信号，可配合其他指标适时建仓。

（5）整理行情出现量增价跌，是向下突破信号，卖出。

（三）量增价平

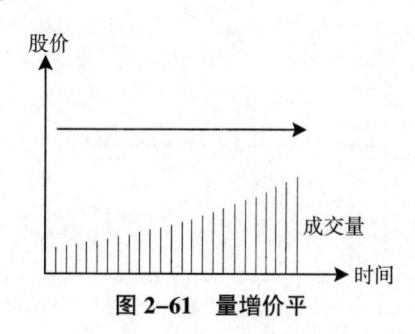

图 2-61 量增价平

指导意义：

（1）底部出现是主力吸筹建仓，一旦股价迈步上升，均线呈多头排列，买入。

（2）在顶部出现是主力托盘出货，卖出。

（3）整理行情出现，观望，根据后势作判断。

（四）量平价涨

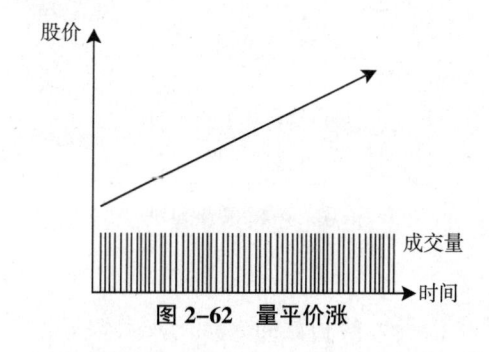

图 2-62 量平价涨

指导意义：

（1）股价上升初期出现是上涨信号，买入。注：此时量不能太小，是维持到中等以上的量平。

(2) 股价处在上升中途，中小成交量维持的量平是行情持续信号，买入。若量太大，说明盘面较散，上涨全力，观望。

(3) 下跌和盘整行情中出现，等待，观望。

(五) 量平价平

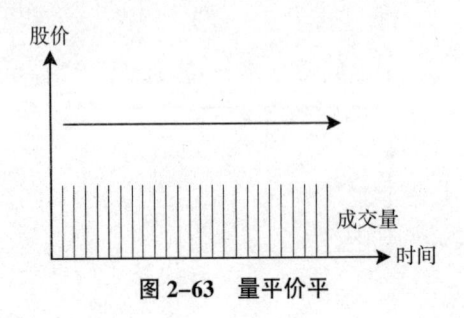

图 2-63 量平价平

指导意义：

这种量价关系对行情分析作用不明显。一般来讲，量平价平是股价走势持续的信号。

(六) 量平价跌

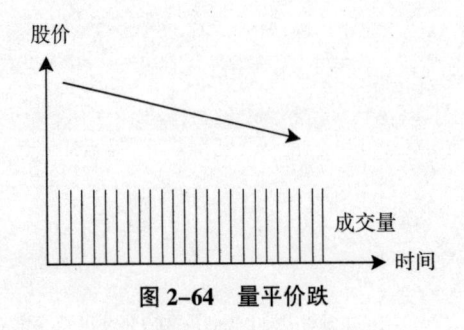

图 2-64 量平价跌

指导意义：

(1) 上涨趋势中出现，获利盘的大量出现会给股价上升造成很大压力，以观望为主。

(2) 高位出现则说明庄家在暗中出货，卖出。

(3) 跌势中出现，行情将会继续下跌，空仓观望。

（七）量减价涨

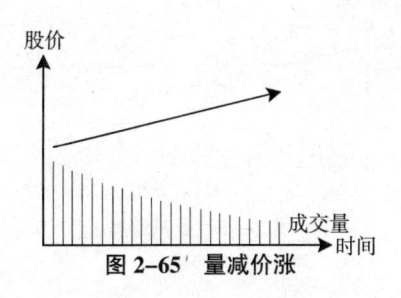

图 2-65 量减价涨

指导意义：

(1) 量减价涨一般表明市场人气较差，成交不活跃，是看跌信号，卖出。

(2) 出现在顶部则是转为下跌的信号，卖出。

(3) 若主力已深度控盘，也可以少量的成交拉动股价。此时，如果股价能有规则地沿均线运动，可适量介入。

（八）量减价平

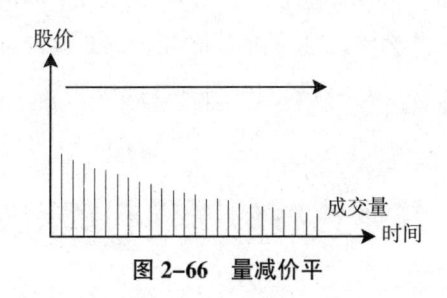

图 2-66 量减价平

指导意义：

(1) 在上涨行情初期出现表明市场看淡，应空仓观望。

(2) 在上升趋势中途出现，一般为横盘整理。是庄家为洗去浮筹和以后拉升扫除障碍，后势看好，应以做多为主。

(3) 下跌时出现，表明反弹无力，后市看淡，空仓。

(九) 量减价减

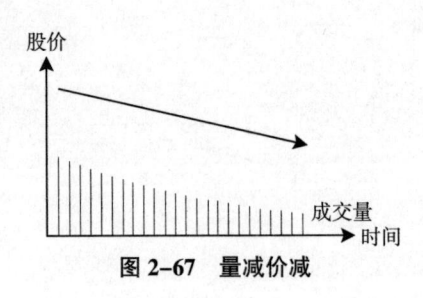

图 2-67 量减价减

指导意义：

（1）上升行情中途出现，是正常调整，后势仍然看好，可以积极做多。

（2）在高位出现，如果成交量迅速缩小，则庄家还在其中，后势仍有行情，可跟进做多。如果成交量不规则缩小，则很可能主力已出货到尾声，后势看空，卖出！

（3）在下跌行情中出现，股价将继续下跌，空仓。

量价关系是一门深奥且奇妙的学问，其实战性极高。这里只是大致为初学者介绍了浅显实用的基础知识，至于更深入、更高级的知识（如放量缩量到什么程度与价格的什么涨跌速度配合最佳、成交量内部有什么玄机、价格的演变有何深层意义），请参看我们的另一本高级实战辅导书《波段是金》。

九、技术指标的原理和应用技巧

在判断行情的时候，除了均线和量价关系作为参考分析要素之外，还有若干指标工具可以帮助我们对行情作更加精确的判断。有 5 个指标需要我们熟练掌握，它能够让你像个真正的交易专家一样从事交投，它们是：相对强弱指标（RSI）、超买超卖型指标（KDJ）、MACD 指标、停损型指标（SAR）和商品路径指标（CCI）。

(一) 相对强弱指标 (RSI)

1. RSI 原理及计算方法

相对强弱指标（RSI）是用以计测市场买卖力道强弱的方法及指标。其计算公式：

$$n\text{日 RSI} = \frac{n\text{日内收盘涨幅值}}{n\text{日内收盘涨幅值} + n\text{日内收盘跌幅值}} \times 100$$

由上面算式可知，RSI 指标是上涨力量与下跌力量（一般认为，上涨是买方力量强大所致，而下跌则是卖方力量强大所致，所以大致可以将买方视为上涨力量，将卖方视为下跌力量）的比较，若上涨力量较大，则计算出来的指标上升；若下跌力量较大，则指标下降，由此测算出市场走势的强弱。

2. RSI 的使用方法

（1）由算式可知，0≤RSI≤100。当 RSI＞80 时为超买区，股价回调的概率增加；当 RSI＜20 时为超卖区，市场面临反弹机会。

（2）RSI 在 80 以上发生背离，逢高卖出。在 20 以下发生背离，逢低买入。

（3）RSI 两次在超买区背离走出 M 头图形，卖出；RSI 两次在超卖区背离走出 W 底形态，买入。在牛市中，这种方法准确性更高。

（4）短期 RSI 金叉长期 RSI 是买入信号；短期 RSI 死叉长期 RSI 是卖出信号。

注意：由于 RSI 设计上的缺陷，RSI 在进入超买区或超卖区以后，遇到持续大涨或持续大跌行情会出现钝化问题。处理方法有两个：

（1）RSI 指标取值更改，如超级牛市可把超买超卖值分别调为 90 和 10；熊市则可把超买超卖值分别调为 70 和 30。

（2）更改 RSI 的时间期限。

(二) KDJ 指标

KDJ 指标又叫随机指标，是由乔治·蓝恩博士（George Lane）创立的，是一种相当新颖、实用的技术分析指标，它起先用于期货市场的分析，后被广泛用于股市的中短期趋势分析，是期货和股票市场上最常用的技术分析工具。

KDJ 学习时的注意事项：KDJ 的原理需要了解，但计算方法比较复杂，初学者不必非要完全弄懂，但需要把其使用方法搞清楚。就像拉小提琴，你不必彻底知道小提琴是如何加工的，用的是美国夏威夷的灌木、中国台湾的香木还是你家村口挂着马蜂窝的大槐木，而只需要知道如何熟练使用它，拉出优美的音乐。

1. KDJ 指标的原理

随机指标 KDJ 一般是根据统计学的原理，通过某个周期内出现过的最高价、最低价及最后一个收盘价及这三者之间的比例关系，来计算周期的未成熟随机指标值 RSV，然后根据平滑移动平均线的方法来计算 K 值、D 值与 J 值，并绘成曲线图来研判股票走势。

2. KDJ 指标的计算方法

第一步，计算周期（n 分钟、n 日、n 周等）的未成熟随机指标值（RSV 值）。

n 日 RSV =（n 日收盘价 − n 日最低价）÷（n 日最高价 − n 日最低价）× 100

由公式可以看出：RSV 值始终在 1~100 波动。

第二步，计算 K 值、D 值、J 值。以日 KDJ 数值的计算为例，其计算公式为：

当日 K 值 = 2/3 × 前一日 K 值 + 1/3 × 当日 RSV

当日 D 值 = 2/3 × 前一日 D 值 + 1/3 × 当日 K 值

J 值 = 3K − 2D

若无前一日 K 值与 D 值，则可分别用 50 来代替。

从计算方法可以看出，KDJ 在设计过程中主要研究最高价、最低价和收盘价之间的关系，同时也融合了动量观念、强弱指标和移动平均线的一些优点，因此，能够比较迅速、快捷、直观地研判行情。

3. 应用方法

(1) K 值在 80 以上为超买区，可逢高卖出。K 值在 20 以下为超卖区，可逢低买入。

(2) 当 K 值向上突破 D 值形成金叉，买入。

当 K 值向下突破 D 值形成死叉，卖出（金叉如果出现在 30 以下，死叉出现在 70 以上，信号更加准确）。

(3) 如果 K 值在 50 以下，由下往上接连两次上穿 D 值，形成"W"底形态时，买入；当 K 值在 80 以上交叉向下，形成"M"头形态时，卖出。

(4) KDJ 指标，随机指标反应比较敏感快速，是实用性最佳的技术指标。但不同的投资者使用的原则也不一样：大资金波段操作者一般应在周 KDJ 值在低位时逐步进场吸纳；对短线爱好者，30 分钟和 60 分钟 KDJ 是重要的参考指标。

所有的技术指标都有其缺点和不足，KDJ 也是一样。这就需要其他指标辅助完成预测。当行情处在极强或极弱单边市场中，日 KDJ 出现屡屡钝化，应用 MACD 或等中长指标辅助判断；当股价短期波动剧烈，日 KDJ 反应滞后，应改用 CCI 等指标辅助预测。

（三）MACD 指标

1. MACD 原理

MACD 指标全称为指数平滑移动平均线（Moving Average Convergence and Divergence），是一项利用短期移动平均线与长期移动平均线之间的聚合与分离状况，对买进、卖出时机作出研判的技术指标。

MACD 是从双移动平均线派生发展而来的，由快的移动平均线减去慢的移动平均线。MACD 的指导意义与双移动平均线基本相同，但阅读起来更方便。

2. 应用方法

(1) 当白色的 DIF 上穿黄色的 MACD 形成黄金交叉，绿柱线 BAR 缩短，买入；当白色的 DIF 下穿黄色的 MACD 形成死亡交叉，红柱线 BAR 缩短，卖出。

（2）当股价升到高位，MACD 上升，而 DIF 却逐波下降，与股价走势形成顶背离，预示股价即将下跌，择机卖出；当股价跌至低位，MACD 下降，而 DIF 却不断上升，形成底背离，则预示股价将要上涨，择机买入。

（3）如果在高位 DIF 两次由上向下穿过 MACD，形成"M"头形，卖出。如果在低位 DIF 两次由下向上穿过 MACD，形成"W"底形，买入。

此信号较方法（2）准确可靠。

（4）当 MACD 从负数转向正数，表明行情空转多，买入；当 MACD 从正数转向负数，表明行情多转空，卖出。

（5）MACD 主要用于对长期的上涨或下跌趋势进行判断，当股价处于横盘整理或小幅频繁震荡行情，MACD 反应迟钝，指导作用不明显。

（投资者请思考，大概来讲，MACD 的正数、负数，正数转负数和负数转正数分别对应着双移动平均线的什么分布状态？提示：MACD 的正数对应着双均线的多头排列，正数转负数对应着均线死叉。）

（四）停损指标（SAR）

停损指标 SAR 又叫抛物线指标或停损转向操作点指标（Stop and Reveres, SAR），是由美国技术分析大师威尔斯·威尔德所创，是一种简单实用的中短期分析工具。

1. SAR 指标的原理和计算方法

SAR 指标的原理是以一定的计算方法来寻找合理的动态止损位置，以保障利润和防止风险。SAR 指标的计算方法和过程非常烦琐复杂，投资者在实际操作中不必计算 SAR 值，只要灵活掌握和运用 SAR 指标的研判方法和功能即可。

2. SAR 指标的使用方法

（1）当股票股价从 SAR 曲线下方向上突破 SAR 曲线时，买入。

（2）当股票股价从 SAR 曲线上方向下突破 SAR 曲线时，卖出。

SAR 指标操作简单，买卖点明确，常常能够捕捉到连续拉升的大牛股，特别适合新股民使用。SAR 对于指导中线波段操作，具有令人震惊的准确性。

（五）CCI 指标

CCI 指标又叫顺势指标（Commodity Channel Index），是由美国股市分析家唐纳德·R.兰伯特于 20 世纪 80 年代创立，是一种中短线超买超卖型指标。

1. CCI 指标的原理

前面讲到 KDJ 指标对于超买超卖的指导作用时指出，KDJ 遇到重大的暴涨暴跌行情作用会钝化，而对于股价这种脱序行为，CCI 指标则可以起到准确的预测作用。

本指标专门测量股价是否已超出常态分布范围，其值波动于正无限大和负无限小之间而又不需要以零为中轴线。CCI 主要测量脱离价格正常范围的变异性，同时适用于期货商品及股价。

CCI 值在+100 以上为超买区，-100 以下为超卖区，+100~-100 为震荡区。在+100~-100 的震荡区，该指标基本上没有指导作用，即无效。这也反映了该指标的特点——CCI 指标就是专门针对极端情况设计的。

2. CCI 指标的使用方法

（1）当 CCI 指标从下向上突破+100（同时有大成交量配合最佳），表明股价脱离常态进入暴涨阶段，择机买入；当 CCI 指标从上向下突破-100，表明股价将进入更深幅的下跌，空仓。

（2）当 CCI 指标从上向下突破+100 进入常态区间，表明股价滞涨并进入盘整，卖出；当 CCI 指标从下向上突破-100 进入常态区间，表明股价探底已近尾声，并随时可能转为上涨，买入。

（3）当 CCI 指标在+100~-100 运行，没有任何指导意义。请参考使用 KDJ 等指标。

（4）当 CCI 曲线处于远离+100 的高位，股价创新高，而 CCI 曲线却与其形成顶背离，开始走低，为行情反转的信号，卖出。如果出现"M"头形背离，则果断卖出。

（5）当 CCI 处于远离-100 线以下的低位区，股价持续下跌而 CCI 曲线在低位企稳回升，形成底背离，预示股价将要反弹，择机买入。如果出现"W"形底或三重底，或 CCI 在-100 以下停留的时间越长，买入时机更准确。

一般 CCI 的顶背离的指导作用比底背离准确性高一些。

插曲：道氏理论

道氏理论是指查尔斯·道创立的证券分析理论。诞生于 100 多年前，至今被奉为证券分析的鼻祖。简而言之，道氏理论是根据价格模式的研究，推测未来价格行为的一种方法。

（一）道氏理论的提出

查尔斯·道（1851~1902 年）出生于新英格兰。是纽约道琼斯金融新闻服务的创始人、《华尔街日报》的创始人和首位编辑。

查尔斯·道在 1895 年创立了股票市场平均指数——道琼斯工业指数。1902 年过世以前，他虽然仅有 5 年的资料可供研究，但他的观点在范围与精确性上都有相当的成就。

道氏理论在 20 世纪 30 年代达到巅峰。那时，《华尔街日报》以道氏理论为依据每日撰写股市评论。1929 年 10 月 23 日《华尔街日报》刊登"浪潮转向"一文，正确地指出"多头市场"已经结束，"空头市场"的时代即将来临。这篇文章是以道氏理论为基础提出的预测。紧接这一预测之后，果然发生了可怕的股市崩盘，于是道氏理论名噪一时。

道氏理论提出一个目前成为现代金融亘论之公理的命题：任一个别股票所伴随的总风险包括系统性与非系统性风险。其中，系统性风险是指那些会影响全部股票的一般性经济因素，而非系统性风险是指可能只会影响某一公司而对其他公司毫无影响或几乎没有影响的因素。

已经在成熟的金融市场上验证的结果表明，道氏理论对于价格走势的预测是有效的。

（二）道氏理论的主要内容

查尔斯·道通过选择一些具有代表性的股票的平均价格来反映总体

股市趋势。道琼斯价格指数中有两个指数：一个是工业股票价格指数，另一个是铁路股票价格指数。

道氏理论的基本原则概括如下：

(1) 平均指数包含一切因素原则。

(2) 股市具有三种趋势原则。

股票价格在总体演进中形成趋势，而其最重要的是首要趋势，即基本趋势。基本趋势在其演进过程中穿插着与其方向相反的次等趋势。次等趋势由小趋势或者每日的波动组成。

①基本的上升趋势。通常可分为三个阶段：第一阶段，建仓，趋势反转。第二阶段，绝大多数投资者跟进买入，价格快步上扬。第三阶段，市场高峰出现。

②基本的下跌趋势。也可分为三个阶段：第一阶段是出仓或派发，行情开始转弱。第二阶段为恐慌阶段，股价急落。第三阶段为最后抛售释放。熊市结束。

(3) 工业股指同铁路股指两种平均指数必须相互验证原则。

第三章　研读大盘与个股

> **导学**
>
> 　　本章重点指导投资者如何看盘，包括大盘和个股。
> 　　迄今为止，所有在股票上取得巨大成功的投资者，都具有非常专业的看盘能力。如果你仅仅是想获利，学好前两章就足够了，但如果你决定用毕生的心血持久地取得巨大成功，则以下的内容是你亟须了解的。我们要投资者不是模棱两可地获利，而是确确实实地成功。这就需要学习看盘，这是你以后战斗的地方。通过分析盘口和盘面的信息和数据，以得出有效的信息，来辅助我们作出正确的决策。
> 　　盘口、盘面告诉你一切！

一、大盘研读

　　顺应趋势是股市成功的关键。懂得并坚持运用这个定理，你就学会了"四两拨千斤"的投资技巧。投资获利的成功与否不在于你已经沉浸股市多少年，而在于你是否正确地把握了趋势。把握趋势最重要的是要读懂大盘。

1. 如何看大盘分时走势图

大盘分时走势，即大盘当日走势，如图 3-1A 所示。

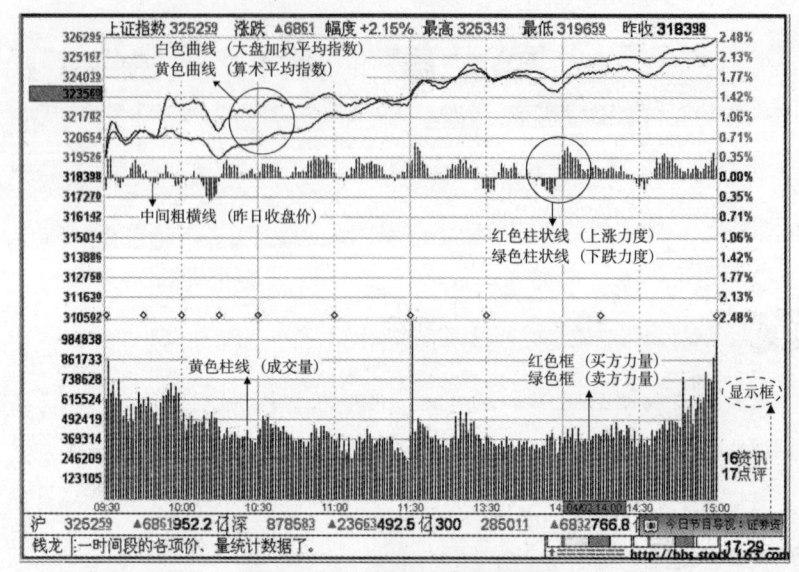

图 3-1A　大盘分时走势示例图

（1）中间粗横线。粗横线是上一个交易日指数的收盘位置。它是当日大盘上涨与下跌的分界线，上方是大盘当日的上涨空间；下方是大盘的下跌空间。

（2）红色柱状线与绿色柱状线。红色柱状线和绿色柱状线是用来反映大盘指数涨跌的强弱程度的。盘向上运行时，则横线上方会出现红色柱状线，大盘向下运行时，则横线下方会出现绿色柱状线。红、绿柱状线又多又长，代表行情涨跌力度大；反之，若红、绿柱状线又少又短，则涨跌力度小。

（3）白色曲线和黄色曲线。白色曲线是通常意义上的大盘指数——加权平均大盘指数。黄色曲线是将所有股票对上证指数的影响等同对待的算术平均大盘指数。

当指数上涨时，黄色曲线处于白色曲线走势之上，表示小盘股票涨幅较大；当黄色曲线处于白色曲线走势之下，则表示大盘股票涨幅较大。

当指数下跌时，如果黄色曲线在白色曲线上，这表示小盘股的跌幅小于大盘股；如果白色曲线在黄色曲线上，则说明小盘股的跌幅大于大盘股。

（4）黄色柱状线。黄色柱状线表示每分钟的成交量，单位为手。最左边一根成交量线是集合竞价时的交易量，后面是每分钟出现一根。

黄色柱状线的长短即代表成交量的大小。

（5）显示框。可显示数字或字母。如查"大秦铁路"这只股票的走势，只要在键盘上敲击它的代码601006或输入其拼音的第一个字母DQTL，显示框上就会显示出601006"大秦铁路"。

（6）红色框、绿色框。红色框表示买方力度；绿色框表示卖方力度。红色框比绿色框长，则买方比卖方力量强大，指数看涨；反之，指数看跌。

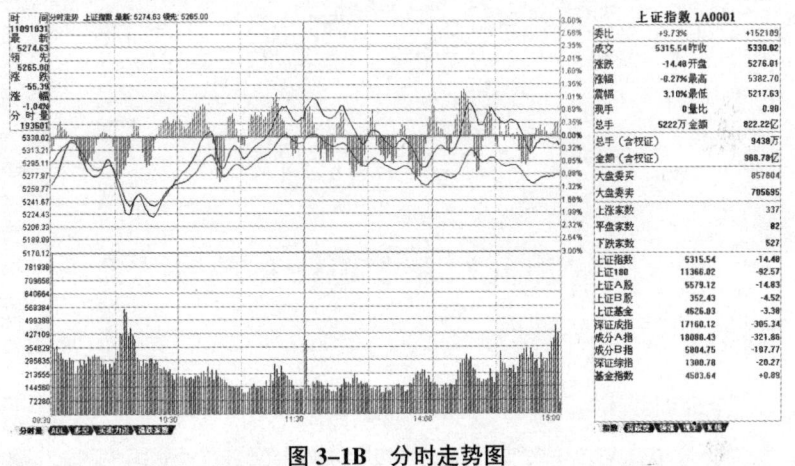

图 3-1B 分时走势图

下面对图 3-1B 做详细说明：

（1）白色曲线。表示上证指数，即上证综合指数的当日走势情况。

（2）成交总额。当日交易成功的总金额，以万元为单位。

（3）成交手数。当日交易成功的股票总数，以手为单位。

（4）委买手数。当前所有个股委托买入前五档的手数总和。

（5）委卖手数。当前所有个股委托卖出前五档的手数总和。

（6）委比。委比是买、卖手数之差与委买、卖手数之和的比值，它是衡量买、卖力量强弱的一种技术指标，其计算公式是：

委比 =（委买手数 – 委卖手数）/（委买手数 + 委卖手数）× 100%

委比值的变化范围是–100%~+100%。一般来讲，如果委比数值正值很大，表示买方比卖方力量强，股指上涨概率较大；如果委比为负值，表示卖方比买方力量强，股指下跌概率较大。

2. 如何看大盘 K 线走势图

一般的股票分析软件所显示的大盘 K 线走势图都是由三部分画面组成，其中上面的画面是日 K 线走势图，中间的画面是成交量显示图，下面的画面是技术指标图。图 3–2A 是某个技术指标图形（技术指标可根据需要切换）。

图 3–2A　大盘 K 线图

下面对图 3–2A 做详细说明：

（1）技术指标采样显示栏。本栏中的时间周期和技术指标，可以根据需要更改参数。如果本栏中显示的是"周 K 线—成交量—指标 1"，则表示整幅图的变动是以周为单位的，图中所看到的 K 线走势图就是周 K 线走势图，成交量就是一周成交量，技术指标走势图也就是周走势图。其他情况可以依次类推。一般我们常见和使用最多的是日 K 线图。

（2）均价线采样显示栏。本栏可以显示三个不同时间周期的移动平均线在该日的数值。例如，本栏中最前面的"5MA5454.67"表明该图所显示的最后一个交易日的上证指数 5 日均线收于 5454.67 点。其他均线表示方法与此相同。

（3）移动平均线走势图。一般设 3 条移动平均线，分别采用不同颜色表示。什么颜色表示是什么均线，在"移动平均线采样显示栏"有明确提示。例如，MA5：5433.32（字体显示为黄色）MA10：5339.43（字体显示为红色）MA20：5291.59（字体显示为绿色）。则 5 日均线为黄色，10 日和 20 日均线分别为红色和绿色。对应参数可更改，如 5 日改为红色，视自己意愿而定。

（4）均量线采样显示栏。本栏显示几种不同时间周期的均量线在某日内的数值。如该栏中显示"5PMA96895388"，表示图中最后一个交易日的 5 日平均量为 96895388 手。

（5）均量线。是以一定时期成交量的算术平均值连成的曲线。其原理和使用方法同均线。

（6）成交量柱体。绿色柱体表示大盘指数收阴时的成交量，红色柱体表示大盘指数收阳时的成交量。

（7）常用技术指标显示栏。本栏可以根据采样需要任意选择技术指标。如 MACD、PSY、RSI、KDJ、SAR 等。具体选择方法可以参照不同股票分析软件的使用说明。

3．（日）K 线与分时走势的关系

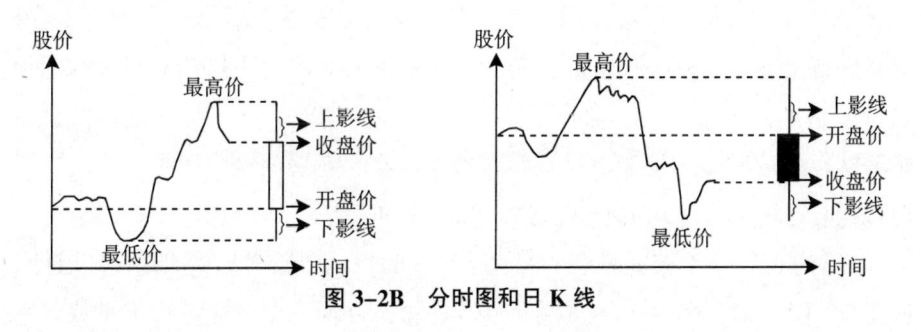

图 3-2B　分时图和日 K 线

图 3-2B 直观地反映了分时图的日 K 线之间的关系，此处不再赘述。同

理，日 K 线与周 K 线，周 K 线与月 K 线的关系与此一致。

4. 怎样提前预知大盘的走势

很多投资者认为，大盘是不可预测的。这是一种无能为力的或没有经过思考的说法。其实，大盘是可以预测的，只是精确预测的难度比较大，因为在影响市场的因素（投资者请复习一下影响股票价格的因素）中，有很多是难以用数据来表示和运算的。下面就会讲到，如何预测大盘的一些诀窍。需要说明的是，有些方法是可以用数据来明确表示的，有的方法是修正但很难用数字表示的。

（1）通过大盘权重股的走势惯性来分析大盘的短期走势。大盘的走势是由个股联合促动的。尤其是权重股的走势，将在很大程度上影响大盘的走势。基于这个原理，我们通过对少数大盘的走势判断就能够大致判断大盘的短期走势。

比如，工商银行、中信证券、长江电力、中国石化、中国联通、宝钢股份、中国人寿、华能国际、保利地产、大秦铁路等大盘权重股票，绝大多数走势都处在上升趋势，那么，大盘的趋势就很明显地要上升。反之，则下降。这些个股开盘前的集合竞价如果都普遍高开，则今日大盘高开；反之则低开。如果 20 只大盘股，有 10 只高开，10 只低开，则平开的可能性较大。

在盘中走势也是一样。盘中，绝大多数大盘权重股的走势会影响大盘。当你看到很多大盘股领涨，则大盘今日的走势会比较强劲；反之，则为疲软。

通过大盘权重股的动向，我们不但能够判断大势，而且还能够大体预测大盘当日或数日的涨跌幅。根据若干只大盘权重股在大盘指数中的权重（可以在网络上或向证券公司查阅）和其自身的涨幅预算（根据趋势线、均线和量价关系等技术知识），我们可以计算出大盘的涨跌幅度。在这里，大盘权重股选择的股票样本越多，估算越准确，但需要花费的精力也越大。投资者可根据自己的情况，用电脑编公式计算。例如：

现有 10 只大盘权重股票：A 股票、B 股票、C 股票、D 股票、E 股票、F 股票、G 股票、H 股票、I 股票、J 股票，其在指数中对应的权重系数分别为：3.2%、3.1%、3%、3%、2.9%、2.8%、2.8%、2.7%、2.6%、2.5%，其他所有的股票则为：100%减去这些大盘股权重之和，为71.4%。如果，根据技术推算，当日这些股票的涨幅分别为：5%、-3%、2%、-6%、0、2%、4%、10%、-5%、8%，则计算方法为：

所选大盘权重股当日贡献指数涨跌幅（估值）= 3.2% × 5% + 3.1% × (-3%) + 3% × 2% + 3% × (-6%) + 2.9% × 0 + 2.8% × 2% + 2.8% × 4% + 2.7% × 10% + 2.6% × (-5%) + 2.5% × 8% = 0.455%

大盘指数当日涨幅（估值）= 所选大盘权重股当日贡献指数涨跌幅/所选大盘股权重系数之和 = 0.455% ÷ 28.6% = 1.591%

换算成点位则是：

大盘当日上涨点位（估算）= 大盘昨日收盘点 × 大盘指数当日涨幅（估值）

如果昨日收盘为5600点，则今日大盘预计涨幅 = 5600 × 1.591% = 89点。

注意：

第一，估算大盘涨跌幅或涨跌点位，样本选取一定要选取最大的大盘权重股，数量越多估算越准确。

第二，在大盘权重股的涨幅预测上，一定要考虑当前的时空，要对均线、趋势线、量价关系等技术分析方法非常熟练。这种大盘估算涨跌幅的办法，投资者在其他书上绝对看不到，因为这是第一次提出。投资者要好好学习。

（2）通过板块轮动来推断大盘走势。大盘的涨跌是由很多个股作用的。投资者多加留心就会发现这种现象：大盘的涨跌是有层次和秩序的。最直观的是板块轮动。

我们一般把所有个股分为很多板块。分类标准包括地域、概念和行业等。地域板块只有国家政策明确表示支持的才可以作为参考，比如，国家把四川和重庆作为新经济试点，划为经济特区，则该板块整体改观。概念板块，概念都是造出来的，只在短期内有一点刺激效应，长期来看，作用不大，而且个股走势没有趋同性。最合理的板块划分是行业划分。

按照行业标准划分，沪深个股可以分为：金融、钢铁、矿业能源、汽车、造船、航空、交通运输、石油、电力、传媒、机械制造、电子、纺织、食品等板块。

　　如果你细心观察，你会发现大盘的涨跌，只是其中的一两个板块在领涨或领跌，而其他的都是配合这一两个板块的表演。比如，将近两周的时间都是金融股在领涨，金融行业的龙头股（如工商银行、招商银行等）率领该板块个股轮番发力上攻。而其他行业则要么表现平平，要么就是在慢慢地平台整理或回调。而过一段时间，金融股则普遍进入修整期，要么就开始慢慢回调或平台整理，而交通运输板块和矿业板块则又承担起拉升指数的任务。交通运输板块的大秦铁路和矿业板块的云南铜业会率领各自的行业个股发动多头行情。但下一个星期，它们也将进入滞涨休息状态。造船、航空、汽车板块又会发动行情，而后就是化纤、化工、石油、电力行业板块等轮番发动。当所有板块轮动一遍后，修整完毕的金融板块，又要发动新一轮的行情了。这就是大盘上涨的规律。反之，在大盘下跌中，则是只有一两个板块上涨，但它们对指数的贡献不足以抵消其他板块下跌的幅度。特别是有一两个板块进行大幅下跌，将很大程度地压制指数，造成大盘的下挫。如果大幅下挫的板块又采取轮动，那么，这种下跌幅度就比较大。

　　根据以上规律，你就可以推测大盘：

　　如果大盘只有几个板块的个股已经大涨了，还有很多板块的整体市盈率较低（一般在30以下），而这些板块大多都调整完毕，并处于将要发动行情的走势状态，那么，大盘的持续上涨将有保障。

　　如果你发现，所有的板块都经过了大幅拉升，并都处于滞涨或者调整状态，有的权重板块甚至要破位下跌，那么，大盘处于一个不利的反转状态。

　　如果所有的板块都经过了大幅下挫，很多板块又呈现出强烈的上涨态势，那么，新一轮上涨又会开始。

　　我们把这种行情称为：二牛抬杠。所谓二牛，并不一定非要两个板块来领涨或者领跌，也可能是几个板块。

　　（3）通过市场人气来判定大盘的短期走势。市场人气很难用数字来表示和衡量。只能凭借几个现象来大体推测。比如，证券营业部大、中户室的人流量，所有人对股票市场前景的乐观程度，营业部的股民开户数量，与股票无关的人士对股票的议论程度等。在这里，我发现一个重要的现象：股票散户大厅里的投资者，虽然由于没有组织，属于散兵游资，但对人气的判定相对准确。就是当大盘好起来的时候，人数不断增多；大盘暴涨时，散户将不计一切代价疯狂地随意买股票，并且将可能为了争夺散户厅的划卡器而破口大骂或大打出手。当大盘稍有一些调整，人气立刻削弱。当大盘突遇大跌，则里面会突然不约而同爆发出大声惊呼。当大盘遇到持续下跌，散户厅的人数也持续减少。所以，只要瞥一眼散户厅，你就知道，大盘究竟到了什么情况，并且可以推测到近日的走势。这个结论没有科学依据，但却极其惊人地准确。近年来，随着网络交易的普遍，网络财经媒体（如东方财富网）股吧的活跃程度成为检测市场人气新的辨别指标。在股吧里，如果连吐槽、谩骂和痛苦祈求的人都少了，特别是长期活跃的意见领袖都消失了，往往是市场的底部。在人声鼎沸，股神遍地，各种预测纷飞和自我得意的时候，往往是市场的顶部。

（4）通过短期内市场的动向来判断大盘短期走势。我在这里举例说明一下。比如新股密集发行上市，特别是大盘权重股的上市，将会给指数带来很大的影响。根据现行的规定（截至 2017 年 2 月），沪、深两市新股上市后计入相应指数的时间是上市后的第 11 天。如果新股密集上市，且在第 11 个交易日计入指数后大涨，则会大大地提升指数的上涨力度。相反，不管新股前 10 个交易日怎么涨，只要第 11 个交易日计入指数后普遍下跌，则给指数带来的会是明显的助跌作用。因此，关注次新股（特别是大盘股）的表现也有助于对大盘短期走势作出更科学的判断。

（5）通过即时政策条款来判断大盘短期走势。股票市场有个特点，就是对信息的消化能力特别强。重大的利好和利空会对整个市场造成剧烈的影响。但这种影响很难用数字来衡量。例如，2007 年 5 月 30 日，国家有关部门公布了印花税由 0.1% 提高到 0.3%，则市场应声而下，很多股票的跌幅超过 40%，大盘指数也是直接跳水，5 日内最大跌幅接近 30%。

股票市场对信息的消化也有另一个方面的作用。比如，国家要对银行利率进行调整，打算提高几个基点，但市场很早就得知了这个消息，那么，当正公布这个消息的时候，股市反而没有多少反应。这是不是股市对信息的真消化作用减弱了呢？肯定不是。反而，这正是股市对信息消化能力强的标志。因为，市场早就得知这个消息，并提前进行了有效的消化，到真正公布出来的时候，市场对其几乎已完全消化，不会有多少反应。

（6）通过国家的相关政策来判定股市的波段走势。中国股市处在一个"起飞"的阶段，很多东西需要摸索和创新。中国政府对中国股市的健康发展倾注了大量的心血。这表现为一系列对股市健康发展的政策措施。这些政策和措施，也有一定的延续性。其实，也可以用K线图来表示，不过这里不是数字。

如果国家要鼓励股市发展，就会公布一系列利好消息，鼓舞投资者的信心。当市场存在某些过度投机和风险隐患的时候，国家也会采取相应的措施来消除隐患，但这常常被投资者误认为是利空消息。证券市场还有个特点，就是不管是真假利空，只要投资者相信，就会对市场产生消极作用。

所以，根据一系列国家政策的走向脉络，我们也能大体判断股市将来某段时间内的走势情况。

（7）通过有分红政策的股票的数量及分红的额度来确定大盘的波段走势。这其实是从股票的本质入手来考虑问题。股票的价值决定价格。所有股票的价格就构成了大盘指数。分红对股东来说是最为感兴趣的事情。如果分红消息公布出来一个月后实行，那么这一个月将有很多图分红的人挤进去争取分红，这就会导致股价上涨。有分红政策的股票数量越多，盘子越大，则对大盘的影响作用就越大；反之，影响越小。这些公司的分红额度越大，则对大盘影响越大；反之越小。

（8）判断大盘中长期走势。①从技术上来讲，大盘前期的涨幅或跌幅，对于大盘的中长期影响较大。而且，一般来说，前期跌幅的指导作用要更加明显。如果前期大盘跌幅超过30%与前期下跌超过50%的情况相比，则一般大盘下跌50%后，未来涨幅更大。当然，如果前期大盘涨幅越大，其下降空间也将越大。②经济的发展情况（你身边的变化）。股市是经济发展的"晴雨表"，经济的发展情况会直接反映在股市上。如果你想把握股市的大势，那么，很简单，从你身边的变化就可以轻松作出判断。因为经济的发展必然落实在现实生活中。你家用的电器是什么牌子的，你的手机和电脑都是什么公司制造的，你的食品是哪家公司生产的，你日常生活中燃的气、烧的油、用的电来自哪里？路上跑的汽车什么牌子的最多？哪家房产公司最有影响力？你出门一般坐哪个航空公司的飞机？你喜欢到哪里旅游，你喜欢把钱存入哪家银行，你喜欢到哪家超市购物？你实际上在直接与很多上市公司进行交流。用它们的产品，换你的满意程度。你所见到的身边的事情基本上能够反映经济的发展情况。如果你见到你周围的环境，在不到两年的时间里发生了巨大的变化，绿化增多了，居住环境改善了，生活水平提高了，人们富裕了。那么，这说明经济在飞速发展，股市必然向好发展。相反，你见到的是，很多房子是空的，很多人都失业了，社会治安有严重问题等，那么，说明经济处在一个非常颓废的状态。这时，股市肯定也会表现出来。但有时，经济和股市两者不是同步的。股市一般先于经济出现上升或下跌。

按照目前中国经济的发展态势，我们认为，从长远来看，前景非常乐观。中国经济已经腾飞了很多年，可是中国的股市由于特殊的原因，没有将这个信号充分反映出来。而随着中国股市的不断健全和发展，经济的深厚底蕴也开始促动股市的爆发。加上中国政府对证券市场的大力支持和指导，我们相信，中国股市的未来一片光明。

二、个股研读

（一）如何看分时走势

个股分时走势图，如图 3-3 所示。

下面对该图做详细说明（前面已讲过的图形与概念，此处不再重复介绍）。

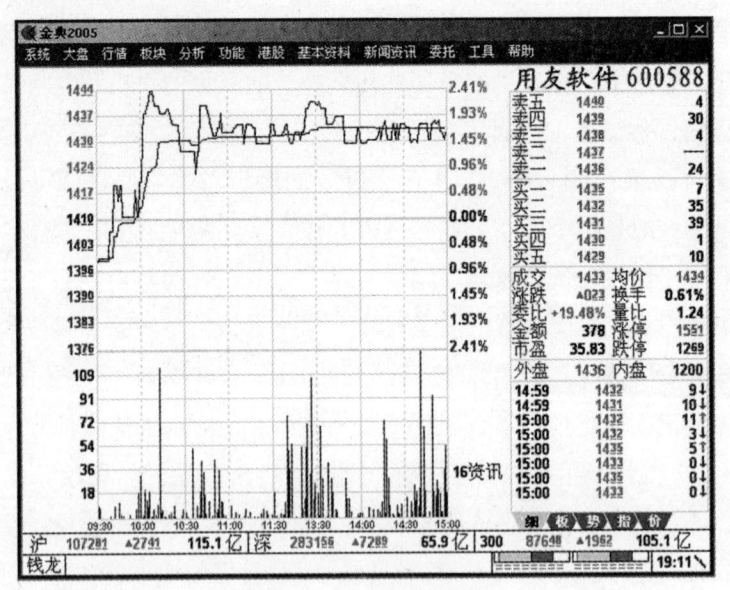

图 3-3　个股分时走势图

1. 分时价位线（白色曲线）

分时价位线表示该股票的分时成交价格。

2. 分时均价线（黄色曲线）

分时均价线表示该股票的当日已交易的平均价格。

3. 卖盘等候显示栏

该栏中卖一、卖二、卖三、卖四、卖五表示依次等候卖出。按照"价格优先，时间优先"的原则，谁卖出的报价低谁就优先排在前面，如果卖出的报价相同，谁先报价谁就排在前面，而这个过程都由电脑自动计算，绝对保证公平和客观。

卖一、卖二、卖三、卖四、卖五后面的数字为价格，再后面的数字为在该价格上等候卖出的股票总手数。比如，该栏显示"卖一 19.72　216"表示第一排等候卖出的报价是19.72元，共有216手股票，即有21600股在这个价位等候卖出。

4. 买盘等候显示栏

该栏中买一、买二、买三、买四、买五表示依次等候买进，规则是谁买进的报价高谁就优先排在前面,如买进的报价相同,谁先报价谁就排在前面。比如,显示"买一 31.40　119",表示在第一排等候买入的报价为 31.40 元,共有 119 手股票,即有 11900 股在这个价位等候买进。

5. 成交价格、成交量显示栏

均价　即开盘到现在买卖双方成交的平均价格。其计算公式是:均价=成交总额/总成交量。收盘时的均价为当日交易均价。

开盘　即当日的开盘价。开盘价是第一笔成交价。如开市后某只股票半小时内无成交,则按上交所规定以该股上一个交易日的收盘价为当日开盘价。

最高　即当日买卖双方成交的最高价格。

最低　即当日买卖双方成交的最低价格。

量比　是衡量相对成交量的指标。代表每分钟平均成交量与过去 5 个交易日每分钟平均成交量之比。

量比是投资者分析行情短期趋势的重要依据之一。量比数值大于 1 表明当前成交量较 5 日均量有所放大;若量比数值小于 1,则表明当前成交量与 5 日均量相比在缩小。投资者在实战中一定要运用好量比,最好的办法是把量价结合分析,以提高投资准确率。量价如何结合?请参阅前面讲到的量价关系分析。

成交　即当日的最新一笔成交价。

涨跌　即当日该股上涨和下跌的绝对值,以元为单位。图中的小三角形表示涨跌,小三角形尖头朝上表示上涨,小三角形尖头朝下表示下跌。例如涨跌栏显示"涨跌▼051",表示当日该股下跌了 0.51 元。

幅度　即从开盘到现在的上涨或下跌的幅度。若幅度为正值,数字显示为红色,表示上涨;若幅度为负值,数字显示为绿色,表示下跌。幅度的大小用百分比表示。收盘时涨跌幅度即为当日的涨跌幅度。如幅度栏显示"幅度+6.66%",表示该股当日涨幅为 6.66%。

总手　即从开盘到当前的总成交手数。收盘时"总手"表示当日成交的总手数。如显示"总手 8888"表明当日该股一共成交了 8888 手,即 888800 股。

现手 最新一笔成交的手数。在盘面的右下方为即时的每笔成交明细，红色向上的箭头表示以卖出价成交的每笔手数，绿色箭头表示以买入价成交的每笔手数。

6. 外盘、内盘显示栏

外盘 即主动性买盘，就是按市价直接买进后成交（在现手栏显示为向上红箭头代表的成交量）的总手数。成交价是卖出价。

内盘 即主动性卖盘，就是近市价直接卖出后成交（在现手栏显示为向下绿箭头表示的成交量）的总手数。成交价是买入价。

如果外盘比内盘大且股价上涨，说明很多人在抢盘买股票；如果内盘比外盘大，而股价下跌，说明更多人在主动抛售股票。

外盘比内盘大出很多，而股价处于低位，并且 F1 成交明细中大买单很多，表明主力正在逢低吸货，股价随时可能暴涨；当股价处于高位，明细中大卖单不多，表明该股人气旺盛，仍有冲高的可能；如果内盘非常大（较外盘）且 F1 明细中大卖单较多，则极有可能是庄家在出货，应避而远之。

7. 最近成交显示栏

该栏可以显示当日最近连续 15 笔成交情况，即什么时间以什么价位成交，单笔成交手数是多少。例如，这个栏目中第一、第二行显示

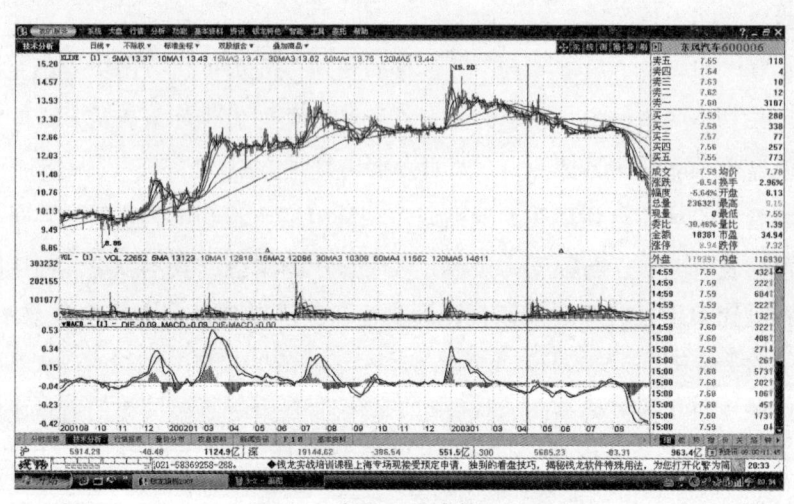

图 3-4 个股 K 线走势示例图

"9：25　15.05　72"，"9：26　15.10　85"，表示该股在当日 9：25 以 15.05 元的价格成交了 72 手，即 7200 股；在 9：26 以 15.10 元的价格成交了 85 手，即 8500 股。

(二) 如何研读个股 K 线走势

个股 K 线技术图从周期上也可以分为 5 分钟 K 线图、15 分钟 K 线图、30 分钟 K 线图、60 分钟 K 线图、日 K 线图、周 K 线图、月 K 线图。看图要点请参阅大盘 K 线走势图以及个股分时走势图。

(三) 单日分时走势与日 K 线的关系

同大盘日 K 线与分时走势的关系（略）。

(四) 学会看各种个股排行

沪市股票涨幅排行：61+回车键。可以看到所有上证市场的股票涨跌幅排行情况。

深市股票涨幅排行：63+回车键。可以看到所有深证市场的股票涨跌幅排行情况。

沪、深两市总体排行榜：60+回车键（有的系统是 67+回车键）。可以看到沪、深两市所有股票的涨跌幅排行情况。

沪市综合排行：81+回车键。可以看到沪市所有股票的综合排行情况，包括九种排名：今日涨幅排名、今日跌幅排名、5 分钟涨速排名、5 分钟跌速排名、今日委比前排名、今日委比后排名、今日振幅排名、今日量比排名、今日（交易）总金额排名。

深市综合排行：83+回车键。可以看到深市所有股票的综合排行情况，也包括九种排名，同沪市。

沪深综合排行：80+回车键（有的系统是 87+回车键）。可以看到沪、深两市所有股票综合排名情况，包括九种排名，同前。

其他排行参阅行情分析系统的特别报道栏目。

综合参考这些排行，对于准确地研判行情有非常重要的指导作用。你可以了解到整个市场的资金流向，板块的热点和冷门，个股的即时异动表现等。

（五）了解证券交易所证券代码

1. 上海证券交易所证券代码

上海证券交易所证券代码如下：

A股代码为以"600"或"601"打头的6位阿拉伯数字，为"600×××"或"601×××"，其中"×××"是根据公司到上海证交所申请上市的次序排列。

B股代码为"900"打头的6位阿拉伯数字，为"900×××"，后3位数字是公司上市排序，如"900901"真空B股。

封闭式基金代码为"500"打头的6位阿拉伯数字，如"500001"基金金泰、"500008"基金兴华，在基金名称中"基金"两字在前的是证券投资基金，为了区别养老基金。

配股代码为"700×××"，后3位数字与该股票代码的后3位数字相同，如"700690"为青岛海尔（600690）的配股申购代码（海尔配股）。

新股申购增发为"730×××"，后3位数与新股代码后3位相同，如"730030"为中信证券（600030）的申购代码。

国债代码，2000年前发行的国债的代码为"009×××"，2001~2009年发行的国债的代码为"010×××"。

权证（含股改权证、公司权证）的代码为"580×××"。

行权权证的代码为"582×××"。

上证指数、沪深300指数、中证指数的代码为"000×××"。

2. 深圳证券交易所证券代码

深圳证券交易所证券代码如下：

A股代码为以"00"打头的6位阿拉伯数字，为"00××××"，后4位数字按公司上市顺序排列。

B股代码为以"200"打头的6位阿拉伯数字，为"200×××"，后3位与其A股的后3位相同。

基金代码为"1846"或"1847"打头的6位阿拉伯数字，为"184×××"，如"184688"为基金开元代码。

国债现货为"1016××"、"1017××"或"1019××"。

债券为"1110××"。

A股增发为"070×××"。

指数（综合指数/成份指数）的代码为"19××××"。

可转换债券为"125×××"。

国债回购为"1312××"、"1313××"、"1314××"或"1318××"。

B股权证代码为"280"打头的6位阿拉伯数字，为"280×××"。

3. 沪、深两市权证简称的命名规则

沪市权证简称命名规则：沪市权证简称一般采用8个字位（4个汉字），第1~第4个字位用汉字、拼音或数字表示标的证券，第5~第6个字位用两个大写字母表示发行人，第7个字位用一个字母B或P表示认购或认沽，第8个字位用一个数字或字母表示以标的证券发行的第几只权证，当超过9只时用A~Z表示第10~第35只。例如，"宝钢JTB1"中，"宝钢"表示该权证的标的证券为宝钢股份，"JT"表示该权证的发行人是宝钢集团，"B"表示该权证是认购权证，"1"表示该权证是以宝钢股份为标的证券的第一只权证。

深交所权证简称是六位，XYBbKs，其中：XY为标的，股票的两汉字简称；Bb为发行人编码；K为权证类别：C—认购权证，P—认沽权证；s为同一发行人对同一标的证券发行权证的发行批次，取值为［0，9］，［A，Z］，［a，z］。例如，国信证券基于万科A（35.45，1.65，4.88%）发行的认购权证的简称可能为"万科GXC1"。权证代码是"03"开头的6位数字，认购权证代码区间：（030000，032999），认沽权证代码区间：（038000，039999）。

三、大盘与个股的关系及应用

大盘是个股操作的参考，因为大盘是所有个股的整体走势的反映。在大盘崩溃的时候，业绩再好的龙头股票也要受到恐慌盘影响而大幅下挫。而在大盘一片光明的时候，垃圾股都可以点燃激情。可见，把握大盘对个股操作的作用。而个股的走势，又会反作用于大盘，个股涨跌也会相应地带动大盘涨跌和其所在的分类指数的涨跌。

在前面，我们已经学过指数和大盘方面的知识。现在，你应该把它灵活运用了。比如，你要判断大盘的总体走势，那么，你需要看上证综合指数和深证综合指数，即平时所说的上证指数和深证指数。但只看大盘综合指数是绝对不够的。一个小学生，只要一天就可以看大盘了。真正的看盘技术需要明确，再明确。你要知道你在干什么。我们看盘是在为自己操作提供大环境的参考，这是我们看大盘的本质。

如果你操作的股票是上海市场的，那么更主要的要参考上证指数。如果是深圳市场的，则更主要的要参考深证指数。更细致讲，如果你的是一只大盘股，属于上证180指数的样本票，那么，你需要参考该上证180指数。再细讲，它还属于上证50样本股，那么，上证50指数也是你参考的主要对象。而如果这只股票属于地产股，则地产行业指数是必须参考的对象。你要知道你操作的这只股票的整个行业处在怎样的趋势。几乎所有的同板块个股趋势是上升的，自然不必说，要买入或者持有；相反，那就卖出。在分析中，要综合分析各种该股所在的综合指数和分类指数，最后作出大势判断。

当然，个股也有独立于大盘的走势，这要参看该股关联度。这种股票要么是有自己的行业特点和运行规律（需要仔细研究是什么规律？是与大盘走势相反，还是快半拍或者慢半拍？是行业领涨股还是尾随股？你要心中有数），要么是庄股，庄股的看盘方法和操作技巧，后面会讲到。

其实，看大盘就像打一场战争。如果你资金少就相当于一个小兵，资金大就相当于军官,资金越大军衔越高,指挥的军队越多;大盘指数就相当于你所在的部队,行业指数就是你所在部队的一个师团。现在有一场战争,如果你是一个小兵,就不要指望脱离大部队,单枪匹马与敌人短兵相接,这样你就容易被对手消灭,而且起不到杀敌报国的效果。你需要了解你的军队是否士气高涨,是否占有天时、地利、人和,是否有群众号召力,你部队的实力与敌方的对比情况等。如果你所在的部队的尖兵团已经有力地打击了敌人的重要据点,而你的师团已经受命参战,那么,你就要跟随你的战友或同盟一起冲锋陷阵了。在战斗中,你还要看你的战友或同盟之间配合怎样,这样也可以有力地保护自己消灭敌人。如果形势对你和你的部队非常有利,别犹豫,勇猛地冲上去,痛痛快快地杀敌,大把大把地捞战利品吧。这就是大盘的作用。

当然,剩下的就是自己的本领了。你的部队再强大,如果你平时偷懒不训练,到时,如果遇到不偷懒的鬼子,你就得吃亏。如果本领强,说不定一个人到鬼子营房里吃顿肉、洗个澡,灭一窝鬼子,炸他几个库房,捡两挺大口径机枪,再顺手牵他五只羊回来都行。什么叫个人本领?本书第二章的技术分析就是非常好的个人训练纲要。你学好了,就有非常好的个人基本功。

当然,后面还会讲到一些特殊技巧和细节问题,对你提高操作水平有非常强的指导作用。这都是我们在长期的实战中总结出来的。初学者如果耐心学习完本书,你的操作本领,甚至不比那些在电视上整天吹嘘的分析师和基金经理差。

四、读盘中的重要问题

(一) 委托买卖盘和外内盘的结合使用

委托买卖盘对当日人气判定比较重要。比如,委托买盘远大于委托卖盘(即委比很大),则说明当日有人积极委托买入。一般来讲,股价应该自然地上升。可是有的时候，投资者会发现，委比大不一定就是成交积极。这就需要结合量比来判定。如果委比大而外盘却比内盘小（即主动买的少），则说明委托买入单与实际买入不成协调比例。也就是说，很多委托买入单是假单，达到一定目的后，它就会自然地撤销，而没有成交（F1 中的成交明细上没有该笔成交单）。这就表明该股有主力运作。主力的意图是假委托买入，以制造人气，让投资者追风，而主力自己则要减少筹码，或为了出货。反之，若主力想大力建仓或拉升，则会常常在委托卖盘上挂个假大单，然后积极买入，等到追到大卖单的价格时，却发现大卖单不见了。所以，投资者要细细把握盘中细节，此条极为重要。

更详细的解盘绝技请参阅本人拙作——高级实战教程《波段是金》。解决了这个问题，你就可以对主力的弱点和意图了如指掌，从而在投资中清清楚楚地赚钱，明明白白地盈利，绝对不是靠运气。

（二）阳线、阴线与股价涨跌的关系

一般来讲，股价涨了 K 线为红色的阳线，而跌了则为绿色的阴线。但这不是绝对的。

阳阴线形成的原因是当日收盘价与当日开盘价的对比结果。阳线是收盘价比开盘价高，阴线是收盘价比开盘价低。而涨跌则是今日收盘与昨日收盘的比较结果。投资者常常看到，股价明明涨了，却收了个大阴线。其原因是股价当日高开低走，而最终收盘虽然比开盘低（即阴线），却远比昨日收盘价格高（即上涨）。而当日收了阳线股价却下跌的情况正好与之相反。所以，红色、绿色不一定对应着涨、跌。

这种特殊情况的出现很少是自然成交的结果，也即有主力在运作。比如，股价在上升途中，虽然连续几天都收了阴线，但是股价却每天都在上涨。说明主力是为了利用投资者的心理误区造成的恐绿阴影，来达到自己的目的，此时一般为诱空。与之相反，股价每天都收阳线却都下跌，则多为主力诱多。

(三) 开盘、盘中和盘尾的走势判断

开盘后半小时和尾盘 1 小时是最重要的两个交易时间段,而盘中走势则是验证或让我们修正投资判断的限定时间。当日走势的分析必须与股价所处的未知以及时空环境有密切关系。例如,股价处在历史高位,而当日股价高开,这个时候,如果预知大盘近期将会调整,则切莫在开盘买入股票,以避免一天行情下跌的风险,而将控制权、主动权掌握在自己手中。如果分时走势开盘后半小时一直走下坡路,则冷静观察,切莫因为一小波拉升就迷迷糊糊地追进(建议投资者将股价分时走势图直接调为涨跌停坐标。这样有个好处,就是能够让你更加清楚地了解小波上升或下跌在整个走势中的作用,以防止看到分时走势拉出一大波上涨或下跌就追高买入或恐慌卖出的情况。而你看到的一大波有可能只是非常小的涨跌幅,但它却影响了你。聪明的投资者一般会把交易时间定在下午,甚至尾盘半小时之内。

(四) 关于阻力和支撑

阻力和支撑是技术分析中比较常用的判定股价未来走势的方法。常见的阻力和支撑工具有如下几种:

(1) 颈线和均线。具体方法参阅前面讲到的颈线和均线的作用。

(2) 前期高点或低点。股市中的人们对其他的都可以忘记,但对历史的高点和低点,记忆比较牢固。因为那是他自己经历过重大盈利或沉痛损失的地方。所以,遇到前期高点心理上有一种恐惧,而遇到前期低点,心理上有一种抄底心态。90%的股民是控制不了自己的心态的,所以心理作用会直接落实到操作上。从而使前期高位成为一种阻力,前期低位成为一种支撑。

(3) 前期收盘价和开盘价。

(4) 整数关口。如 3000 点。一旦越过 3000 点,则可以看到股民的胆子是多么惊人的大。

（五）成交异常

投资是一项严谨的思维活动。一定要细心而敏锐地察觉到股市中的机会和风险。而机会和风险一般会出现明显的异动。关于成交的异常状态，这里只举几个例子来简单讲述，更详细和深入的知识请参阅《波段是金》。

例子一：间断成交。如果现在大行情为牛市的情况下，某只股票流通盘在 1 亿股左右或以上，走势也比较稳健，价格处于高位，而分时行情中居然出现很多的交易间隔，即很长时间没有交易，或很多时间段没有交易，而盘中却有巨大的成交单。这很有可能是主力故意制造大成交量来吸引买盘达到减仓或出货的目的，而又想偷懒，于是集中到几笔大的对敲单子上，其他的时间偶尔敲几个小单子。从 K 线上看，这就是量增价涨，可以吸引很多投资者，很少人知道这是陷阱。

例子二：跌停后股票成交量加大。这很可能是主力在增加筹码。如果涨停后成交量仍然持续很大，则很有可能主力在悄悄出货。

例子三：上午攻势或下午攻势。给大家讲一个故事，我有一个好朋友，是大型私募基金的"掌门人"，是一个白手起家的传奇人物。但是，股市是个毁人的行业，他长期积劳成疾，医生建议他多运动。于是他每天下午都去打高尔夫，只在上午去一些关键部门视察。而他一去，手下的操盘手都勤快得很，使劲地敲单子，结果造成上午一段时间股价拉升非常快。而下午老板不在了，那些操盘手也都敲得手都麻了，再加上困倦，成交单子自然减少。这就是上午攻势。当然，也有庄家是刻意这样做的。投资者细心地观察分析，甚至都能够在掌握规律的基础上高抛低吸，反复吃价差。

例子四：600056 中技贸易 2007 年一直走势稳健，7 月后更是加速上涨，突然，2007 年 9 月 11 日，一个高空灌顶，股价从开盘就涨停的位置上（25.41 元）一直砸到跌停（20.79 元）。用的成交量是巨量，胆子小的持股者吓得屁滚尿流，不管什么价格只要卖出就行。更多的人对它保持较远距离，于是股价缩量。而随后几天价格在 10 日均线附近停稳，然后又发动了暴涨行情，成交量迅速增大。2007 年 9 月 21 日又回到原来涨停的位置（25.41

元），但又略有回调，最终收于 24.89 元。投资者察觉没有？通过这几个关键价格可以看出，这明显是主力行为。上次的高空灌顶是为了套牢一部分人，为后面的操作打下基础。事实上，这个目的达到了，而且又在低位收了很多便宜筹码，一举三得。庄家的手法非常高明老练，操盘者肯定是业界的精英。

成交异常的种类还有很多，投资者平时要多观察多思考。仅仅每天四个小时的时间，绝不可能让你成为一个成功的投资者。机遇偏好那些有准备的人，勤奋的人。

插曲：超高收益

有人 5000 元起家炒股，一个月赚了 38 万元。众人膜拜问他怎么赚的，他说，给人荐股，跌停了，被人打断腿，对方赔了 38 万元！

第四章 如何选择股票

> **导学**
>
> 对于如何选择股票，选择能够暴涨的股票一直是投资者最想了解的内容。其实，在本书第二章，有很多指导买卖的原则。这些原则本身就是选择股票的标准。当然，这只是从技术上来讲的。本章内容则更多是从基本面来探讨真正能够大涨的股票的内在特点，然后根据这些特点来寻找我们的目标股。我们进行基本分析的依据是信息和数据。越往下读，你就越会感到信心在增强。

一、基本面选股

关于基本面的选股，主要是侧重于通过公司业绩来挖掘长期绩优股。我们选择了投资者简单易懂的四个指标来确定一只股票的上涨潜力和安全系数。它们分别是每股收益增长率、净资产收益率、每股净资产、市盈率。对于普通投资者来说，你不必花大时间去研究烦琐的财务，只需要怎样用好几个至关重要的指标。

（一）每股收益增长率

下面是几只股票的每股收益情况和股票走势情况比较：

（1）中信证券（代码：600030）2007年前两个季度的每股收益分别为0.42元和1.41元，分别比去年同期增长了11倍和6.71倍，保持了高速发展。从2007年的前两个季度来比较，则第二季度比第一季度的每股收益增长了3.36倍。接下来看一下中信证券的K线走势图（见图4-1）。

图 4-1　中信证券 K 线走势图

中信证券自此以后的走势仅在18个月的时间里涨幅达到1596%。

（2）广船国际（代码：600685）在2007年第一、第二季度的每股收益分别为0.31元和0.94元，分别比去年同期增长4.92倍和6.18倍，该股的走势如图4-2所示。

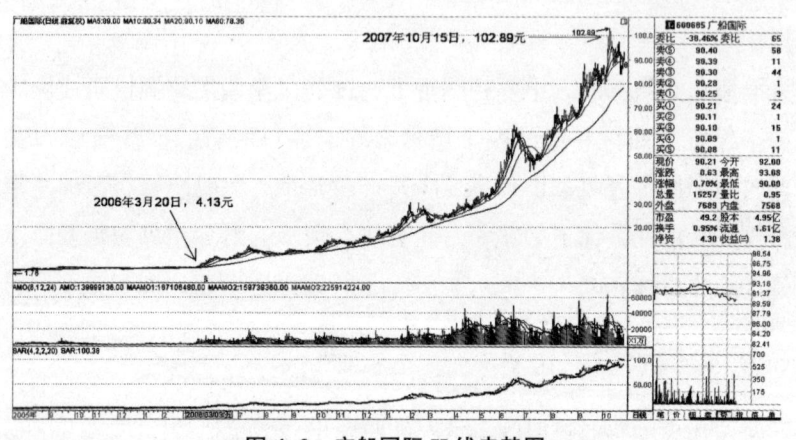

图 4-2　广船国际 K 线走势图

该股在 17 个月的时间里的最大涨幅已经达到 2491%，保持了较强劲的发展势头。

（3）山东黄金（代码：600547）8 月公布了 2007 年最近两个季度的每股收益情况，分别比去年同期增长 169% 和 166%，该股自上市以来一直保持持续快速发展。接下来我们看它的 K 线走势图（见图 4-3）。

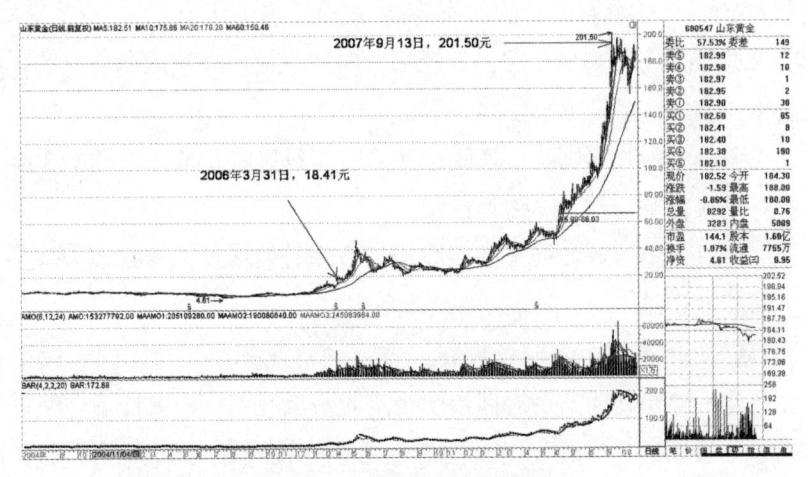

图 4-3　山东黄金 K 线走势图

截至 2007 年第三季度，该股涨幅已经超过 1000%。

以上这种例子在沪深 A 股中并不鲜见。这其实说明了一个道理，最激动人心的股票走势与公司的收益增长率关系极其密切。实际上，每股收益增长率是上市公司基本面分析中最重要的指标，它能够让你选出将来的超级大牛股。

你在选股时必须将每股收益较去年同期有大幅增长的股票选出来。这里有几种情况需要特别说明：

第一，辨别财务报表的陷阱。

这主要是因为现在的上市公司太狡猾，在报表编制上肯定用最漂亮的话来搪塞你。你看到的报表不会是这样的：我们今年第三季度的每股收益为 0.14 元，而去年同期是 0.12 元，我们没有大的进步，对不起各位投资者了。相反，你得到的报表是这样的：与去年同期相比，公司营业利润大幅提升，同比增长超过 120%。这话本身并没有错，而且非常能够给人以愉悦感。但是，该公司的表达技巧并不能掩饰很多客观的事实。你如果仔细看报表，发现公司的成本增长达到100%。这就说明公司的业绩非常糟糕，不能够给你带来实质性的利润。

如果公司的表达是：公司净利润同比增长120%。这也不能说明任何问题。比如，去年净利润是100万元，今年的净利润是1200万元，净利润同比增长1200%。而如果公司的股本为20亿元，说明这个公司的效率太低，盈利能力极其差，几乎是在拿你的钱浪费时间。应该坚决地抛售股票，跟他们说再见。

而每股收益增长率则能够摆脱这些陷阱。每股收益增长率低于30%的公司，都不是成长类公司，不值得投资。

第二，只把主营业务带来的每股增长看作有效增长，不必理会与主营业务无关的其他收益。

你只需要翻看公司的财务报表，查阅主营业务在利润中的贡献率就知道，公司是不是在利用某一次偶然的投资收益或变卖资产来使现金流好看一些。如果你看到，一个化工类公司的主营业务收入为2000万元，而股票投资收益是6000万元，转让土地使用权为1000万元，那么，即使该期公司的每股收益增长率比去年有300%的提高，实际上，扣除了其额外的投资收益，该公司的每股收益在下滑。

为什么要扣除额外投资收益呢？原因很简单，一个化工企业不可能有长期的、稳定的投资收益，这不是它的专业，不能够持续为公司创造效益。公司接下来的每股收益，必然要走下坡路。

第三，推崇持续的每股收益增长率的大幅度提高。

有的上市公司只是看重短期利益，虽然经过努力，当期收益有可能大幅提高，每股收益甚至成为同行业的明星。再加上高比例的分红和派现，给人的感觉是成长性非常好。然而，当你真正投入资金给它时，它立刻就变得疲软下来，业绩开始下滑，每股收益增长率出现严重下滑。

以上情况产生的主要原因是：这个公司没有长远的发展眼光，没有投入足够的资金和科研力量进行新产品的研发和创新，没有继续开拓市场和扩大规模。相反，真正具有长期发展潜力的公司，都具有王者风范，它们不急于眼前的超额利益，而是把大量的资金投入到培养人才、新产品研发和开拓新市场上。虽然，这些公司的业绩表现并不是特别突出，但长期以来它们的每股收益一直稳步提高，而且呈现出越来越快的趋势。这些股票才是将来的顶尖王牌！

所以，在分析每股收益增长情况时，最好把最近三年甚至更长时间以来的连续增长视作有效。

第四，将亏损股刨除在外。

亏损股本身就是危险投资品种，特别是 ST 股（在此只从业绩讨论，至于其他方面的价值挖掘，后面会讲到）。当一只股票从巨亏，经过短期的东挪西摊和巧妙的财务处理，看到公司勉强扭亏了，其实，真正的扭亏还远着呢。如果亏损公司从巨亏，发展到每股盈利 5 分钱，它们的每股收益增长率，几乎是天文数字。可是，这个天文数字并不能说明任何问题。无论你投资多少钱买到这种股票，都是不值得的。你投 5 元钱买到的，如果跌到 3 元，你的资金减少 40% 是肯定的事情。

真正扭亏为盈的公司太少。即使一个亏损公司扭亏为盈了，也要看它是什么情况。比如，时机对该类公司非常有利（如暂时的产品涨价或政府补助），其他公司的业绩都有大幅度的增长，而本公司却只是局限在扭亏为盈，并不能继续改善。那么一旦时机过了，它还会回到亏损状态。总而言之，不要干这种概率太小的事情。

所以，在使用每股收益增长率这个指标时，必须将亏损股刨除在外。

活学活用：以下是几张真正的财务报表（节选），你会从中选择哪只股票进行投资？

解读：通过粗体字标出的每股收益来看，金证股份连续两个季度（2007-03-31，2007-06-30）的每股收益比去年同期大幅下滑。

这里为对财务一窍不通的人做一点说明：每股收益的数值是从年初累计的到值（即截至某个季度的每股收益），按季度依次相加（因为实行季报制度），年终分配归零。比如，2006 年公布的截至 2006 年 3 月 31 日的第一季

表 4-1　金证股份财务报表

每股指标（单位）	2007-06-30	2007-03-31	2006-12-31	2006-09-30
每股收益（元）	**0.0800**	**0.0200**	**0.4400**	**0.3600**
每股收益扣除（元）	0.0600	−0.0070	0.1290	0.1100
每股净资产（元）	2.4500	2.3900	2.3300	2.2500
调整后每股净资产（元）	—	—	2.3100	2.2500
净资产收益率（%）	3.4200	0.8700	18.6800	15.9100
每股资本公积金（元）	0.9748	0.9748	0.9748	0.9748
每股未分配利润（元）	0.3125	0.2515	0.1968	0.1407
主营业务收入（万元）	35605.53	17899.45	93249.59	53411.12
主营业务利润（万元）	—	—	12344.99	8162.65
投资收益（万元）	104.34	30.55	3987.93	3421.21
净利润（万元）	1152.40	312.85	5984.12	4930.13

表 4-2　金证股份财务报表

每股指标（单位）	2006-06-30	2006-03-31	2005-12-31	2005-09-30
每股收益（元）	**0.4500**	**0.0400**	**−0.5900**	**0.1700**
每股收益扣除（元）	0.0600	0.0340	0.1000	0.1400
每股净资产（元）	4.2400	3.8600	3.8200	4.5800
调整后每股净资产（元）	4.2200	3.8500	3.8100	4.5700
净资产收益率（%）	10.6700	1.1300	−15.5100	3.7800
每股资本公积金（元）	2.9478	2.9737	2.9760	2.9760
每股未分配利润（元）	0.0164	−0.3927	−0.4361	0.3596
主营业务收入（万元）	33951.14	14916.61	70614.55	44259.10
主营业务利润（万元）	—	—	9549.15	6982.83
投资收益（万元）	32.92	6.06	−4896.44	76.02
净利润（万元）	3109.72	294.79	−4068.64	1190.58

表 4-3　金晶科技财务报表

每股指标（单位）	2007-06-30	2007-03-31	2006-12-31	2006-09-30
每股收益（元）	**0.4100**	**0.1000**	**0.2707**	**0.2000**
每股收益扣除（元）	0.3900	0.1000	0.2600	0.2000
每股净资产（元）	3.4300	3.1200	3.0100	2.9100
调整后每股净资产（元）	—	—	3.0100	2.9100
净资产收益率（%）	11.9400	3.3200	8.9900	6.9900
每股资本公积金（元）	1.1379	1.1379	1.1385	1.1032
每股未分配利润（元）	1.0887	0.7827	0.6723	0.6294
主营业务收入（万元）	63029.46	26892.84	76124.93	52816.19
主营业务利润（万元）	—	—	15970.66	10763.36
投资收益（万元）	1180.50	410.49	1332.75	−32.37
净利润（万元）	9125.61	2307.95	6032.74	4529.55

表 4–4　金晶科技财务报表

每股指标（单位）	2006-06-30	2006-03-31	2005-12-31	2005-09-30
每股收益（元）	**0.1700**	**0.0700**	**0.1898**	**0.1800**
每股收益扣除（元）	0.1700	0.0700	0.1891	0.0110
每股净资产（元）	3.3600	3.2700	3.1900	3.1900
调整后每股净资产（元）	3.3500	3.2600	3.1800	3.1800
净资产收益率（%）	5.0000	2.2200	5.9400	5.7900
每股资本公积金（元）	1.3017	1.3017	1.3017	1.3017
每股未分配利润（元）	0.8509	0.7553	0.6829	0.7111
主营业务收入（万元）	31249.84	13095.76	57697.14	41373.71
主营业务利润（万元）	—	—	11125.10	9846.75
投资收益（万元）	64.69	—	11.22	8.41
净利润（万元）	3177.82	1368.07	3584.33	3483.63

度每股收益为 0.04 元，截至 2006 年 6 月 30 日的第二季度为 0.45 元。实际上单就第二季度来讲，每股收益为 0.45 – 0.04 = 0.41 元。第三、第四季度以此类推。年终公布分配方案后归零。第二年（2007 年）重新计算每股收益。

解读：金晶科技从 2007 年前两个季度的情况来看（2007-03-31，2007-06-30），每股收益不但比去年同期有明显的提高（每股收益涨幅分别达到 0.10 ÷ 0.07 = 114.29% 和 0.41 ÷ 0.17 = 241%），而且两个季度相比也表现出非常好的加速成长态势。而观察其收入来源，只有 64.69 万元的投资收益，对于其 31249.84 万元的主营业务收入来讲，几乎可以忽略不计，说明主营业务是每股收益增长的最主要来源，即公司立足发展本业。

表 4–5　华银电力财务报表

每股指标（单位）	2007-06-30	2007-03-31	2006-12-31	2006-09-30
每股收益（元）	**–0.1140**	**0.0465**	**0.1490**	**–0.1222**
每股收益扣除（元）	–0.1148	0.0449	0.0236	–0.1553
每股净资产（元）	3.6076	3.8864	3.7665	3.5270
调整后每股净资产（元）	—	—	3.7509	3.4164
净资产收益率（%）	–3.1600	1.1700	3.9600	–3.4600
每股资本公积金（元）	2.4493	2.4493	2.4493	2.4737
每股未分配利润（元）	–0.0372	0.2416	0.1274	–0.1222
主营业务收入（万元）	157021.04	88219.43	286458.02	179630.21

续表

每股指标（单位）	2007-06-30	2007-03-31	2006-12-31	2006-09-30
主营业务利润（万元）	—	—	25650.95	4056.20
投资收益（万元）	—	—	-45.96	—
净利润（万元）	-8112.11	3189.33	10601.67	-8694.95

表4-6 华银电力财务报表

每股指标（单位）	2006-06-30	2006-03-31	2005-12-31	2005-09-30
每股收益（元）	-0.0779	0.0311	-0.2612	-0.3144
每股收益扣除（元）	-0.0881	0.0312	-0.2610	-0.3144
每股净资产（元）	3.5845	3.6935	3.6482	3.7110
调整后每股净资产（元）	3.4168	3.6935	3.5021	3.6630
净资产收益率（%）	-2.1700	0.8400	-7.1600	-8.4700
每股资本公积金（元）	2.4800	2.4800	2.4800	2.5229
每股未分配利润（元）	-0.0720	0.0370	-0.0066	0.0033
主营业务收入（万元）	110019.96	62179.76	263481.02	176853.97
主营业务利润（万元）	—	—	14201.68	-8196.80
投资收益（万元）	—	—	-5163.96	—
净利润（万元）	-5542.31	2215.62	-18587.13	-22373.50

解读：每股收益总是在亏损线附近徘徊，难以摆脱亏损的阴影。

表4-7 吉恩镍业财务报表

每股指标（单位）	2007-06-30	2007-03-31	2006-12-31	2006-09-30
每股收益（元）	1.4300	0.7000	1.1300	0.7200
每股收益扣除（元）	1.4300	0.7000	1.1500	0.7100
每股净资产（元）	5.4300	4.9600	4.2200	3.8100
调整后每股净资产（元）	—	—	4.1900	3.7900
净资产收益率（%）	26.3000	14.1500	26.7200	18.8400
每股资本公积金（元）	0.9303	0.9303	0.9303	0.9303
每股未分配利润（元）	3.0730	2.5953	1.8650	1.5785
主营业务收入（万元）	124407.74	59806.72	145299.71	97450.96
主营业务利润（万元）	—	—	50253.50	40611.12
投资收益（万元）	—	—	-68.06	-68.06
净利润（万元）	32586.71	15996.58	25725.88	16372.16

解读：一直以来业绩不错。2007年第一、第二季度的每股收益分别

比去年 0.70÷0.22 = 318%和 1.43÷0.48 = 279%，两个季度相比，每股收益也稳中有涨。并且收益完全来自主营业务。

表4-8 吉恩镍业财务报表

每股指标（单位）	2006-06-30	2006-03-31	2005-12-31	2005-09-30
每股收益（元）	0.4800	0.2200	0.8500	0.6500
每股收益扣除（元）	0.4700	0.2200	0.8600	0.6500
每股净资产（元）	4.2000	4.0100	3.8100	3.6000
调整后每股净资产（元）	4.1600	3.9800	3.7700	3.5900
净资产收益率（%）	11.5400	5.4100	22.4300	18.1300
每股资本公积金（元）	1.3163	1.3138	1.3138	1.3064
每股未分配利润（元）	1.5169	1.3328	1.1325	1.0713
主营业务收入（万元）	60173.83	27193.25	103833.42	77437.88
主营业务利润（万元）	—	—	33615.85	30897.09
投资收益（万元）	−68.06	—	—	167.14
净利润（万元）	9016.29	4120.68	16244.56	12409.18

（答案见本章最后，附后期走势图）

（二）每股净资产

如果说每股收益增长率是展望未来股价涨幅的指标，那么，每股净资产则可以被看作是投资一只股票的安全边际。也就是说，股票的最大跌幅。这主要是从安全边际来考虑的指标，即股票的风险控制。一旦股价跌破净资产，就相当于该公司在市场上被特价销售。一般来讲，这时只要买入，就会盈利。但这也并不绝对。比如你买了某个纺织公司的股票，该公司业绩不佳，导致价格跌破净值。你还以为是便宜货呢，结果不久公司就会宣布破产。你的所有投资覆水难收。其主要原因是你没有搞清楚，它的净资产是不是有保值作用的净资产。就像这个纺织厂一样，它的主要资产——陈旧机器可能计价为300万元，可是现在破产了，真正处理只能是当废铁卖，连5万元都不值。投资的结果是，你以为你买了300万元的机器，可是你买到的是5万元的废铁。但如果公司的主要资产是繁华市镇的优质房产，那么，你就不用太担心你的投资会颗粒无收。

(三) 市盈率

市盈率是股价除以每股收益得出的数值。它的真正意义是，你投资后，按照现在的盈利水平，多少年后能够收回投资。当你看到一只股票的市盈率是30倍的时候，你就应该意识到，如果你买入这只股票，30年后才会收回投资。这个指标主要来衡量股价的高度是否存在高估或者低估。中外很多投资机构和基金经理都善于用这个指标来衡量股价的高度是否合理。

怎样才是合理的市盈率？目前，没有一个统一的标准。

市盈率的使用是一个相对比较的过程。即同行业公司相比较，不同行业的可比性不大。比如，石化股和科技股就不能相比，钢铁行业股票和房地产行业股票也没有相比的必要性。而同行股票之间就很有可比性。比如，在A股市场上高速公路行业内的宁沪高速、赣粤高速、山东高速、中原高速、华北高速、深高速等股票之间就可以相比。哪只股票市盈率相对较低，就存在被价值低估的可能。哪只股票过高，就有可能存在价值高估的可能。最后，根据价值的高估和低估来确定投资决策。

在市盈率比较个股时，一般龙头股和小盘高成长类股票的市盈率偏高，但这是合理的。这些股票应该给予适当的溢价。其原因主要是市盈率是以一个静态标准来衡量的，即每股收益是一个静态数值，没有考虑其成长性。而动态市盈率则可以比较好地反映公司真正的潜力。

动态市盈率的计算公式为：

动态市盈率 = 股价 / [每股收益 × (1 + 每股收益增长率) × 可保持这个增长率的年限]

例如，上市公司目前股价为60元，每股收益为0.60元，去年同期每股收益为0.30元，该企业未来保持该增长速度的时间可持续3年，则动态市盈率为 60 ÷ [0.6 × (1 + 100%) × 3] = 16.7倍，但其静态市盈率 60 ÷ 0.60 = 100倍。两种市盈率相差很大。从这点来看，你就明白，为什么看上去有的股票市盈率已经很高，却仍然能够保持强势上涨了。

动态市盈率充分考虑了公司的成长性，因此，更具有参考价值。所以，市盈率（静态）只在一种情况下对买入指导最有效：就是股价下降的同时，每股收益还在呈现上升趋势。否则，参考价值不大。反之，市盈率只在一种情况下对卖出指导最有效：就是股价上升的同时，每股收益开始下滑。

实际应用中，市盈率要结合图表的走势变化来综合作出投资决策。

（四）净资产收益率

净资产收益率是净利润与股东权益的比率。这项指标，主要用于测算公司股东权益的增长速率。公司的资产包括两个方面：一是负债；二是股东权益，即净资产。净资产收益率表明，你投入的资金每年的增长幅度。排除了因为债务比率高而影响业绩的情况，也能体现一个公司的管理能力。指标值越高，说明投资带来的收益越高。

例如，某上市公司税后利润为2亿元，净资产为10亿元，净资产收益率就是 $2 \div 10 \times 100\% = 20\%$。

净资产收益率可衡量公司对股东投入资本的利用效率。它弥补了每股税后利润指标的不足。例如，股价分红除权后每股盈利将会下降，会给投资者造成错觉，以为公司的获利能力下降了。而事实上，公司的获利能力并没有发生变化，用净资产收益率来分析公司获利能力就比较适宜。

一般年净资产复合增长率达到20%以上的公司，可以视为高成长类公司。

下面是2006年9月某券商公布的部分净资产收益率较高的公司名单（半年净资产收益率情况）。

表4-9 收益率较高的公司半年净资产收益率情况

证券代码	证券简称	2005年中期	2006年第一季度	2006年中期
000708	大冶特钢	3.63	4.54	16.64
000060	中金黄金	9.46	7.24	22.62
000878	云南铜业	6.88	5.43	16.14
600362	江西铜业	14.58	9.70	20.55
000528	柳工	8.35	4.57	11.55
600031	三一重工	7.84	2.65	10.43
000088	盐田港	9.10	4.10	11.86
600331	宏达股份	14.32	5.97	18.47

续表

证券代码	证券简称	2005 年中期	2006 年第一季度	2006 年中期
000157	中联重科	10.51	3.99	12.94
600205	山东铝业	14.62	8.29	17.70
600000	浦发银行	7.80	4.23	9.37
600675	中华企业	11.05	4.50	12.95
000792	盐湖钾肥	19.30	4.42	22.33
600016	民生银行	9.18	4.74	10.44
600660	福耀玻璃	10.20	4.18	11.52

注意：当时的山东铝业即后来的中国铝业。中国铝业吸收了山东铝业和兰州铝业等多家铝业公司并经过整合发行了 A 股。

通过以上数据，投资者不难发现，这些高成长类公司，很多成了后来的龙头股和领涨股。

（五）选择龙头股

龙头股是指某一时期在股票市场上对同行业板块的其他股票具有影响和号召力的股票，它的涨跌往往对其他同行业板块股票的涨跌起带头和示范作用。但是龙头股并不是一成不变的，它的地位维持根据行业特点和上市公司本身的情况，以及投资者对股价的反应来确定。

1. 龙头股的特点

一般龙头股具有如下特点：

第一，具有规模和垄断优势。一般具有显著龙头地位的个股会出现在高景气行业，特别是一些关系国计民生的重要行业。

第二，公司正处于迅速发展时期。业绩不断超出预期。这反映了一个重要经济定律：资本追逐利润。

第三，社会影响力强。比如工商银行、中国石化、万科等。

第四，流通盘中等以上。有市场热点概念，能够对投资者产生强大的吸引力。

2. 怎样寻找龙头股

龙头股一般率先发动某个行业板块的行情，所以，肯定会反映在盘面上。前面，我们学过看个股排行榜。现在，你就可以用各种排名来寻找龙头股。

（1）从 61、63 和 81、83 寻找龙头股发动行情的动向。

①龙头股一般启动时，往往会伴随着跳空高开的明显迹象，并往往最先出现在排行榜涨幅前列，在 61、63 中能够看到它们的身影。

②由于市场的追逐，成交量呈现放大迹象，量比一般会在 3 以上，成交金额扩大，这会在 81、83 中的量比排名和成交额排名中出现。同板块的其他个股也会跟风尾随，有的会出现在这些排名中。

（2）龙头股启动的技术特征。

①从 K 线图表的价量关系上看，明显有许多大资金有计划持续控盘、操盘动作的特征，例如价格和成交量呈现有规则的变化。

②个股处于循环阶段的初升浪回调末期或主升浪初期。

③周 K 线技术状态处于中低位，均线呈现多头趋势，各种技术指标相对处于发动状态。

④换手率迅速放大到 5%以上，量比放大 2~3 倍。

⑤5 日均线呈 45 度以上大角度爬升。

⑥抗跌性较好。

⑦出现一些经典的 K 线形态或组合。

一旦出现以上几种情况，投资者即可密切关注，在适当的时机切入。

（3）部分常见的各板块的龙头股。

①金融：工商银行、中国银行、招商银行、深发展 A、中信证券、宏源证券、陕国投 A 等。

②地产建工：万科 A、保利地产、招商地产、华侨城 A、金融街、泛海建设、中华企业、中铁二局等。

③钢铁类：宝钢股份、太钢不锈、武钢股份、鞍钢股份等。

④有色金属：山东黄金、中金黄金、中金岭南、中国铝业、铜陵有色、云南铜业、江西铜业、驰宏锌锗、厦门钨业、吉恩镍业等。

⑤煤炭类：中国神华、兖州煤业、平煤天安、开滦股份、潞安环能、西山煤电、兰花科创等。

⑥石油化工：中国石化、中国石油等。

⑦电力及发电设备：长江电力、华能国际、大唐发电、特变电工等。

⑧重工机械：中国船舶、三一重工、江南重工、中联重科、柳工、振华港机、广船国际、沈阳机床等。

⑨汽车：上海汽车、长安汽车、东风汽车、中国重汽、一汽轿车等。

⑩航天军工：航天信息、航天电子、中国卫星、中航飞机、洪都航空等。

⑪基础设施：大秦铁路、赣粤高速、山东高速、宁沪高速、中集集团、上港集团、天津港、深赤湾A、上海机场、白云机场等。

⑫航空航海交运：中国国航、南方航空、上海航空、中国远洋、中海发展、中远航运、长航凤凰、大众交通、巴士股份、南京中北等。

⑬建筑用品及材料：中国玻纤、中材国际、海螺型材、海螺水泥、华新水泥、星新材料、福耀玻璃、山东药玻等。

⑭家电：格力电器、美的电器、青岛海尔、四川长虹、海信电器、苏泊尔、佛山照明等。

⑮化工化肥：云天化、烟台万华、盐湖钾肥、泸天化、湖北宜化、沧州大化等。

⑯食品酒类：双汇发展、伊利、第一食品、贵州茅台、五粮液、张裕A、水井坊、泸州老窖、青岛啤酒、燕京啤酒等。

⑰超市零售：友谊股份、大商股份、王府井、重庆百货等。

⑱环保水务：龙净环保、菲达环保、首创股份、南海发展、原水股份等。

⑲农业股：北大荒、通威股份、新希望、隆平高科等。

⑳其他：建发股份、吉林敖东、雅格尔、外运发展、中兴通讯、大唐电信、中国联通、歌华有线、综艺股份、方正科技、清华同方、广电电子、深天马A、生益科技、用友软件、天威保变、丰原生化、首旅股份、黄山旅游等。

"射人先射马，擒贼先擒王。"捕捉龙头股对于股票投资有事半功倍的功效。值得注意的是，龙头股不是一成不变的，随着上市公司内外部实力和环境的变化，龙头股也在不断地演变。

二、板块（联动）选股

沪深两市所有的股票按照行业大致可以划分为几十个行业。一般板块联动，就是由这些行业板块为单位进行轮动和切换的。它们此消彼长，构成了一个时期总体的大盘走势。

一般股市轮动的周期会以周为单位，即一个板块的行情的发动，往往会持续一周或两周的时间，在间隔一段时间后会继续发动行情，并持续一周或两周的时间，依次反复。而在一个主流板块滞涨后，另一个或两个板块又会成为行情的"领头羊"。所以，及早地发现板块启动苗头，就要果断切入，享受这种微妙的变化带来的利润和乐趣。

以下是2007年9月某基金公司的研究报告（节选）：

"与去年中小盘股票的疯狂相比，近期投资大盘蓝筹股票的人们着实有了大丰收。这说明板块如同行业热点一样，永远都是轮动的。就拿最近一年的数据来看，大、中、小市值板块的业绩轮番表现：2007年第一季度，小市值股票获取了88.12%的高额收益；而到了第二季度，明星板块则轮到了大市值股票。如此交替更新，普通投资人要如何把握轮动的时点呢？

其实，想要把握住轮动的机会，长期获得投资的成功，不妨采用一种聪明的投资策略，即灵活的弹性市值策略。比如，今年以来市值板块间的轮动现象突出，如果当时采用了单一市值板块的投资策略，则可能会错过今年一季度中盘股的疯狂，或者是错过最近大盘股的大涨，然而，如果在不同市值板块之间采取灵活的配置，则有可能捕捉住这些投资机会。

……"

从以上报告可以看出，基金公司对于股票操作的特点，非常注重板块轮动带来的机会。值得注意的是，这家基金公司在业界是第一流的基金公司。

• 新股民快速入门（第三版）•

也就是说，你学会了寻找板块轮动带来的机会，你也可以和第一流的基金公司一样取得骄人的业绩。

综合排名 - 上证A股							
今日涨幅排名		5分钟涨速排名		今日委比前排名			
长春燃气	8.90	10.01	SST湖科	18.68	2.36	宁波热电	11.54 100.00
宁波热电	11.54	10.01	广安爱众	7.88	1.94	ST雅砻	6.38 100.00
黑化股份	7.61	9.97	力元新材	27.20	1.87	SST幸福	24.15 100.00
香江控股	29.80	8.01	宁波富邦	7.58	1.74	SST新太	11.70 100.00
洪都航空	37.03	6.65	潞安环能	85.64	1.61	SST百花	12.46 100.00
中国石化	27.51	6.59	烽火通信	12.61	1.61	*ST东碳	6.83 100.00
今日跌幅排名		5分钟跌速排名		今日委比后排名			
南方航空	21.62	-5.51	宜华木业	17.09	-2.68	岁宝热电	31.79 -93.21
万东医疗	13.71	-5.25	华立科技	11.80	-2.32	博闻科技	18.29 -92.58
东方航空	14.52	-4.79	新五丰	10.15	-2.03	大龙地产	11.86 -91.53
长城电工	13.52	-4.72	商业城	10.51	-1.96	*ST贤成	9.70 -89.91
亚盛集团	6.93	-4.68	园城股份	9.76	-1.91	上工申贝	7.56 -85.40
海南航空	9.75	-4.51	亚盛集团	6.93	-1.84	亿利科技	19.18 -84.48
今日振幅排名		今日量比排名		今日总金额排名			
黑化股份	7.61	9.25	洪都航空	37.03	19.29	中国石化	27.51 35.04亿
长春燃气	8.90	9.15	*ST绵高	17.44	13.12	建设银行	11.16 4.62亿
长城电工	13.52	7.96	华升股份	7.91	13.04	民生银行	17.15 4.02亿
天地科技	51.65	7.81	S*ST磁卡	10.30	11.64	中国银行	7.30 3.95亿
云天化	55.16	7.76	四川路桥	8.40	10.51	中国神华	83.15 3.67亿
新五丰	10.15	6.98	长力股份	9.28	10.51	宝钢股份	17.99 3.14亿

图 4-4A　81 上证综合排名

综合排名 - 深证A股							
今日涨幅排名		5分钟涨速排名		今日委比前排名			
N 御 银	63.00	356.85	S*ST张股	10.87	3.33	博盈投资	10.63 100.00
N 延 华	28.18	257.16	西藏矿业	26.85	2.91	*ST 惠天	9.32 100.00
N 航光电	48.85	201.73	大通燃气	7.00	2.64	ST 东源	9.60 100.00
博盈投资	10.63	10.04	上风高科	11.78	2.43	*ST 太光	7.44 100.00
特 力A	14.52	10.00	ST 泰格	8.48	2.17	特 力A	14.52 100.00
大通燃气	7.00	8.53	北海港	13.85	2.06	深物业A	13.89 100.00
今日跌幅排名		5分钟跌速排名		今日委比后排名			
西北化工	7.50	-4.82	N 延 华	28.18	-2.49	露天煤业	52.94 -90.91
*ST 阿继	10.98	-4.52	威尔科技	20.51	-2.33	格力电器	39.90 -89.62
中核钛白	17.81	-4.50	大港股份	13.00	-2.26	泸州老窖	66.10 -89.09
中水渔业	7.72	-4.34	盐湖钾肥	74.00	-1.97	锡业股份	85.91 -85.34
广济药业	31.02	-4.08	瑞泰科技	17.04	-1.96	新 和 成	23.48 -81.48
深宝A	21.20	-4.07	中水渔业	7.72	-1.91	特发信息	10.20 -80.70
今日振幅排名		今日量比排名		今日总金额排名			
N 延 华	28.18	50.70	宝商集团	7.60	35.20	万 科A	38.70 7.72亿
N 航光电	48.85	37.06	S*ST张股	10.87	14.46	N 御 银	63.00 4.00亿
N 御 银	63.00	35.90	*ST 阿继	10.98	11.83	N 航光电	48.85 2.95亿
蓝星石化	45.78	12.01	特发信息	10.20	10.87	深发展A	48.12 2.01亿
大通燃气	7.00	9.77	中汇医药	16.75	9.82	金融街	36.98 1.77亿
东方热电	16.80	8.49	华东科技	7.26	8.09	吉林敖东	90.17 1.51亿

图 4-4B　83 深证综合排名

— 148 —

其实，板块轮动的规律非常直观，容易被普通投资者发觉，不需要太多的专业知识，只是需要细心和耐心。下面有一个训练方法可以让你准确地找到即将发动行情的热点板块：做投资手记。即根据每天排行榜，记录排行靠前的股票主要集中在哪几个板块。并标出其领涨股和尾随股。坚持做投资手记可以让你很直观地看到某些板块的动作，这将有利于你抓住最好的股票。

三、主力重仓选股

主力是市场上拥有雄厚的资金实力，能够对股票走势有控制能力的投资者。一般为实力资金集团或机构。主力的参与，使市场变得更加活跃和具有投机性。

（一）主力引导行情

主力的优势主要有四点：
（1）资金雄厚。
（2）研发实力强大。
（3）获取信息的能力强，渠道广泛。
（4）投资有组织和有计划。

以上优势决定了主力可以有目的和有步骤地控制股价的走势，以达到获利的目的。主力参与的个股投机性增加，就为投资者提供了获利的机会，这种股票一般被称为黑马股。如果在主力发动行情前就发现其意向，就可以提前介入"坐轿子"，等待主力将股价拉升上去。那么，如何寻找和跟随主力参与的个股呢？下面将为你提供若干发现主力踪迹的方法。

但在这之前，你需要先了解主力的运作方式和特点。

（二）主力的运作方式和特点

主力的运作大致可以分为四个部分：建仓、洗盘、拉升、出货。

1. 建仓

在建仓期，主力常以散布利空消息或打压的方式吓出散户的筹码，反复震荡吸取筹码。主力建仓有四个特点：

第一，低位K线上涨时速度较慢且成交量显著放大，下跌成交量极速萎缩。

第二，成交量总体呈现上涨趋势。

第三，当股价在低位进行震荡时，高频率出现一些小阳线或小阴线，且成交量多数集中在K线的上半部分。

第四，均线系统由杂乱无章、纠缠不清，逐渐转向脉络清晰、起伏有致。

如果出现以上几种现象，则说明主力已经逐渐控盘。等收取到足够筹码之后便可能拉出长阳线，使股价迅速远离吸货的成本区。

2. 洗盘

建仓完成后，主力要进行洗盘操作，以减轻以后拉升的成本。主力洗盘往往进行局部的反技术操作，令股价大幅下挫，反复震荡，使投资者对涨势半信半疑，不敢坐"顺风车"，以诱出信心不坚定的投资者纷纷抛出手中的筹码，抬高市场的平均成本。主力震荡洗盘的具体方法常常是高抛低吸。在高位时，猛烈抛盘使股价掉头而下，吓唬散户抛出筹码；而到低位时，主力则在悄悄吸纳恐慌抛盘。

主力洗盘有两个作用：一是完成筹码换手，提高平均成本，防止过多跟风盘，以便在拉升时减少抛盘，降低拉升的成本。二是赚取可观的差价。当洗盘接近完成的时候，股价的波动也就越来越小，短线投资者无利可图，筹码自然稳定，有利于发起拉升行情。

3. 拉升

主力拉升主要是为了让股价到达目标利润区和诱惑空头加补追涨，以便出货盈利。这一阶段上升猛烈，投资者自然追涨心切，这就是行情的主升段。

主力拉升股价的方法包括：

散布小道消息或利用传媒大肆吹捧。

利用大成交量突破整理区诱惑使技术派人士跟进。

与上市公司合作，发布利多消息，鼓动散户追高。这时筹码的锁定程度高，股价极易飞涨。

4. 出货

在主升段的末期，主力开始分批出货，最后的主升段往往是公司利多消息最后发布的时候，也是主力出最后一批货的时候。出货时，日K线图形态往往出现十字星等经典图形，K线振幅比以前巨大但股价已经滞涨，成交量巨大而杂乱无章。主力出货形成各种各样的头部，依照出货量的多少或者股票流通盘的大小不同而不同。有的是M头，有的是头肩顶。总之，主力出清手中持股就撒手不管，除非有新的主力来接盘，否则，股价极易跳水。

当然，股市的大趋势是无法被完全操纵的。主力即使成功地控制个股的价格，但如果失去了大势的支持配合，一样会作茧自缚，一败涂地。所以，主力总是在挖空心思地寻找人才，研究大势和个股情况，探寻政府的政策导向，分析散户的心理状态等，以便达到天时、地利、人和的完美佳境。所以对广大散户投资者来讲，唯有刻苦学习，提高自己的看盘水平，把握整个经济环境的变化，才能在市场上赚钱。

（三）如何判断个股是否有主力参与

对于筹码的持股分布判断是股市操作的基本前提，如果判断准确，成功的希望就增加了许多，判断持股分布主要有以下几个途径。

1. 通过上市公司的报表

如果上市公司股本结构简单，只有国家股和流通股，则前10名持股者中大多是持有流通股。可用如下方法判断：查看公司资料股东研究栏，将前10名中所持的流通股累加起来，看掌握了多少，这种情况适合分析机构的介入程度。并且，通过这些大股东的筹码增减情况，判断行情的走向。例如，平煤天安的2007年中期的股东变化情况。

表 4-10　平煤天安 2007 年中期股东变化情况

截止日期：2007-06-30　　十大股东情况　　股东总户数：66988

股东名称	持股数（万股）	占总股本比（%）	股本性质	增减情况（万股）
平顶山煤业（集团）有限责任公司	63652.68	59.23	国有法人股、国家股	未变
宝钢集团有限公司	3400.00	3.16	国有法人股	未变
UBS AG	3137.42	2.92	流通 A 股	1951.46
湖南华菱湘潭钢铁有限公司	3000.00	2.79	国有法人股	未变
中国工商银行—易方达价值成长混合型证券投资基金	1636.98	1.52	流通 A 股	新进
裕隆证券投资基金	881.99	0.82	流通 A 股	新进
中国工商银行—广发聚丰股票型证券投资基金	599.34	0.56	流通 A 股	新进
申银万国—农行—BNP PARIBAS	552.64	0.51	流通 A 股	-97.07
高华—汇丰—GOLDMAN, SACHS & CO.	518.59	0.48	流通 A 股	-84.40
中国工商银行—诺安股票证券投资基金	412.71	0.38	流通 A 股	新进

表 4-11　平煤天安 2007 年中期流通股股东变化情况

截止日期：2007-06-30　　十大流通股股东情况　　股东总户数：66988

股东名称	持股数（万股）	占流通股比（%）	股东性质	增减情况（万股）
UBS AG	3137.42	8.48 A 股	QFII	1951.46
中国工商银行—易方达价值成长混合型证券投资基金	1636.98	4.42 A 股	基金	新进
裕隆证券投资基金	881.99	2.38 A 股	基金	新进
中国工商银行—广发聚丰股票型证券投资基金	599.34	1.62 A 股	基金	新进
申银万国—农行—BNP PARIBAS	552.64	1.49 A 股	QFII	-97.07
高华—汇丰—GOLDMAN, SACHS & CO.	518.59	1.40 A 股	QFII	-84.40
中国工商银行—诺安股票证券投资基金	412.71	1.12 A 股	基金	新进
中国建设银行—诺德价值优势股票型证券投资基金	400.99	1.08 A 股	基金	新进
中国建设银行—信达澳银领先增长股票型证券投资基金	400.00	1.08 A 股	基金	新进
丽珠医药集团股份有限公司	373.00	1.01 A 股	公司	新进

合计持有 8913.66 万流通 A 股，分别占总股本的 8.28%，流通 A 股的 24.09%。

从以上资料可以看出，虽然十大流通股东有少量的减持情况，但更多的是很多大资金机构包括证券投资基金等纷纷介入和大力加仓。仅 UBS AG 就加仓 1951.46 万股，这是多么大的加仓量！可见，当时实力资金机构对该股的看好。而经过统计，前十大流通股股东控股总共占到流通股总量的24.09%。通过这些数据，你可以推断，主力运作这只个股的动向比较明显。2007 年 6 月 30 日后，该股大涨。

2. 查看主力追踪栏

以下是广船国际 2007 年 6 月 30 日的机构持股汇总情况。

表 4–12 广船国际机构持股汇总

单位：万股

报告日期	2007-06-30	2007-03-31	2006-12-31	2006-09-30
基金持股	7910.11	4596.22	8668.75	4945.69
占流通 A 比（%）	49.24	28.61	53.97	30.79
持有家数及进出情况	共计 53 增持 1 新进 46 减持 6	共计 10 增持 4 新进 1 减持 4	共计 41 新进 32 减持 8	共计 10 增持 2 新进 3 减持 5
QFII 持股	400.07	639.97	639.97	
占流通 A 比（%）	2.49	3.98	3.98	
保险持股	484.99			
占流通 A 比（%）	3.02			
社保持股				224.99
占流通 A 比（%）				1.40

注：以上数据取自基金持股和公司十大流通股，季度数据未包含基金持股明细。

从这张报表中可以看到，有 46 家基金公司在第二季度进入了该股，加上原来的持股，总共持股占到流通股总量的 49.24%。可见机构做多意向强烈。事实证明，广船国际后来走出了超级大牛行情。

3. 通过公开信息制度

股市每天都公布当日涨跌幅超过 7% 的个股的成交信息，主要是前五个成交金额最大的营业部或席位的名称和成交金额数，如果某股出现放量上涨，则公布的大多是集中购买者。如果放量下跌，则公布大多是集中抛售者。这些资料可在交易系统里查到，或于报上见到。假如这些营业部席位的成交金额也占到总成交金额的 40%，即可判断有庄进出。

4. 盘面和盘口分析

主力建仓有两种：低吸建仓和拉高建仓。低吸建仓每日成交量低，盘面上看不出，但可从盘口的外盘大于内盘看出。拉高建仓导致放量上涨，可从盘面上看出。庄家出货时，股价萎靡不振，或形态刚好就又跌下来，一般是下跌时都有量，可明显看出。如果某只股票在一两周内突然放量上行，累计换手率超过100%，则大多是庄家拉高建仓，对新股来说，如果上市首日换手率超过70%或第一周成交量超过100%，则一般都有新庄入驻。具体分析如下：

（1）大单成交量。这是庄家无法藏身的盘口数据。庄家可以利用股价走势对技术指标进行精心"绘制"，但由于庄家的进出量大，如以散户通常的每笔成交量操作，其进出周期过长将致使延误战机，导致坐庄失败。如果平均每笔成交量突然放大，肯定有庄家行动。至于庄家行动的方向和目的，需配合其他情况具体分析。

（2）挂单心理战。在买盘或卖盘中挂出巨量的买单或卖单，纯粹是庄家引导股价朝某方向走的一种方法。其目的一旦达到，挂单就撤销。这也是庄家用来引导股价的常用手法。当买盘挂出巨单时，卖方散户心理会产生压力，以为如此大单买进，股价应该还会看高一线。相反，当卖盘挂出巨单时，买方散户会望而却步。斗智斗勇在盘口，散户只需胆大心细，遇事不慌，坚定跟庄。

（3）内外盘。内盘是以买盘价成交的成交量，也就是主动卖方的成交量。外盘是以卖盘价成交的成交量，也就是主动买方的成交量。庄家只要进出，是很难逃脱内外盘盘口的。虽可用对敲盘暂时迷惑人，但庄家大量筹码的进出，必然会从内外盘中流露出来。

（4）隐形盘中露马脚。盘口中，买卖盘面所放的挂单，往往是庄家骗人用的假象。大量的卖盘挂单俗称上盖板，大量的买盘挂单俗称下托板。而真正庄家目的性买卖盘通常是及时成交的，隐形盘虽在买卖盘口看不到，但在成交盘中是跑不了的。因此，研究隐形盘的成交与挂单的关系，就可看清庄家的真实意图。

有技术派人士总结了追随主力的盘口秘诀:

上有盖板,而出现大量隐形外盘,股价不跌,为大幅上涨的先兆。

下有托板,而出现大量隐形内盘,为庄家出货迹象。

外盘大于内盘,股价不上涨,警惕庄家出货。

内盘大于外盘,价跌量增,连续第二天,是明眼人最后一次出货的机会。

内外盘都较小,股价轻微上涨,是庄家锁定筹码,轻轻地托着股价上走的时候。

外盘大于内盘,股价仍上升,看高一线。

内盘大于外盘,股价不跌或反有微升,可能有庄家进场。

5. 热点 + 成交量

在沪深股市套利的最关键要点是根据当时的主流市场热点,整体市场最大成交量选择股票,根据这些品种受到大盘影响出现低位选择时机,根据大盘的多空头走势与成交量能大小选择盈利幅度。而热点 + 成交量,几乎可以看作是主力的另一个代名词。该方法是中小资金套利的最重要绝招,那些没有量能配合非市场热点股票很难有大的作为。

(四) 对于主力控盘个股的操作技巧

1. 如何捕捉主升浪

主升浪行情往往是在大盘强势调整后迅速展开,它是一轮行情中投资者的主要获利阶段,若能捕捉到正在展开主升浪行情的个股,可望短期获取厚利。参与主升浪行情必须要了解它的特征。从技术角度分析,展开主升浪行情一般会出现如下特征:日 K 线出现大阳线、出现向上跳空缺口,股价出现涨停板块、技术指标高位钝化。

(1) 日 K 线出现大阳线。一般情况下,若股价在相对低位,主力会以小阴、小阳的方式缓慢推高,且涨幅有意无意控制在 7% 以内,因为此时主力不希望有人跟风,更不希望涨幅超过 7% 而上榜。等到股价出现一定涨幅、主力希望市场跟风时,便会出现大阳线,如长安汽车前期均是小阴小阳小步走,后来开始连拉大阳线快步走,显示股价进入主升浪中。

（2）出现向上跳空缺口。一般来说，股价跳空高开，是一种强烈的做多信号，若是高开之后股价能继续上行，甚至封涨停板，更是主升浪展开的信号。

（3）股价出现涨停。在大盘处于强势里，若是股价出现涨停板，一般是主升浪展开的标志，如凌钢股份曾在2000年7月出现连拉涨停的走势，近期该股又重现这种强悍走势，股价连拉涨停。对股价刚从底部拔起的个股，投资者可在第一个涨停时及时跟进。

（4）技术指标在高位钝化，特别是随机指标KDJ反复在高位钝化。在平衡市或下跌趋势中，随机指标只要进入超买区，就需要准备卖出；一旦出现高位钝化，就应坚决清仓出货。但是在主升浪行情中，随机指标的应用原则恰恰相反，当随机指标反复高位钝化时，投资者可以坚定持股，最大限度地获取主升浪的利润。而当随机指标进入超买区时，投资者就要警惕主升浪行情即将结束了。

2. 如何趁火打劫主力

（1）做主力套牢的个股。熟悉沪深股市实战的投资者都知道，在沪深股市进行套利活动，最有效的分析方法是按重要参与者的利益进行投资，对于那些大股东（包括非流通股东与流通股东）的状态与利益进行分析，在股价出现不利于他们走势时进行逆市分批运作，在市场出现大股东也面临被套的价格时坚决进场，在大股东获利丰厚时果断离场（因为中国股市没有做空避险机制，所有股东获利只有做多一条路，股市一旦连续下跌，全证券行业面临亏损与崩溃），对于大盘与个股都是这样。这样分析市场价格的关键点就非常重要了，对于大盘的政策底与政策顶，对于个股的关键价格分析与正确认识非常重要。

（2）打劫套利的风险准备。在一个没有避险机制，存在着大量不确定性的市场，没有学会空仓就不会赢钱。在市场出现头顶走势与成交量能较小，市场空头趋势的情况，最好的操作方法就是持币等待。在大盘机会不明确的前提下，对你准备进场的资金先减去一半再说，对你已经持有被套并没有上涨希望的个股也先了结一半再说。沪深市场最为常见的惨痛教训就是，产生失误后，却因为资金被套，没有纠正的勇气，使得过去的失误不断扩大，并且使其变成无法挽回的局面，对于职业投资者来讲，这种情况无论如何不能发生。

四、重大利好（政策）选股

在证券分析领域，有短看技术，中看政策，长看基本的说法。就是短线看技术分析，中线看政策导向，长线看公司业绩和前景。可见，国家政策可以扶植一大批企业的迅速发展。重大利好选股一定要选择有持续影响力的重大政策，短期政策很难有大的操作空间。例如：

2007年6月7日，国家发改委下发《国家发展改革委关于批准重庆市和成都市设立全国统筹城乡综合配套改革试验区的通知》（发改经体20071248号），明确了国务院同意批准设立成都市全国统筹城乡综合配套改革试验区。今后，成都和重庆将成为中国新的改革开放的前沿阵地，并作为率先对中国重大政策试点的城市。

消息一公布，以重庆路桥和四川路桥为首的成都和重庆本地板块股大批涨停，暴涨行情几乎持续了一周。

重大利好政策选股，不一定是即时的。国家大力支持的产业都是重大的利好消息。如国家大力发展造船业，则中国船舶、江南重工、广船国际等股票出现飙升行情。

重大利好政策选股是一种间接选股分析。其步骤如下：

第一，确定是国家级别的重大的长期的利好政策。

第二，根据利好政策选择最佳受益对象群体。

第三，分析该行业公司的条件对利好政策的反应程度，以选择最佳收益个股或投资组合。

我们下面做一个重大利好政策选股的示范，仅供投资者参考：

自20世纪80年代，中国的运十经过短暂的辉煌下马以来，中国的天空上长久以来飞行的却多是美国和欧洲制造的大飞机。这对于一个拥有世界上最多人口的伟大国家来讲，无论如何都是一个巨大的耻辱。

大家都知道，大飞机（载重100吨以上）可以分为民用大飞机和军用大飞机，中国民用大飞机的市场份额绝大多数被美国的波音公司占领。而军用大飞机，我们只有运十的回忆。作为一名有责任感的中国人，无不希望能够看到我们中国的大飞机飞过自己的头顶。有了民用大飞机，我们就可以获得更多的航空市场份额，可以促进中国航空工业的长足发展；而大型军用运输机和大型远程轰炸机可以让对中国心怀叵测的邪恶势力想清楚后果。俄罗斯的图—160"白天鹅"大型远程轰炸机能够在全球范围内不停歇作战，所以，没有谁敢对俄罗斯的内务指手画脚。我们中国人虽然爱好和平，但也绝不能受人欺辱，绝不能放弃强大的国防，绝不能放弃强大的战略空军计划，绝不能放弃大飞机。

期盼已久的消息终于来了：

（1）2007年1月8日，国防科工委新闻发言人黄强明确表示：中国正"积极论证"大型飞机专项方案，并将在两到三个五年计划内，通过军民统筹来推进大飞机的研制。

（2）据新华社北京（2007年2月）18日电，国务院总理温家宝2月26日主持召开国务院常务会议，听取大型飞机重大专项领导小组关于大型飞机方案论证工作汇报，原则批准大型飞机研制重大科技专项正式立项，同意组建大型客机股份公司，尽快开展工作。

（3）为实施《国家中长期科学和技术发展规划纲要》确定的重大科技专项，国务院成立了大型飞机重大专项领导小组，组织了专家论证委员会独立开展论证，经过6个月的工作，形成了《大型飞机方案论证报告》。

（4）国家发展和改革委员会2007年5月14日在其网站上发布的《高技术产业发展"十一五"规划》（公开稿）提出，要坚持自主研制与国际合作相结合的原则，积极发展民用飞机产业，扩大民用飞机产业规模。

这一系列的重大利好消息，为我国航空工业的发展提供了巨大的历史机遇和政策支持。而这种利好除了美好的向往和对党和国家的英明决策的钦佩，还可以通过现实的数据来衡量。这是我们分析和决定投资的关键。据中国民航总局预计，"十一五"期间，我国民航将每年新增100多架飞机，预计2010年航空运输量规模将比2005年翻一番，未来20年国内航空运输量的增长，将带动价值高达2000多亿美元的数千架新飞机的市场需求，这还不包括军用飞机市场份额，市场何其惊人！这是第一步，确定了发展大飞机是国家级别的重大的具有深远影响的利好政策。

第二步，根据利好政策选择最佳受益对象群体。

大飞机的上马对于民用航空工业和军用航空工业具有巨大的经济前景。通过资料收集整理，大致可以确认以下受益群体：

目前我国在飞机制造企业当中科技实力较强的上市公司有：

西飞国际（000768）：飞机的整机研制生产

中航精机（002013）：飞机的座椅和控制系统

力源液压（600765）：液压和仪表系统

贵航股份（600523）：机电零部件

成发科技（600391）：飞机发动机

昌河股份（600372）：机械零部件

哈飞股份（600038）：航空零部件的研制、生产，航空技术服务

东安动力（600178）：变速器

洪都航空（600316）：飞机研制和生产

*ST宇航（000738）：零部件

ST黑豹（600760）：发动机配件制造

其他行业有：

中国铝业（601600）：将为"大飞机"提供厚板铝合金材料

化工科技（000988）：提供造飞机用的等离子和激光切割机

第三步，确定最大受益对象。我们分析一下，一架大飞机的主要造价成本在机体设计和制造、机身铝材、发动机和雷达导航系统。

西飞国际第一大股东西飞集团公司是我国唯一具备生产大型军事用途飞机的飞机制造企业，拥有完整产业链。西飞集团通过定向增发将飞机业务相

关资产注入上市公司后，公司将拥有飞机整机的生产能力，大飞机项目很难想象会缺少它的参与。

发动机是飞机的心脏，成发科技的实际控股股东成发集团为三大发动机制造商之一，公司以生产经营航空发动机和燃气轮机的主要零部件为主业，发展战略是成为世界级航空发动机及燃气机零部件供应商，前景值得关注。

雷达导航系统也是飞机的关键部分，火箭股份在这方面有得天独厚的优势。公司是中国航天科技集团旗下的高科技上市公司，产品被广泛地应用于各类型号卫星、火箭运载工具，在国内具有领先地位，有望成为大飞机项目的参与者。

铝合金预拉伸厚板是航空等领域的重要材料，是一个国家铝加工发展状况、科技水平及总体经济实力的重要标志，目前只有美国、日本、德国和俄罗斯等少数国家能够实现规模化生产，国内使用的铝合金预拉伸厚板基本依赖进口。中国铝业公司旗下西南铝业公司即将开工的铝合金厚板生产线，为大飞机提供高性能铝合金材料。中铝将在熔铸、轧机、热处理等环节取得关键性突破，并形成5万~10万吨生产能力，其产品也将达到国际先进水平，并与波音、空中客车等飞机上的铝合金材料相媲美。

而由此可以大致确定几家实力较强的公司，它们是西飞国际、成发科

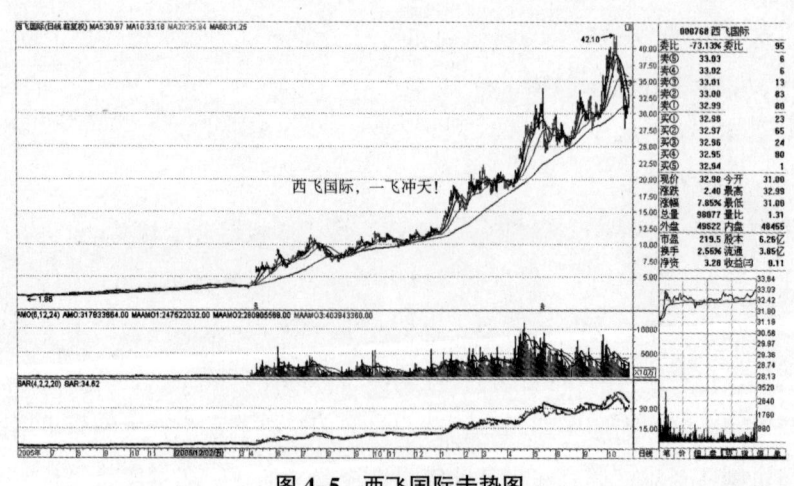

图4-5 西飞国际走势图

技、火箭股份和中国铝业。而其他企业的整体水平和竞争力都难以与这些公司相比。

自 2006 年 3 月我国同意建造大飞机以来，这些公司都走出了非常棒的行情。尤其是西飞国际（后改名为中航飞机），沿着上升通道强劲爬升，成为一只超级大牛股。

五、热点题材选股

根据资产重组选股

"资产重组"是企业通过股权或资产的有偿转让（收购、置换）或无偿转让（政府划拨）实现兼并或重组结构性调整。它既包括企业之间的整个兼并或收购，也包括企业部分资产的流动组合；它是企业发展到一定程度后的必然产物。

资产重组作为证券市场永恒的题材，必将得到市场的充分发掘。随着国家经济结构调整力度的加大，大多数传统产业面临着巨大的生存压力，这些都将为资产重组股的炒作提供丰富的题材。

上市公司在上市之前对现有资产进行重新组合，是世界各国通行的做法。资产重组一般要达到以下几个目的：

（1）提高资本利润率，以利于取得较高的股票发行价格，使上市公司获得尽可能大的市值，这也是资产重组最主要的目的。

（2）避免同业竞争。要求避免的同业竞争是指上市公司与"关联人士"之间，因从事同类生产经营业务而产生的竞争。所说的"关联人士"，按照我国的有关规定，可以简要理解为两种情况，即控制上市公司股份的母公司和上市公司母公司控制下的各个子公司。如果该等关联人士从事与上市公司同类的生产经营，则会产生利益上的冲突，会被证券管理部门认为不宜上市。如果一家上市公司存在这种情况，必须通过资产重组进行处理，以求避免与关联人士的同业竞争。

（3）减少关联交易。按照香港联交所和其他一些国家的上市规则规定，上市公司与关联人士的交易为关联交易。法律上并不禁止关联交易，但规定超过规定数量的关联交易必须披露，但是如果关联交易比较烦琐、复杂，披露起来就很困难，并会被认为是"不宜上市的关联交易"。所以，通过资产重组，尽可能地减少关联交易，把"不宜上市的关联交易"转为"不影响上市的关联交易"。

（4）把不宜进入上市公司的资产分离出来。这是在我国目前情况下，资产重组要达到的一个特殊目的。主要包括公安局、派出所、法院等"企业办政府"占用的资产和幼儿园、学校、医院、食堂、职工宿舍等"企业办社会"占用的资产。当然，这部分是否要从上市公司中分离出来要作具体分析。

资产重组的对象有两种：一是业绩差、亏损、被特别处理的公司，二是基础好的高成长性公司。

前面讲到业绩选股的时候，提到将ST股排除在外，是完全正确的做法。但是这里，我们要集中关注ST股，其实也是因为它们的特殊性。这些有退市嫌疑的股票有哪些值得我们关注的地方呢？答案是，买壳上市或借壳上市。上市公司最大的优势是能在证券市场上大规模筹集资金，以此促进公司规模的快速增长。目前，在中国内地市场，股份公司上市的条件相对较严格，而且数量有限。更多的公司不能够实现顺利上市募集资金。所以，上市公司的上市资格已成为一种"稀有资源"，即所谓的壳资源。而与此同时，ST股票如果退市，也就浪费了一个好的上市公司的壳资源。那么，更多要上市募集资金的公司就可以间接地通过控制某个即将退市的ST股而达到以后募集资金的目的。而且随着整个经济环境的改善和各级政府对资产重组的支持，许多ST股票置之死地而后生，都在加大重组力度。买壳上市和借壳上市就是更充分地利用上市资源的两种资产重组形式。

1. 买壳上市

买壳上市是指非上市公司通过收购业绩较差，筹资能力弱化的上市公司，剥离被购公司资产，注入自己的资产，从而实现间接上市的目的。国内证券市场上已发生过多起买壳上市的事件（见表4-13）。

表4-13 买壳上市的事件

证券代码	证券简称	股东入主情况
600647	ST粤海发	深圳粤海实业投资发展有限公司1997年4月入主（这种ST股才是我们要炒作的对象）
000403	三九生化	三九企业集团1998年7月入主
000517	甬成功	深圳市新海工贸发展有限公司1999年7月入主
000532	粤华电A	深圳市清华科技开发有限公司2000年12月入主
000546	PT吉轻工	深圳市东阳光实业发展有限公司2001年6月入主
000578	数码网络	深圳市友缘投资有限公司2000年3月入主
000669	中讯科技	深圳万德莱集团1999年4月入主
000693	聚友网络	深圳市聚友视讯网络有限公司1999年1月入主
000892	长丰通信	深圳市创新科技投资有限公司2001年3月入主
600069	银鸽投资	深圳市凯地投资管理有限公司2001年5月入主
600601	方正科技	中国宝安集团1993年10月入主
600614	胶带股份	三九企业集团2000年11月入主
600693	东百集团	深圳飞尚实业发展有限公司2001年6月入主
600711	雄震集团	深圳市雄震投资有限公司1998年11月入主
600715	松辽汽车	深圳百富隆投资发展有限公司1999年10月入主
600730	中国高科	深圳市凯地投资管理有限公司2000年11月入主

从往年案例来看，我们可以发现壳公司的一些基本特点，我们可以根据这些特点来捕捉亏损股和ST股：

（1）股本较小。以沪市为例，1997年和1998年共103家公司换壳，其中总股本小于1亿元的有39家、流通股小于3000万股的有38家，所占比例均为38%，总股本大于1亿元的壳公司中，绝大多数的股本小于3亿元，经过多年发展，上市公司市值普遍出现上涨，壳公司的市值普遍达几十亿元，但仍然属于整个市场中市值最小的10%部分。

小盘股对买壳和重组者来说，具有介入成本低、重组后股本扩张能力强等优势，特别是流通盘小，易于二级市场炒作，所以获利机会很大。比如国嘉实业（600646），总股本8660万股，重组后股价由6.05元涨到46.88元，增长了674.88%；合金股份（0633），总股本5169万股，重组后股价由8.50

元上涨到 42.39 元，涨幅达 398.71%。

（2）夕阳产业或行业景气度低。像当年纺织类的嘉丰股份（金丰投资）、联合化纤和商业类的绍兴百大（新湖创业）、石劝业等和主业不明的衰退类的联农股份（天宸股份）等。

（3）壳公司具有配股资格。根据中国证监会的规定，上市公司只有在连续 3 年平均净资产收益率在 10%以上时，才可申请配股。因此在选择壳公司的时候，一定要考察公司前几年的净资产收益率。如果该公司最近一两年没有达到这一标准，那么该公司的价值就会大打折扣（注意，这点非常重要。这是要买壳上市的公司的利益所在。他们买壳的目的是炒作二级市场的股价，但是根本目的是等股价炒作到一定的高度时，通过高价配股达到二级市场融资的目的。所以，投资者在选择有资产重组题材的股票时，要看该股是否有配股资格，是否 3 年内的平均净资产收益率在 10%以上）。

（4）公司的股权结构较为单一，这有利于买壳上市的公司对壳资源进行收购控股。

2. 借壳上市

借壳上市是指上市公司的控股公司通过将主要资产注入上市的被控股公司中，来实现控股公司的上市。借壳上市的成功案例是金融街的借壳上市。

金融街控股股份有限公司的前身是重庆华亚现代纸业股份有限公司，成立于 1996 年 6 月 18 日，其主营业务为纸包装制品、聚乙烯制品、包装材料等。金融街集团是北京市西城区国资委全资拥有的以资本运营和资产管理为主要任务的全民所有制企业。

1999 年 12 月 27 日，原重庆华亚的控股股东华西集团与北京金融街集团签订了股权转让协议，华西集团将其持有的 4869.15 万股（占股权比例的 61.88%）国有法人股转让给金融街集团；2000 年 1 月 15 日，财政部批准了该股权转让行为；2000 年 4 月 6 日，中国证监会批准同意豁免金融街集团要约收购义务；2000 年 4 月 12 日，金融街控股、金融街集团及华西集团就股权转让事宜分别在《中国证券报》上进行了公告；2000 年 5 月 24 日，金融街集团在深圳证交所办理了股权过户手续。至此，公司第一大股东就由华西团变更为金融街集团，基本完成了股权转让过程。

金融街控股整体资产置换完成后，全面退出包装行业，主要从事房地产开发业务。

此后，金融街控股于2000年5月27日进行了股本变动，总股本从78691500股变更为125906400股。公司注册资本也从7869.15万元变更为12590.64万元。同时进行了董事会改组。2000年8月8日，公司名称由"重庆华亚现代纸业股份有限公司"变更为"金融街控股股份有限公司"，公司股票简称由"重庆华亚"变更为"金融街"。2001年4月，金融街控股将注册地由重庆迁往北京。至此，金融街控股除保留"重庆华亚"的股票代码外，完全变成了一个全新的公司。

金融街集团在成功地实现了借"壳"上市后，制定了"以金融街建设为主，积极向金融、高新技术和基础设施建设领域渗透"的发展战略，并着手进行了一系列的资产整合。金融街控股首先收购了关联企业北京金融街建设开发有限责任公司和位于北京金融街区域与土地开发有关联的资产（含北京顺平拆迁有限责任公司51%的股权），收购公司控股股东金融街集团持有的北京宏基嘉业房地产有限公司51%的股权，收购了北京顺成饭店持有的北京金融街房地产经营有限公司7%的股权，最终获得了金融街区域的独家开发权，使公司可以集中精力进行北京金融街区域的开发。

金融街在成功借"壳"上市后的3年中，业绩节节攀升：主营业务收入，2000年、2001年和2002年分别为2.2亿元、8.57亿元和9.24亿元；净利润2000年、2001年和2002年分别为0.4亿元、1.51亿元和1.67亿元。特别是2001年，每股收益、净资产收益率指标居房地产上市公司首位。2003年上半年，公司实现主营业务收入64911万元，比上年同期增长153.65%，主营业务利润为24398万元，比上年同期增长283.60%；净利润为12567万元，比上年同期增长113%。

在业绩飞速攀升的同时，2002年8月，金融街控股成功地进行了新股增发。在经过一系列准备工作之后，2002年8月6日，主承销商国泰君安证券股份有限公司利用深圳证交所交易系统，采用在网上、网下累计投标相结合的方式，向流通股东、其他社会公众投资者及网下机构投资者发行。本次增发最终确定的发行价格为19.58元/股，发行数量为2145万股，募集资金净额为4亿多元。

随着近几年的建设，金融街的基本格局已经形成，并以其悠久的金融文化和独有的"国家金融管理中心"概念，不断吸引着国内外大企业。目前北京金融街集中了国内主要金融机构总部和重要的电信企业，聚集了中国金融业60%以上的金融资产，成为全国的金融管理中心和电信指挥中心。

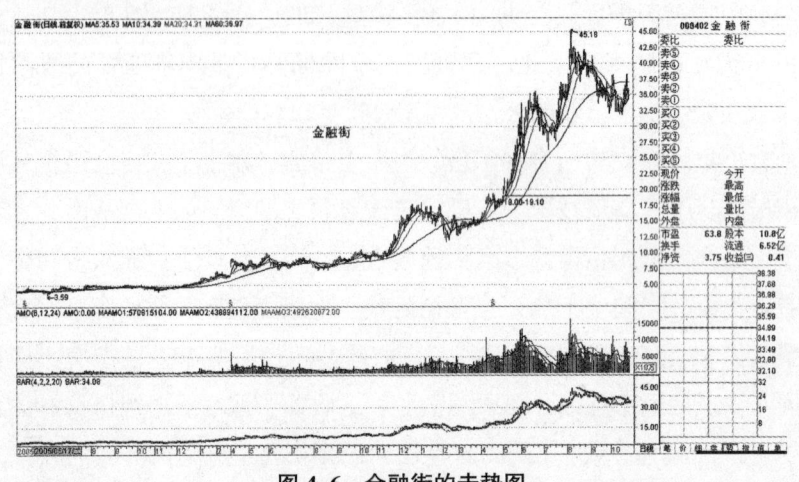

图4-6 金融街的走势图

金融街的借壳上市取得了完美的结局。资产重组为金融街的股价腾飞插上了有力的翅膀。

买壳上市和借壳上市都是一种对上市公司"壳"资源进行重新配置的活动，都是为了实现间接上市，其不同点在于，买壳上市的企业首先需要获得对一家上市公司的控制权，而借壳上市的企业已经拥有了对上市公司的控制权，从具体操作的角度看，当非上市公司准备进行买壳或借壳上市时，首先碰到的问题便是如何挑选理想的"壳"公司，挑选的根据就是上述的壳资源的特点。

关注如下两个问题，能够让你抓住重组题材中的大黑马。

(1) 负债少、包袱轻、盘子小的上市公司。因为它们容易被别的大型企

表 4–14 2005 年实施资产重组、2006 年业绩发生重大改变的上市公司一览

证券代码	证券简称	总股本（万股）	2006 年每股收益（元）	2006 年净利增长率（%）
000878	云南铜业	125669	1.51	144
600432	吉恩镍业	22800	1.13	58
000157	中联重科	50700	0.95	55
600456	宝钛股份	40662	0.84	116
600030	中信证券	298150	0.8	493
600588	用友软件	22464	0.77	75
000911	南宁糖业	26264	0.75	460
000708	大冶特钢	44941	0.71	295
000903	云内动力	19980	0.7	167
600058	五矿发展	82697	0.64	60
600660	福耀玻璃	100149	0.61	55
600685	广船国际	49468	0.59	199
000612	焦作万方	48018	0.57	326
600089	特变电工	42702	0.51	72
600615	ST 丰华	18802	0.5	618
600495	晋西车轴	10291	0.49	107
000932	华菱管线	219720	0.49	95
000616	亿城股份	31105	0.46	344
600255	鑫科材料	18525	0.41	139
000683	天然碱	46900	0.36	308
600240	华业地产	35000	0.34	939
000421	南京中北	35168	0.32	188
000910	大亚科技	52750	0.32	187
600824	益民百货	44201	0.32	91
600798	宁波海运	51188	0.31	66
600481	双良股份	30600	0.31	179
600391	成发科技	13130	0.3	62
600125	铁龙物流	59761	0.3	57
600822	上海物贸	25272	0.27	102
600118	中国卫星	22740	0.24	756
600425	青松建化	18493	0.24	105
600053	中江地产	30107	0.23	1242
000836	鑫茂科技	12275	0.21	106
000698	沈阳化工	42241	0.2	59

业看中，收购兼并，买壳或借壳上市。

（2）股权转让是重组的前奏。能产生黑马的实质性重组应该是上市公司控股权发生转移的重组。老股东无力改变公司经营上的难题被迫让贤，新股东通过受让股权的方式坐上第一把交椅，这意味着"重组"这出戏拉开了序幕。这类重组有几个比较明显的标志：

①控股权转移，新股东入主董事会。这类重组的新控股股东需有相当实力，包括现代的生产经营管理能力，优质的资产，高新技术项目等，对上市公司有脱胎换骨的效应。

②新控股公司有明确的主业发展战略和项目，使上市公司的重组与机制转换相结合，并能推动上市公司的技术进步。若新进来的股东从事高新技术产业最佳，这意味着日后有源源不断的题材。

③资产经营与生产经营相结合。生产经营是基础，资产经营只是为了生产经营服务的手段，而不只是作为圈钱的工具。

以上股票后来多数都成了沪深两市的领涨大牛股。如果捕获到其中的几只，就可以让你身价百倍。当然，这种机会还大量存在，还有很多资产重组题材的优质股票，你可以按照上述知识去寻找它，让这些潜力股将为你创造丰厚的利润。

3. 分拆上市和整体上市

根据证券交易所上市资格和公司法关于上市公司的相关规定，股份公司想要上市必须达到一些硬性的会计指标。为了达到这个目的，股东一般会把一个大型的企业分拆为股份公司和母公司两部分，把优质的资产放在股份公司，一些和主业无关、质量不好的资产（例如，食堂、幼儿园、亏损的资产等）放在母公司，股份公司以其优质资产完全可以具备上市条件从而获得上市资格。这就是分拆上市，股份公司成功上市后再用得到的资金收购自己的母公司，称为整体上市。

分拆上市是指一家公司将其部分资产、业务或某个子公司改制为股份公司进行上市的做法。由于公司内部业务往往有较多联系，分拆上市容易导致上市公司和控股股东及其下属企业之间的关联交易以及同业竞争问题，因此监管部门对分拆上市部分的业务独立性有很高的要求。如证监会《关于进一步规范股票首次发行上市有关工作的通知》中除要求拟上市公司保持人员、资产、财务独立外,还要求拟上市公司与控股股东不存在同业竞争,与控股股东任何形式的关联交易不超过同类业务的30%。

尽管新上市公司中整体上市的越来越多,但已上市公司中有许多当初是分拆上市的。除上市公司外,控股股东还有大量相关业务留在上市公司之外。这一方面可能导致上市公司与控股股东之间大量关联交易的产生,另一方面不利于集团整体资源的整合和优化。因此,不少控股股东谋求通过某种途径整体上市。如武钢股份增发90亿元收购武钢集团钢铁资产的方案就是实现集团整体上市的途径。

由于分拆的子公司均为高成长、高收益的优质企业,这些企业借助资本市场的融资能力得以迅速地增长,母公司通过收取红利的形式对自己的业绩也将有较大的提高。

此外,分拆上市往往给母公司带来巨大的炒作题材,从而推动母公司股价的上涨。而且母公司通过所持股份的变现或收取高额红利所带来业绩的提升反过来又会推动股价上扬。再有分拆上市会对母公司的财务状况产生影响,如每股净资产的增加等。总之,分拆概念将给母公司的股价带来积极的推动作用。

美国著名的基金经理人,华尔街顶尖的投资专家彼得·林奇非常推崇这种选股思路。分拆后的企业一般都是非常具有成长性的企业,各项指标都比较优秀。投资这种企业,有非常大的安全系数和稳健的获利机会。

整体上市是指一家公司将其主要资产和业务整体改制为股份公司进行上市的做法。随着证监会对上市公司业务独立性的要求越来越高,整体上市越来越成为公司首次公开发行上市的主要模式。

在股改前的时代里,大小股东享受的利益不同,许多大的公司既想上市,又不愿把全部优质资产拿出来,只是把其中的一部分上市了。

股权分置改革的成功使得上市公司原来的非流通股股东和原来的流通股股东,所有股东的利益趋于一致。国际上评价一个上市公司一定也是市值的评价。股权分置改革之后带来的全流通整体市值的重要性是被不同的投资者一致认同的。既然市值是最重要的东西，上市公司的母公司当然愿意把它的优质资产逐步放到上市公司里来，当然也愿意通过上市公司做大做强。于是，上市公司大股东通过定向增发的方式募集资金，收购母公司的其他优质资产，使整体母公司实现整体上市。

一般整体上市都是重大的利好，能大幅改善上市公司的资产质地和收益，当然也能让股价飙升。

沪东重机（600150）原为中船集团旗下专业生产船用低速柴油机的厂家。2007年1月，公司宣布将面向特定对象非公开发行股票4亿股，用于筹集资金和收购大股东中船集团的修造船资产，增发完成后，公司将成为集造船、修船和船用主机制造于一身的大型船舶企业，即中国船舶。

公司此次增发购入资产包括外高桥造船100%股权、澄西船舶100%股权和远航文冲54%股权。这些是目前中船集团的民用造船和修船资产主体。2006年外高桥造船、中船澄西和远航文冲分别实现净利润9.75亿元、2.58亿元和1.04亿元，净利率分别达到13.95%、9.71%和20.95%；前两者利润增速分别达到97.52%和151.08%。显然，都是非常优质的资产。

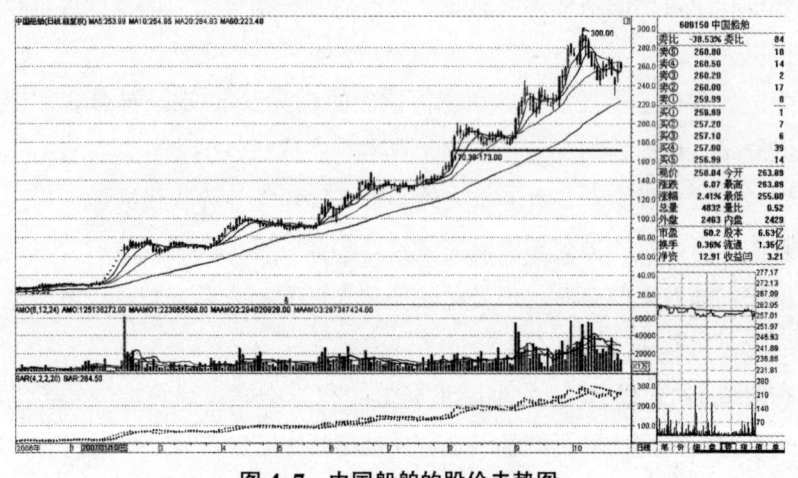

图 4-7 中国船舶的股价走势图

股价从2007年初的30元一直冲破300元，创造了沪深两市的最高纪录。

六、借助于沪、深两市规则发现白马股
——关注发行权证个股

根据《上海证券交易所权证管理暂行办法》《深圳证券交易所权证管理暂行办法》规定，符合权证发行的上市公司必须满足三个条件：

第一，最近20个交易日流通股份市值不低于30亿元；

第二，最近60个交易日股票交易累计换手率在25%以上；

第三，流通股股本不低于3亿股。

其实，第一条已经能够框定发行权证的公司具有非常雄厚的资金实力和行业的规模优势，基本上就是龙头股。第二条能够说明该股的市场认知度高，交易量充沛，这是股价上涨的动力。第三条，股本大说明流通性好，可以更加灵活地进出。以上三条汇总起来，就可以发掘一些白马股。所谓白马股的意思是，能够预见的、稳健的股价增长。

曾经发行过权证的部分个股：

五粮液　　　白酒类龙头股

华侨城　　　酒店和旅游类龙头股

深发展　　　高成长型银行股

华菱管线　　钢铁及有色金属加工行业龙头股

中集集团　　集装箱行业的世界龙头股

国电电力　　电力行业的优秀企业

南方航空　　航空类股票龙头

招商银行　　公认的金融股龙头

伊利股份　　中国奶业的龙头股

云天化　　　化工纤维类龙头股

武钢　　　　钢铁龙头股

如果你细心一点，就会发现，这些个股是带动大盘上涨的原动力。正是

这些个股的大幅飙升，拉动大盘指数节节向上攀升。股民有句俗话，赚了指数没有赚钱。但是，如果你当初抓住了这些龙头股的话，现在你肯定已经获利 N 多倍。你以后如果按照这个思路做，也完全可以抓到像这些股票一样的大白马。具体的获利能力，则还要结合本书讲到的技术分析。它可以降低你的成本，从而尽可能大地增大你的收益率。

七、盲人炒股的启示

在北京一个繁华巷道边，有一家盲人按摩店，里面主手的是两个盲人兄弟。他们投入 30 万元开始炒股，不到一年，他们的市值已经是 260 多万元了。他们不会看大盘（根本看不到），不懂技术分析，更是大字不识一个，谈不上基本分析，有人曾经好奇地问，你们怎么炒股？

他们说：我们是不懂，我们所有的消息都是通过听收音机广播得来的。我们的选股思路也很简单，就一招：每天都听广播。听到股票最大跌幅的前 5 名，就默默记下。然后再听量比前 5 名，默默记下。如果最大跌幅中的股票同时出现在最大量比中，就说明有人在低位大量买进。这个时候我们就买进。然后就等待，不涨不卖。等到涨了 20%，我们就卖出。不会用电脑，我们就电话委托，我们可以准确地记住电话按钮，并根据语音提示操作。

笔者根据两个盲人兄弟的方法做过大量的验证，发现其成功率较高。我们曾经成功地用该方法捕捉过中级贸易和豫光金铅等短线大黑马。

最后的启示：

所有能够成功的方法都是好方法，只要投资者动脑筋，都能够找到适合自己的方法。

本书给大家提供了一些成功率相当高的方法，这也是我们多年来不断总结和研究的结果。我们希望能够给你带来成功，但更希望引起投资者自己的思考，让你自己去探索更加适合自己的方法。授人以鱼不如授人以渔，这正是我们的用意所在。

• 第四章　如何选择股票 •

插曲：股市警语——思维方式决定成败

股市中的错误思维：我投入 10 万元赚了 3 万元，那么如果我一下投入 10 亿元就可以赚 3 亿元。——超级幼稚的假设。等于说，我本来坐 8 站车可以到的地方，先坐 10 站车，再往相反的方向坐 2 站车就可以到了。股市中就有相当一部分人是这样想的却还浑然不觉。根据市场的不同流量，越大的资金越需要心态和智商。所以，操作理念是你成功的第一要领。

插曲：笑话——反穿夹克

一个小伙子骑摩托车带着女友去兜风，由于冬天寒风刺骨，小伙子反穿了夹克，不幸在上高速时发生了交通事故。

警察作现场调查时问目击者——一个憨厚的老农民：有生存者吗？老农答道："刚才有个小伙子还活着，不过脑袋被撞朝后了，我给他扭正后，他就咽气了。"

附：前面四张财务报表对应的答案和走势图。

未来几个月的走势情况：

（1）金证股份（代码 600446）成绩非常差（见图 4-8）。

图 4-8 金证股份

(2) 金晶科技（代码 600586）大涨并创历史新高（见图 4-9）。

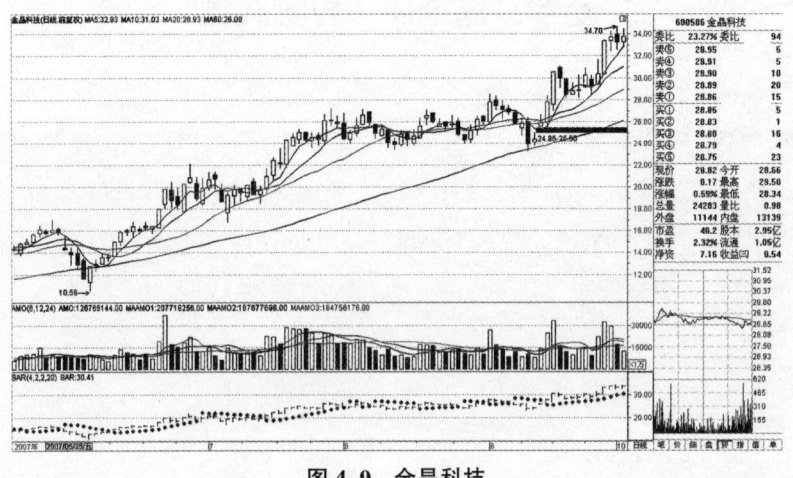

图 4-9 金晶科技

(3) 华银电力（代码 600744）浪费时间（见图 4-10）。

图 4-10 华银电力

(4) 吉恩镍业（代码600432）持续稳定上涨（见图4-11）。

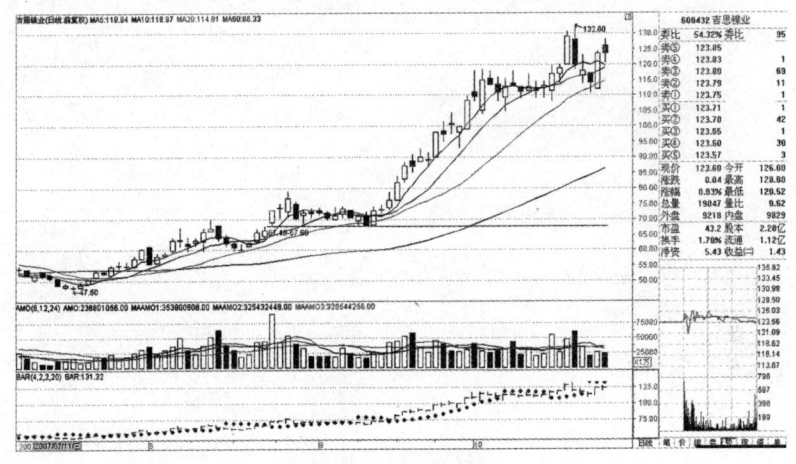

图 4-11 吉恩镍业

第五章　经典买卖技巧（实战案例）

> **导学**
>
> 　　本章结合实战，来综合运用所学的知识，并让投资者了解盘中的控制技巧和交易技巧。这其中包括短线、波段和中长线操作技巧，以及如何避免亏损和解套的技巧，等等。
>
> 　　具体操作原则：
>
> 　　1. 风险最小化。
>
> 　　2. 盈利最大化。
>
> 　　3. 操作科学化。
>
> 　　4. 纪律严明化。

一、技巧之稳中求快
——如何买风险最低、收益最快的股票

操作特点： 短线操作

要点： 大盘向好或平稳

　　　　板块联动寻找热点

　　　　基本面判定良好

　　　　趋势判断向上

量价关系为量增价涨

案例：云铝股份（代码：000807）

时间：2007年8月21日

投入仓位：25%

止损设定：5%

（一）技术分析

（1）大盘当日高开40点，上午反复震荡。但趋势向好，均线支撑有力。指数股表现都比较稳健（**大盘与个股的关系运用**）。

（2）通过83综合排行（**综合排行的运用**），发现以中国铝业为首的整个铝业板块已经开始启动。这些股票均线大多都处于完全多头排列，并呈现发散状态（**多空头知识的运用**）。表明，铝业是市场的热点（**板块轮动的把握**）。

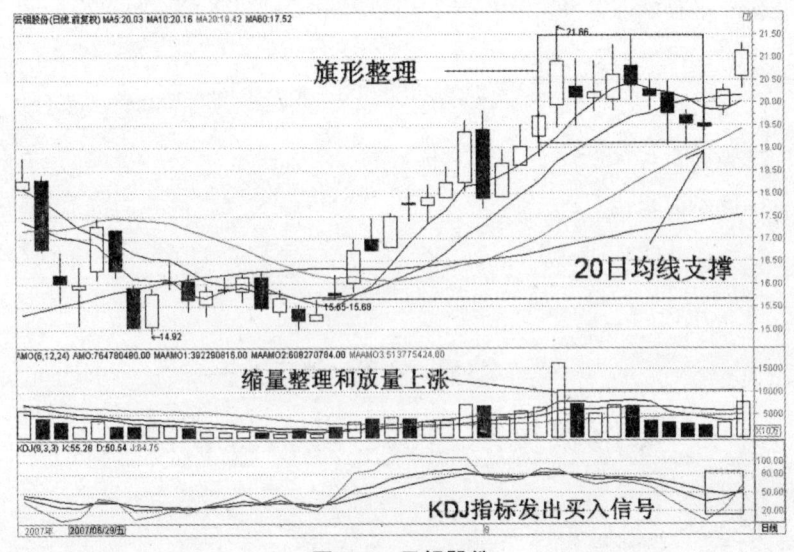

图 5-1 云铝股份

（3）铝业中的绩优成长股云铝股份经过上午的冲高后下午回落。但在均线附近企稳。8月21日下午2：30，大致分析其量价关系，推算前期（**3周左右的时间**）的成交量的递减是主力的洗盘行为（**对主力操盘特点的知识的**

运用)。而当日成交量已经明显放大。借助于均线的强力支撑（**对均线作用的运用**），有非常大的安全系数。根据趋势分析知识，计算出短期股价可冲高到 26 元（**趋势线的运用**）。

（二）操盘过程

（1）下午 2：39，分时走势企稳，买入，价格为 21.10 元（**对交易规则的运用，比如，下午买进，根据 T+1 交易的特点，就可以更多地掌握主动权，即使今天下跌，幅度也毕竟有限。为什么下午买进？因为，当日大盘并不是太好。如果大盘走势强劲，可考虑上午就买入**）。当日分时走势图，如图 5-2 所示。

图 5-2　云铝股份分时走势图

（2）8 月 22 日，低开高走，下午冲高回落，以 6.91%收盘，当日成交 9.80 亿元。成交积极，继续持有。

（3）经过一天停牌，8 月 24 日，该股开盘即迅速冲高又迅速回落，并一度跌破分时均线，但下跌趋于缓慢。日线量能持续放大。由于已经获得部分收益，因此决定继续持有（**这就是后面要讲到的止损而不止涨**）。下午反弹以 23.46 元报收，上涨 3.85%。当日分时走势图，如图 5-3 所示。

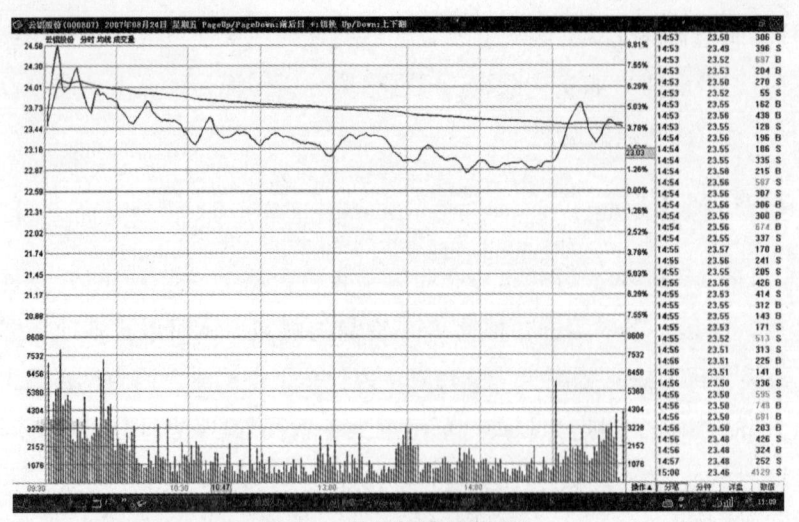

图 5-3 云铝股份诱空行为

（4）8月27日，星期一。该股开盘后经过半个小时的回调，10点钟发起上升行情。上午10:30，经过两轮冲高后，分时线沿均线横盘。下午2:20，多方发动最后攻势，一举冲至涨停，之后巨量封住涨停。成交15.40亿元。持有（**冷静的心态非常重要**）。当日分时走势图，如图5-4所示。

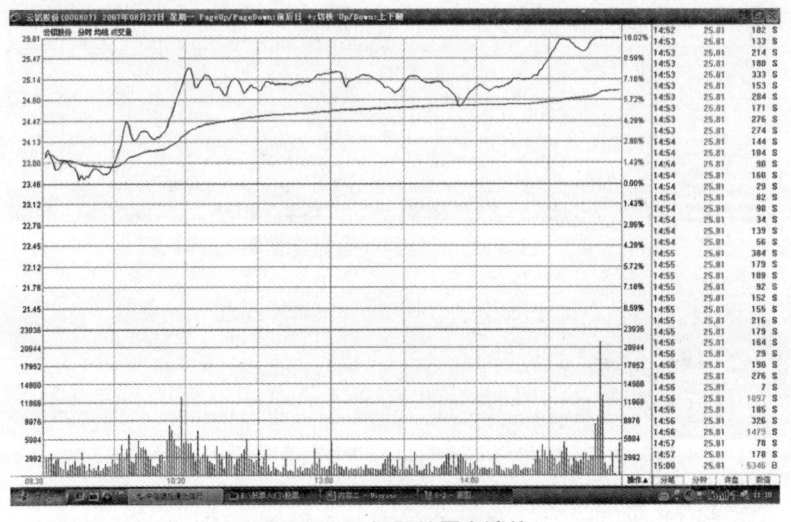

图 5-4 云铝股份尾盘涨停

（5）8月28日，该股一路冲到28元，经过短暂修整，轻松到达涨停价。但下午又被打开。此时，由于已经达到趋势预测的目标价位，为了保住到手的利润，开始考虑随时卖出。但股价在均线附近开始企稳回升，最终以涨停价28.39元报收，成交量创历史新高。虽然已经盈利颇丰，但是一个警钟始终挂在脑际。因为，它已经超出我们的预测（以理性分析数据作为临盘的主要参考）。当日分时走势图，如图5-5所示。

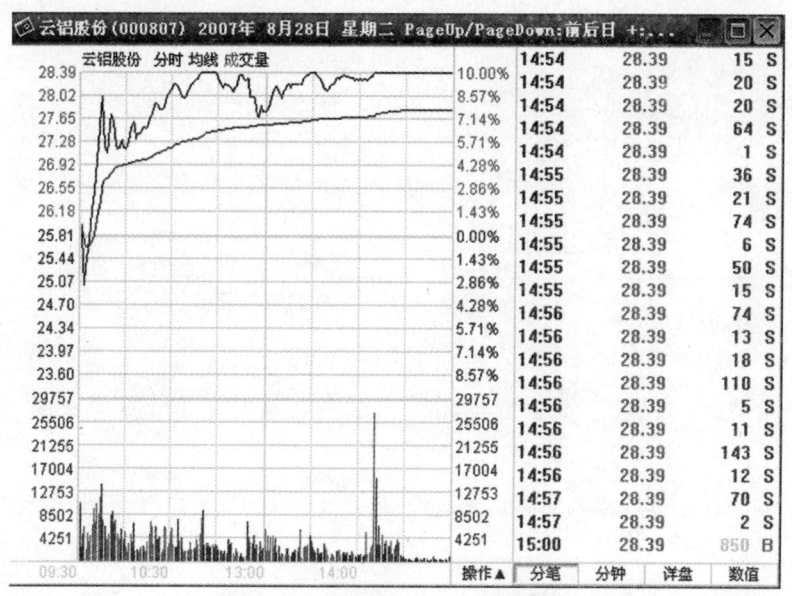

图5-5 云铝股份8月28日走势图

（6）8月29日，停牌1小时后，该股开盘发力上攻，价格到达30.92元时又突然掉头俯冲。并一直跌破均线，形成死叉，而且角度非常大，表明穿破有力（**死叉知识的运用**）。根据5分钟K线图（**不同周K线图的运用**）的KDJ发出的背离卖出信号（**KDJ指标的运用**）。同时，分时走势反弹到均线附近时，又一次回调，表明均线的压力作用明显。双重信号发出卖出指令，于是，迅速以均价29.51元卖出。当日分时走势图，如图5-6所示。

（7）该股经过几周的调整后，又发动了强势行情。但是，在实战中，时间就是财富。作为短线来讲，不容在整理行情中消磨时光（**对整体资金运用**

图 5-6　云铝股份 8 月 29 日走势图

效率的考虑）。因为，短线资金到时要列入新的操盘计划。短线的特点就是要快进快出，而且，资金量不能投入过大。总结下来，6 个交易日盈利 39.86%。之后的 K 线走势图，如图 5-7 所示。

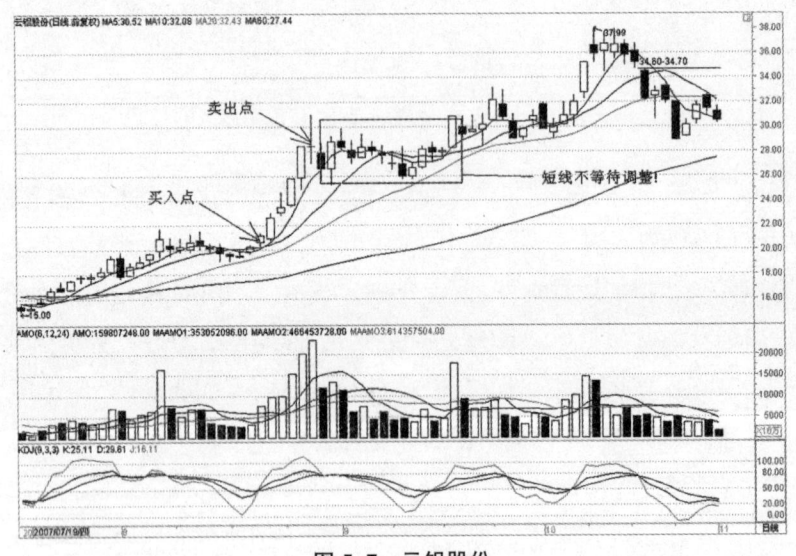

图 5-7　云铝股份

投资绩效：良。

注意：在选择短线目标时，也应该把眼光放长远，即不但要短线符合买入标准，中长线也要非常有潜力。这样做的好处是，一旦短线失误，不至于损失惨重，失去主动权。投资股票永远是安全第一，收益第二。

（三）总结

短线主要是以薄利为目标，积少成多，通过复利这个神奇的方式实现财富最大化。所以，短线要求快、准、稳。不夹杂任何感性成分。在判断失误时，需要果断退出，重新寻找目标。短线操作需要记住以下要点：

第一，顺应趋势，即大盘和个股必须趋势向上。这是短线操作者的前提。

第二，量价关系判断准确。这是短线能否取胜的保证。

第三，对技术指标的运用要求较高。

第四，保证随时能够交易，即有充足的看盘时间。

第五，操作要完全基于客观分析和技术，不能够想当然地交易。下单要果断坚决，不可有丝毫的犹豫。

二、技巧之"放长线钓大鱼"——宠辱不惊谋大利

操作特点：中长线操作

要点：把握大势（大盘长期趋势）向上

公司基本面的绝对优良

K线的判定

对主力资金的进出判断

量价关系判断

案例：中国石化（代码：600028）

时间：2006年10月30日

投入仓位：重仓买入

止损设定：15%

(一) 综合分析

(1) 自 2006 年以来大盘开始呈现出大牛市的强烈态势，特别是下半年更是加速上扬。中国经济的深厚基础必然要引发一个长期的大牛市。总体大环境处于一个千载难逢的重大机遇，为重仓中长线操作提供了良好的基础。

(2) 中国石化是行业龙头和高成长公司，但是，自 2006 年下半年以来，该股却长久横盘震荡整理，总体涨幅严重滞后。经过对公司各个方面的调查，我们觉得这个公司存在严重的低估和惊人的潜力。具体依据如下：

①业绩的持续快速增长。

中国石化（600028）10 月 31 日公布了 2006 年的第三季度报表，每股收益达到 0.151 元，业绩同比增长 55.8%，环比增长了 12%；1~9 月，公司每股收益达到 0.39 元，比去年的 0.305 元同比增长了 28%（**每股收益增长率的合理运用**）。

第三季度公司的勘探业务的油气产量继续稳步增长，生产原油 3002 万吨，同比增长 2.84%；生产天然气 53.48 亿立方米，同比增长 18.08%，勘探业务经营收益达到 175.85 亿元，是公司业绩的最大来源。销售业务成为未来增长的一大亮点，在销售总量增长 7.17% 的情况下，零售量同比增长达到 17.52%，单站加油量达到 2608 吨，第三季度销售业务实现经营收益为 98.15 亿元。第三季度化工业务实现经营收益 48.62 亿元，主要产品产量继续稳步增长。

随着国际油价下跌，预计公司炼油业务将在四季度全面走出谷底。给出公司 2006 年的每股收益为 0.56 元，2007 年 0.68 元和 2008 年 0.83 元的业绩预测，按照 30 倍的市盈率估值（**市盈率知识的运用**），第一目标价为 25 元。

②龙头股。

受到市场的青睐；盘子大，流通性好。

对信息的真实性的反馈：

无论是城市还是乡村，几乎每个地方都可以看到中国石化的营业网点，它们的服务快捷方便，深得客户的好评。几乎所有的人都在中国石化的加油站加过油，它就在你的身边，非常熟悉（**投资重要的和确实熟悉的产业，能够让你避免很多风险**）。

中国石化正以猛烈的速度发展着，为中国经济的发展提供着重要的经济血液——石油。而在石油市场上，其寡头垄断的地位，也为其获取丰厚利润提供了保障。作为中国石化的股东，加油站每加一次油，就是往你的口袋里塞一次钱。而当前的市盈率仅为 10 倍，非常便宜。这种好事为什么不做呢？所以，抓紧时间，择机买入。

这里要注意，再好的股票也要评估其价值而买入。比如一头最能产奶的奶牛，其 5 年可以产出 20 万元的奶，而你却用 100 万元的价格买入。那么，最后你还是要巨亏。它是最能产奶的奶牛吗？是。那你为什么亏？就亏在你付出了过高的价格，已经远远地超出了它的价值。所以，在选择股票时，不但要看它的业绩，还要特别关注其价值。如何评估其价值，主要还是要从动态市盈率的方面来考虑（**参阅我们前面讲到的关于市盈率的知识**）。想要深度了解估值相关知识的读者朋友，可以参阅《价值投资——资本的野蛮生长》。

之所以写这段话，是我们发现，最近一些新股，特别是大盘股将陆续上市，由于牛市的深入开展，会使得某些机构在定价评估时失去理性而导致定价特别高，高出了本身的价值非常多。虽然根据其行业地位和业绩，可以获得部分溢价，但是，投资者因为盲目，有可能以极高的价格买入，而最终会导致巨亏。希望这段话能够让你避免不必要的惨重损失。

（3）技术分析：对于中长期投资来说，对股价的把握就不必像短线一样分毫必争。重要的是按照趋势分析知识，将买入点选择在相对低位。周 K 线是重要的大势参考依据（**不同周 K 线的运用**）。图 5-8 为当时中国石化周 K 线技术分析。

从图 5-8 中可以看出，周 K 线已经站上 20 日均线，在经过一周的调整后，又在均线停稳，呈现出周阳线，并且量能相对充沛。SAR 显示出红色买入信号（**SAR 指标的运用，此处注意，长期投资周 K 线指标具有重要的指**

导作用）。成交量温和放大，量价配合较好（**量价关系运用**）。

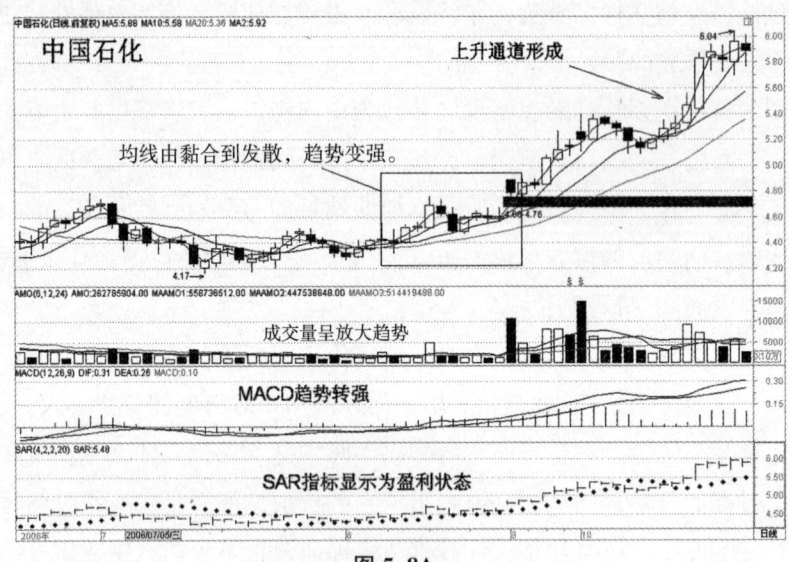

图 5-8A

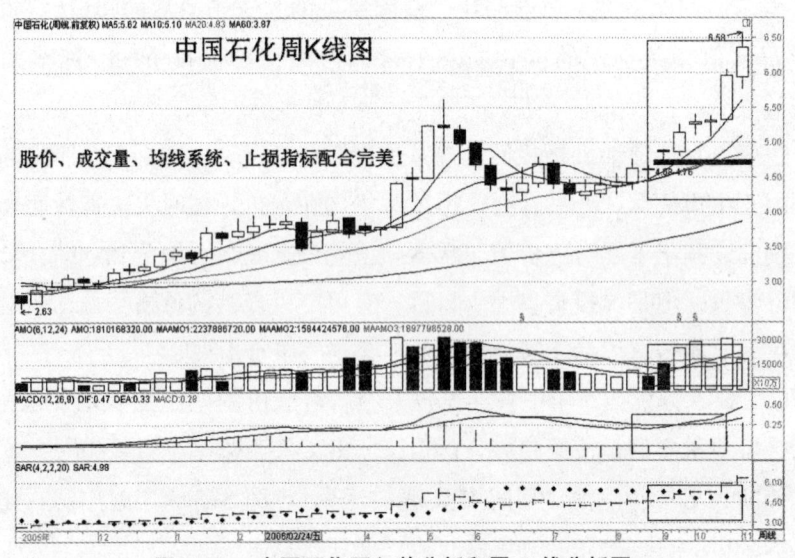

图 5-8B 中国石化买入前分析和周 K 线分析图

（4）主力资金的关照：经过我们对最新收集到的资料（证券公司提供的信息一般比较有限，一定要自己动手，跑腿去索取最新的更加详尽准确的数据和资料）的信息提取和对盘面成交量的盘算，得出主力资金在积极建仓的结论。而且，很可能已近尾声，拉升即将开始。

（5）盘面的判断：盘面显示外盘明显大于内盘（**外内盘的看盘技巧**），这也印证了主力资金积极介入的推断。

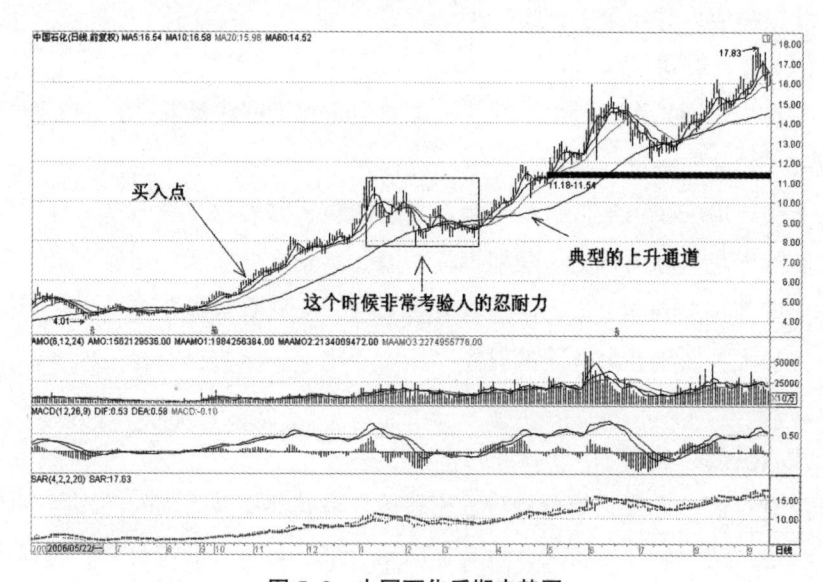

图5-9　中国石化后期走势图

（二）操作过程

（1）公布三季报当日，即10月30日乘利好买入。当日微跌1.17%，以5.89元报收。

（2）长期投资注重的是基本面的变化和股价与价值的偏离程度。

如果股价下跌就继续加仓，然后就是等待上升（**当然，这种上升不是单单的期望，而是经过了分析后的测算**）。公司的业绩如果提升，高于预期，那么，相应的目标价位也会提高，反之就降低目标价位。而中石化接下来几个季度的业绩远好于预期。所以，继续持有，后期仍可高看一线（**截至2007年8月末，股价已经涨了3倍**）。

（3）根据我们的卖点设定，如果股价达到35~40倍的动态市盈率（因为石油行业的合理市盈率都不会超过这个数字），就会选择卖出，不论股价是否达到目标价位。当然卖出时还要参考我们的顶部形态、经典反转K线和技术指标，以求卖个好价钱。在K线上，当股价加速上涨，特别是出现连续大阳线甚至连续涨停时，也即到了卖股票时机。当你发现成交量杂乱无章而单日K线振幅加大时，应卖出股票。

（4）特别事项：

①在中长期投资过程中，在对投资要点把握准确的情况下，就不要过于计较每天的涨跌幅度。否则，很难取得较大的成绩。

②关于追求买到最低点和卖到最高点的想法和做法，看似是一种进取精神，实际上是愚蠢的行为。长期投资不需要买到最低点和卖到最高点，只需要你买卖都在上升通道中。虽然有时卖出后，股票有可能还继续大涨，但风险已经加大了。别在最危险的时候赚钱。否则，一次失误，就让你难以恢复元气。

投资绩效：良好。

注意：这个方法，简单易行。比较适合有其他事业而无暇过多顾及股票的人。也适用于资金量较大，没有足够精力来驾驭短线的投资者。关键问题

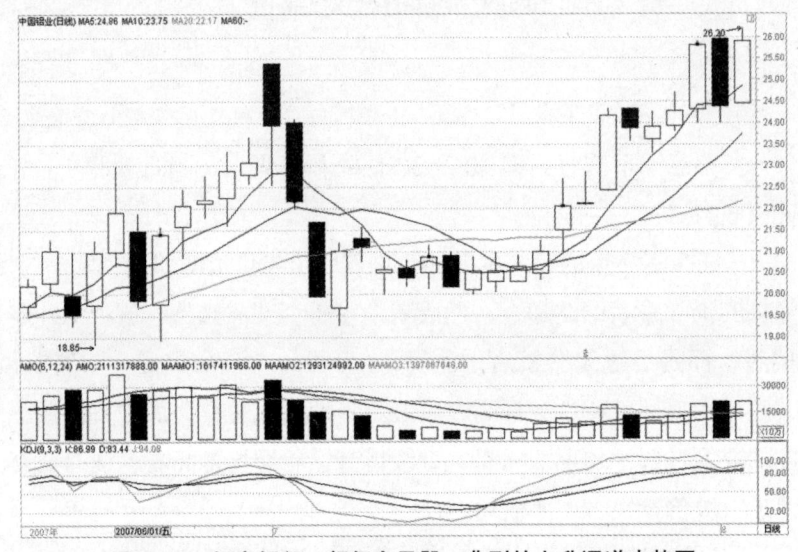

图 5-10 招商银行：超级白马股，典型的上升通道走势图

是，如何挖掘和寻找真正具有长期增长潜力的高成长类行业中的龙头上市公司（**我们前面提到的选取龙头股的办法，请投资者再次温习**）。关于超级牛股的选股方法，向您推荐《价值投资——资本的野蛮生长》一书，书中对此有系统讲述。

（三）总结

中长期投资主要是抓住上升通道类股票。这类股票的特点有如下几个：

第一，业绩持续高速增长。

第二，出现在关键行业并且在行业内属于龙头企业。

第三，上升通道期间，股价趋势温和变化，成交量都呈现出温和的放大或缩小。股价突然出现暴涨或者急跌，成交量骤然放大或缩小，都是破坏趋势的因素。

三、技巧之"随波逐流"——抓住主升浪

操作特点：波段操作

特别说明：波段操作需要的技术含量最高。有专业统计显示，波段操作是盈利最大的操作方式

要点：大盘环境良好，总体趋势向上

热点板块的搜寻

基本面和政策面的判断

势量价综合判断

各种主力派系的操盘特点

经典K线形态的运用和识别技术骗线

各种技术指标的灵活运用

案例：中国铝业（代码：601600）

时间：2007年8月2日

投入仓位：全仓

止损设定：8%

（一）分析过程

（1）2007年8月2日，大盘经过8月1日的大幅下跌170点，做空动能得到充分的释放。2日大盘高开，并沿着均线稳健爬升，预计大盘走势已经稳健。整体来看，大盘的K线图已经是突破W底的一种上扬态势，预计短期内不会有太大的震荡。这为波段操作提供了一个良好环境。

（2）经过涨幅排行和综合排行，发现铝业板块明显走强，包头铝业、南山铝业、焦作万方等股票沿着多头均线放量上涨。中国铝业作为铝业龙头，预期有更大的上涨空间。

（3）2007年央企的整体上市是市场的持久热点，带有"中国"两字的股票更是表现出强劲的走势。"中国"已经是市场追逐的焦点。加上中国大飞机计划这个重大题材，中国铝业集众多热点于一身。此外，中国铝业的背景雄厚，前景广阔。下面简单介绍一下中国铝业的大股东背景：

中国铝业的大股东为中铝集团。中国铝业是中铝集团的核心上市公司。

中铝集团是"国家授权的投资管理机构和控股公司，是中央直接管理的国有重要骨干企业"。旗下有25家企业，其中，上市公司为中国铝业（纽约、中国香港、上海三地上市）、焦作万方等，曾经的上市公司有山东铝业、兰州铝业。截至2006年底，中铝控制的铝土矿资源量为6.3亿吨，占国内全部已探明储量的一半以上。

中铝集团近来的收购和兼并气势如虹，产业整合步伐加快，体现了资源霸主雄厚的垄断实力。例如：

①吞并包头铝业。2007年7月，中国铝业董事会审议通过公司吸收合并包头铝业的预案说明书。将以新增A股股份换股吸收合并包头铝业，以中国铝业为合并完成后存续公司，包头铝业全部资产、负债和权益将进入该公司，包头铝业法人地位将被注销。换股完成后，中国铝业新增A股股份将在上证所上市。

②入主云铜集团，间接控股云南铜业。随着国际铜价高涨和国内铜需求量增加，进军铜业也成为中铝一大战略。在采矿、冶炼、加工环节中，拥有矿山资源的企业和资源量不足的铜冶炼上市公司，成为其收购目标。

2007年8月下旬，中铝公司将参与公司控股股东云南铜业集团整体合作，参与云南铜业集团的增资扩股。增资扩股完成后，中铝公司对云铜集团持股比例将为49%，进而间接控股云南铜业。

③收购加拿大秘鲁铜业公司。中铝公司于2007年8月1日完成对加拿大秘鲁铜业公司（Peru Copper Inc.）91%股份的收购。分析人士称，此举表明中铝已不满足于做全球铝业巨头，而在向"全球有色金属业老大"的宝座挺进。

秘鲁铜业公司是一家加拿大公司，在加拿大、美国和秘鲁三地上市。该公司通过与秘鲁政府所属一家国有公司签署的期权协议，在秘鲁拥有特罗莫克（Toromocho）铜矿的开发选择权。该铜矿拥有铜当量金属资源量约1200万吨，为全球拟开发建设的特大型铜矿之一。

④"染指"澳大利亚铝矿。2007年3月，中国铝业和澳大利亚昆士兰州政府就奥鲁昆铝土矿项目开发在澳大利亚昆士兰州首府签约。中铝公司计划在昆士兰州东海岸建成年产210万吨的氧化铝厂及1000万吨铝土矿山和相关设施，项目总投资约30亿澳元。至此，历时两年的奥鲁昆项目全球招标尘埃落定。中铝公司以集技术、实施和投资的综合能力，在众多国际知名大公司参与的激烈竞标中胜出。

中铝公司目前资产超过1500亿元，销售收入超过900亿元，税前利润超过200亿元。在国资委管辖的166家企业中，特别是资产规模在1000亿元以上的大企业中，中铝公司的销售收入增长率一直排列第一。

中铝的绝对优势在于控制了国内大部分铝土矿资源。中铝一方面是行业利益代言人，另一方面则是产业格局洗牌者。既坐享资源垄断带来的巨额利润，又肩负维护行业发展的责任。这决定了中铝的资本运作以做强主业、整合产业为目的。从某种意义上说，中铝是以央企身份进行着一系列代表国家产业政策意图的动作。

（4）中国铝业业绩优秀（见表5-1）。

表5-1 中国铝业业绩表

每股指标（单位）	2007-06-30	2006-12-31	2005-12-31	2004-12-31
每股收益（元）	0.5300	0.9700	0.6100	0.5500
净资产收益率（%）	23.3100	26.6280	21.7544	23.0400
净利润（万元）	639664.10	1132895.60	678278.90	605272.20

公司的每股收益每年都保持稳定的较快的增长，净利润和净资产收益率更是逐年提高，呈现出加速发展的态势。其市盈率只有20倍，从其成长性来看，价值低估，具有非常大的安全系数。

（5）从K线图上看，中国铝业自2007年4月30日上市以来，一直小幅攀升，每日换手频繁，成交量巨大，显示有实力资金在积极建仓。自7月3日起，该股经过了强势调整，成交量缩小到地量，证明这是主力的洗盘行为，而不是真正的下跌。7月20日后，成交量温和放大，价格开始攀升，短中长期均线形成一个三角形价"托"，呈现出完全多头排列状态，暗示股价一触即发。

（6）十大流通股股东情况（见表5-2）和机构建仓情况（见表5-3）如下。

表5-2 中国铝业十大流通股股东情况

截止日期：2007-06-30　　股东总户数：271331

股东名称	持股数（万股）	占流通股比（%）	股东性质	增减情况（万股）
香港中央结算	305590.60	77.48 H股	公司	新进
美铝亚洲有限公司	88420.78	22.42 H股	公司	新进
邓普顿基金管理有限公司	71026.70	18.01 H股	QFII	新进
JP Morgan Chase & Co.	30077.00	7.63 H股	公司	新进
社保基金	1600.00	1.39 A股	公司	新进
华宝先进证券投资基金	880.00	0.77 A股	基金	新进
上投摩根先锋证券投资基金	737.81	0.64 A股	基金	新进
山西铝厂	714.03	0.62 A股	公司	新进
博时裕富证券投资基金	709.67	0.62 A股	基金	新进
嘉实沪深300指数证券投资基金	677.87	0.59 A股	基金	新进

表5-3 对中国铝业机构建仓情况

股东名称	持股数（万股）	占流通股比（%）	股东性质	增减情况（万股）
华宝先进证券投资基金	880.00	0.77	基金	880.00
上投摩根先锋证券投资基金	737.81	0.64	基金	737.81
博时裕富证券投资基金	709.67	0.62	基金	709.67
嘉实沪深300指数证券投资基金	677.87	0.59	基金	677.87
国投瑞银核心企业股票型证券投资基金	652.00	0.57	基金	652.00
大成沪深300指数证券投资基金	647.72	0.56	基金	647.72
上证50交易型开放式指数证券投资基金	595.50	0.52	基金	595.50
宝康灵活配置证券投资基金	580.00	0.51	基金	580.00
兴业趋势投资混合型证券投资基金	348.79	0.30	基金	348.79
易方达策略成长证券投资基金	300.00	0.26	基金	300.00
中海分红增利混合型证券投资基金	222.99	0.19	基金	222.99
中海能源策略混合型证券投资基金	203.78	0.18	基金	203.78
南方成分精选股票型证券投资基金	200.00	0.17	基金	200.00
博时主题行业股票证券投资基金	200.00	0.17	基金	200.00
德盛小盘精选证券投资基金	183.00	0.16	基金	183.00
易方达平稳增长证券投资基金	170.00	0.15	基金	170.00
融通巨潮100指数证券投资基金	155.22	0.14	基金	155.22
长盛中证100指数证券投资基金	140.00	0.12	基金	140.00
长城久泰中信标普300指数证券投资基金	58.98	0.05	基金	58.98
兴和证券投资基金	54.08	0.05	基金	54.08
上证180交易型开放式指数证券投资基金	50.87	0.04	基金	50.87
国泰金鹿保本增值混合证券投资基金	40.00	0.03	基金	40.00
万家180指数证券投资基金	38.42	0.03	基金	38.42
光大保德信红利股票型证券投资基金	36.00	0.03	基金	36.00
诺安股票证券投资基金	15.53	0.01	基金	15.53
普丰证券投资基金	10.00	0.01	基金	10.00
上投摩根阿尔法股票型证券投资基金	0.02	0.00	基金	0.02

　　从上面两张表可以看出，各大实力资金机构，都积极建仓和追加，没有一家减持股份，表明所有的机构都一致看好该股，做多力量极其充足。特别

是该股汇集了众多非常知名的投资机构和基金公司，它们的实力非常雄厚，投资效益非常好。比如上投摩根、博时、嘉实、大成、易方达等基金管理公司，这些基金的特点有的是稳健增值型，有的是积极成长型，可见该股具备稳健和积极成长两重特点。

（二）操作过程

8月2日，经过昨日大盘下跌影响而该股股价也下调6个点位左右，买入成本有一定的降低。上午9：48，分时走势线获得均线支持开始显现出发力上攻的态势，果断买入，成交均价24.99元。

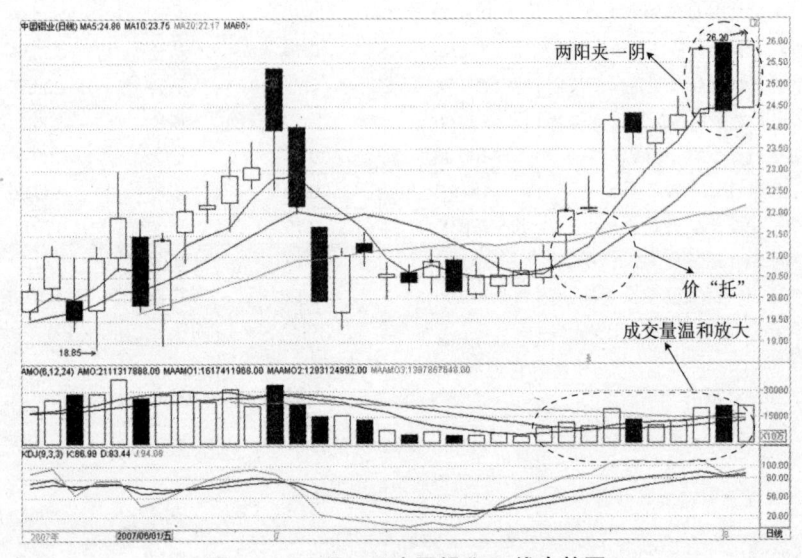

图5-11　8月2日中国铝业K线走势图

准确的技术分析具有强大的力量，股价一连几天大涨，账面上的盈利不断增加。接下来就是等待卖出时机的到来。但中途有些主力的骗线，如果不能正确解读，往往会提早卖出，从而大幅削减利润。

第一次是8月7日，股价在11：04摸至涨停，但没有封住，而是突然掉头向下，然后维持在高位震荡。但到了下午2：30，股价开始迅速跳水，最终当日收了一根带上下影线阳线，即螺旋桨。经过分析测算，认为这是调

第五章 经典买卖技巧（实战案例）

整而不会急跌，而会倾向于多收几根小阴线或者横盘整理。股价刚刚脱离主力的成本区，主力这么做是为了吓出散盘，为拉升扫清道路。继续持有！8月8日，股价小幅低开，然后平行震荡，至下午2：35，发现有大单买入迹象，股价也开始拉升。确认了当初（8月7日）的判断。

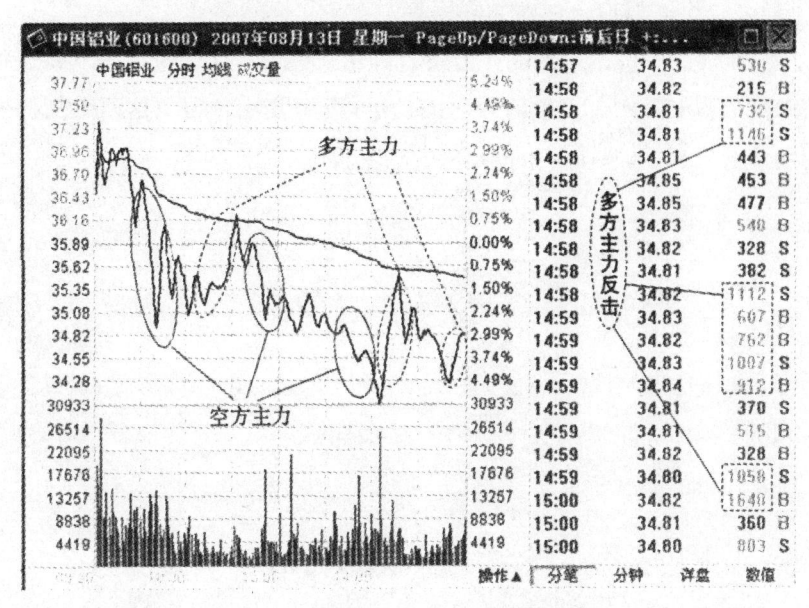

图5-12 中国铝业8月13日分时走势图

第二次是8月13日，当日股价震荡下跌，成交量巨大，换手达到11.53%，特别是在连续几日的大涨之后出现，颇有意味。分析认为：此时价位相对已经到高位，主力之间也发生了多空分歧。这是从分时走势里读出来的（**读分时盘的能力技巧请参阅本书第三章**）。在开盘后股价先是上冲，而后是大单散落，密集抛售，导致股价大幅下挫。但也有大的承接单，是多方主力所为，盘中发动过精彩的反击。之间散户的单子非常少，这从单笔成交就能看出。既然是多空双方主力发生激烈争夺，那么，我们最好坐山观虎斗，等到看出明显的力量悬殊来，我们再作决定。

接下来，接近一周时间，股价都维持在34元左右，但多方明显力量加大，重心不断上移，成交量也加大（**其实，在这个敏感的价位，此时已做好**

— 195 —

了随时卖出的准备，只要空方占优或者迟迟盘整浪费时间就会选择卖出），继续谨慎持有。

　　经过股价趋势线的测量和计算，预计股价不会超过 50 元，所以考虑，当股价滞涨缩量时果断抛出。但股价令人惊奇地连续 3 日大涨，并且有两日连续涨停。这个时候应该注意力高度集中，防止突然盘变。

　　8 月 29 日，股价迅速冲高，但没有到达涨停价，又迅速掉头下跌跌破均线。KDJ 高位出现 M 头卖出信号，RSI 出现死叉卖出预警（**这两个指标的合理运用**），10∶51 迅速挂单市价卖出，成交价 57 元。

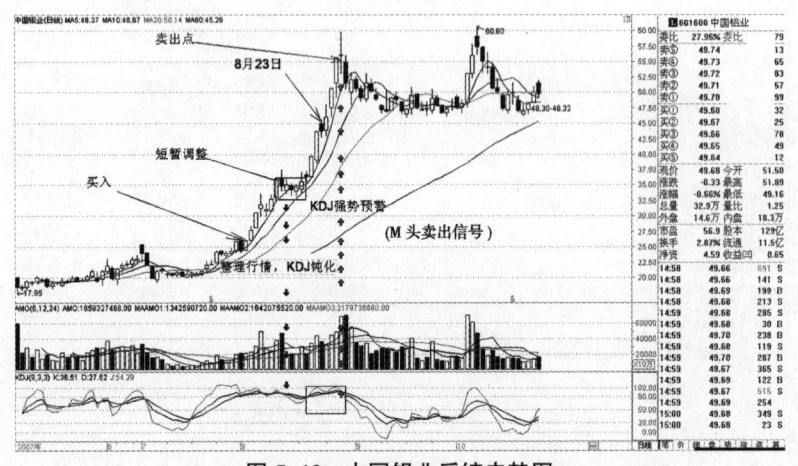

图 5-13　中国铝业后续走势图

　　一场高度紧张的波段操作至此结束。股价当日收了一颗长十字星，成交量创历史新高（**高位长十字星＋天量＝股价要下跌**）。次日开始强势调整，虽然没有造成大跌，但是，波段操作讲究时间效率，不会长久地等待调整，更不可能冒巨大的风险干获利可能极小的事情。

　　最终结果是，历时 20 个交易日，盈利 120%。

　　投资绩效：优。

　　注意：波段操作的核心是避免调整，只抓主升浪。因为主升浪是获利最大和最快的特殊阶段。目前，国内最顶尖的操盘手都是以波段操作为主。

（三）总结

抓住主升浪的核心关键有如下几点：

第一，主力前期有充分的建仓，换手较大，而股价没有经过大涨。

第二，均线系统的多头排列和从黏合到发散的把握。K线走势的斜率和股价上涨速度一般成正比，所以斜率越大越好。

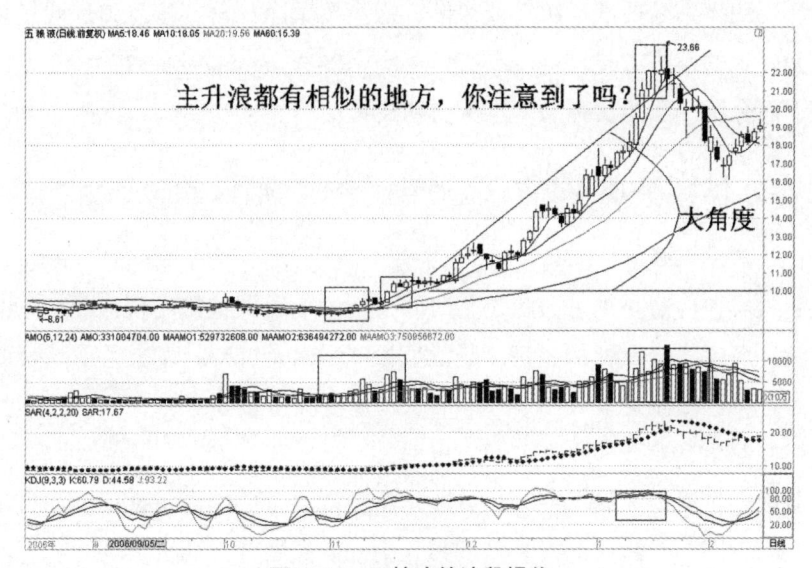

图5-14 五粮液的波段操作

第三，在买入时更多参考SAR等长线指标，在卖出时更多参考RSI和KDJ等指标。这样可以尽可能地增加安全系数和扩大盈利空间。另外注意，指标在横盘时钝化，则需要按照前面学到的指标钝化时的处理方法科学处理，并结合盘中细节综合作出操作决定。

第四，该股要有优秀的基本面，以及主力的特殊关照和非常丰富的题材。

第五，盘面的准确解读。

第六，在买入时同时设定好随时逃跑价位，这个价位随着股价的上升而不断上调。避免过多调整，波段做成长线。

四、技巧之绝地反击——关于抢反弹

首先声明，在你还没有对各种技术分析娴熟运用，对盘面动向有理性的认识之前，不宜抢反弹。因为，这是个高风险，但不一定有高收益的活。要求手法要快，判断要准，决策要果断，撤离要干净利落。抢反弹一般是超级短线爱好者的操作方式。

下面介绍一下抢反弹的基本方法和技巧。

（一）抢反弹前的准备

1. 选股看股性

超跌反弹行情是因为大盘调整时间过长和个股调整幅度较深而产生的反弹行情。所以，抢反弹的关键不是价值投资，而是纯粹技术操作。这就要求选股一定要选择流通盘较小、股性活跃的投机类个股。

2. 观察前期股票跌幅

股市中，反弹无处不在，但并非是反弹都要抢。因为每次反弹的力度不同，空间不同。暴跌后的报复性反弹和阴跌后期的背离期可参与，因为跌得猛，反弹的力度才大；跌得越深，反弹得越高。阴跌的反弹空间和时间的不确定性很大，较难判断，缺乏可操作的空间。

3. 反弹也要抢热点

既是反弹，持续时间一定不会很长，空间亦有限，所以抢反弹要参与反弹行情中明显的热点，热点板块容易激发人气，力度大，也有一定的题材，主力往往把这类板块作为激发人气的工具。热点个股的涨升力度通常较强，只有把握住这类个股，才能真正赢得反弹的获利机会。这类热点一般出现在暴跌前的热点板块，这类板块的反弹最具风险性和诱惑性。前期没怎么表现的板块如果率先反弹则要高度重视，可能是真正能参与的品种。要注意不能选择成交量过于稀少的冷门股，以免因为买卖不方便，导致操作失误。

4. K 线周期要使用 5 分钟 K 线图

指标选择活性指标，如 KDJ、RSI、PSY 和 CCI。

（二）买入技巧

买入一定要谨慎把握好时机。抢反弹过早，前景不明，往往造成套牢；抢反弹过迟，往往会错过稍纵即逝的买入价位，抬高了成本，从而失去盈利机会。抢反弹应坚持不追高的操作原则，因为抢反弹具有一定不确定性的风险因素，盲目追高容易使自己陷入被动的境地，逢低买入一些暴跌过后的超跌股，可以使自己掌握进出自由的主动权。

具体方法是：看到日 K 线图，如果股价经过了深度下跌，其 RSI 指标和 KDJ 指标必然非常弱。PSY 指标值处于 25 以下。同时关注 5 分钟 K 线图，采用 RSI 指标和 KDJ 指标辅助寻找最佳买点。

（三）卖出的技巧

投资者常常被反弹疾风骤雨式的拉升所迷惑，误判为是新一轮启动。历史上虽然有过反弹最终演化为反转的先例，但出现的概率很小，往往需要市场环境的多方面因素配合才行。绝大多数报复性反弹会在某一重要位置遇阻

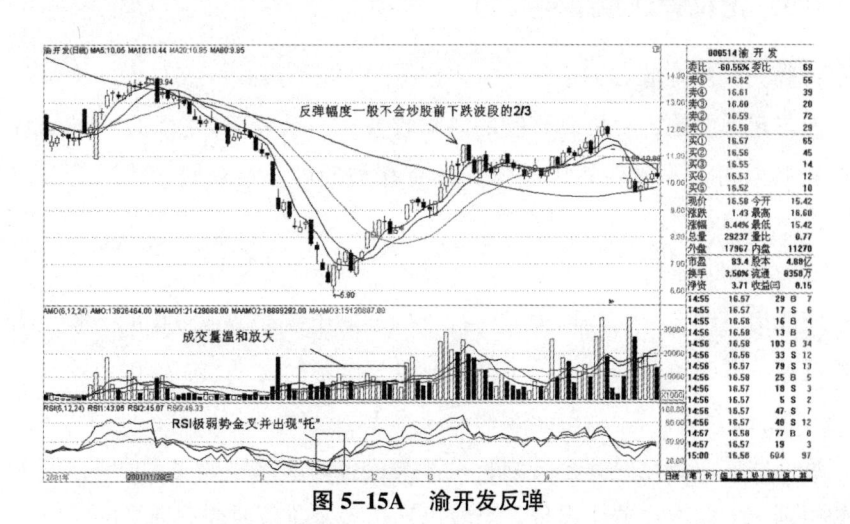

图 5-15A　渝开发反弹

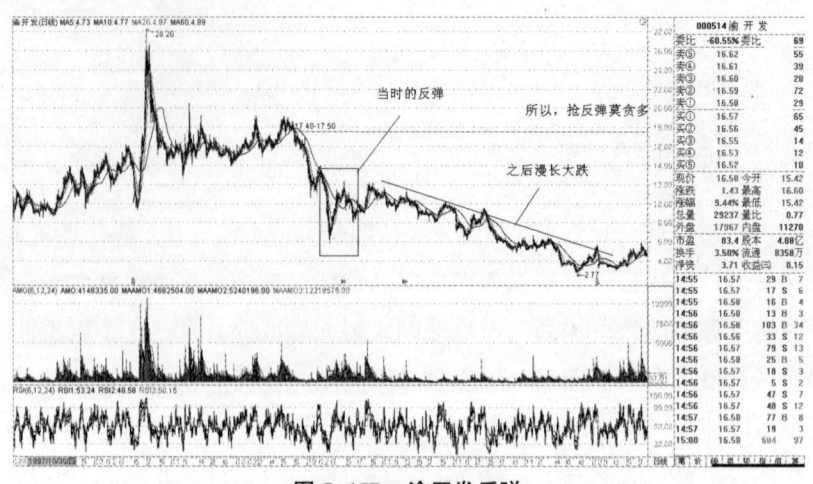

图 5-15B 渝开发反弹

回落，当反弹接近阻力位时，要提高警惕，踏空的投资者不能随意追涨，获利的投资者要及时获利了结。

参与这类反弹行情不能期望一次性地追求收益过高，而是要从多只个股的薄利来不断累积利润。所以要加快操作节奏，做到快进快出，适时地获利了结。

（四）抢反弹注意事项

1. 权衡风险与收益关系

参与反弹之前，要估算该股的风险收益，当个股反弹的风险非常大而收益非常有限时，不能轻易抢反弹，只有在预期收益可观时，才适合冒险抢反弹。

2. 把握好趋势

当股市下跌趋势已经形成或运行于标准的下跌趋势通道中时，投资者不宜抢反弹，此时抢反弹，无异于火中取栗、得不偿失。

3. 设置止损价位，做好止损的心理准备

反弹并非市场已经完全转强，在参与反弹时应该坚持安全第一、盈利第二的原则，一定要设置止损位，当股价到达预定价位时应立即果断卖出。

4. 不宜满仓操作

在弱市中抢反弹，要根据市场环境因素，选择适当的资金投入比例，贸然重仓或满仓参与反弹，是不合时宜的，一旦研判失误，将损失巨大。

5. 以市场为导向，而不是以期望为导向

抢反弹应根据市场情况随机应变，当趋势向好时，即使获利丰厚也可以继续等待；而反弹的上升趋势受阻时，即使获利微薄或浅套也要坚决清仓出货，不能让盈利预期束缚自己。

6. 操作要果断迅速

由于超跌反弹行情的买卖时机稍纵即逝，所以投资者买入和卖出时要果断，优柔寡断是参与反弹行情的大忌。如果在抢反弹时出现失误，一定要斩钉截铁地卖出，千万不能将主动性抢反弹操作演变成被动性的中线或长线捂股。

五、技巧之"亡羊补牢"——解套战术

实际上，本没有被套一说。股市中只有盈利和亏损。所谓被套，本质是亏损。只不过，从股民的心理上来讲，我不卖，就相当于还没有定论是否亏损。被套的说法比亏损更能带来心理安慰。基于这种现象的普遍存在，所以才有这段内容。无论如何，股民的被套都是一种问题。所以，这里特别为您讲述如何避免被套和被套后的解套策略。

1. 避免套牢的策略

（1）确定买入的理由是否充分。在买入前要思考如下问题：为什么买入这只股票？持有方式是短线、中线还是长线？买入这只股票预期收益多大？买入这只股票如不升反跌，跌多少准备认赔出局？只有对这些问题经过全面评估，才决定投入适当的仓位，做好充分准备。这样投资起股票来就不会显得盲目和被动，即使套牢也能够冷静处理。

（2）避免大涨之后买入。经过大量分析发现，股民被套多数是因为盲目

追高。所以要注意避免长期上涨后成交量突然放出巨量时买入。

避免长期上涨之后，公布市场早已预期的重大利好消息之后买入。

避免上涨一段时间后，日 K 线出现长十字星之后买入。

避免上涨一段时间后，日 K 线出现了 3 个跳空缺口后买入。

（3）设立止损价格。凡是出现巨大的亏损的，都是由于入市的时候没有设立止损点。而设立了止损点到时果断执行的，均不会出现大幅亏损。当发觉自己买入的股价处于上升很长一段时间的高价位，应及时果断认赔卖出，减少损失。投机市场不怕犯错，只怕投资者明知犯错，不肯认错，拖延等待股价回升，结果导致股价越跌越低，亏损越来越大。在实战中，很多股民朋友都知道要在高位果断认赔出局，规避更大的下跌风险，但怎样制定认赔价位呢？也就是股民朋友常说的"如何割肉"。认赔的卖出价位的确定，有以下几点值得参考：

①股价跌破前一个交易日的中间价位，反映短期卖出人数增多；

②股价跌破前一个交易日的最低价位，反映短期卖方力量强大；

③股价跌破 5 日移动平均线的所处位置；

④股价跌破前期的股价整理平台的下限价位；

⑤股价跌破前期的震荡收敛形成的三角形底边。

设立认赔价位是高超的技术问题，一般可以机械地制定自己的认赔率，如定下 8%或 10%或 12%便果断出局。控制风险，及时勇于认赔，化长痛为短痛，是解除高位套牢的有效方法之一。

不少股民朋友在高位认赔卖出股票后，反败为胜心切，马上又报复性地、不经任何研究地买入另一些股票，往往再一次被套牢。既然在高位卖出，股价必须有下跌的空间与时间。这时要克制自己急于"赚回本钱"的急躁心理，耐心等待下次入市的良机。

（4）避免放量下跌。特别是放量下跌出现在股价的高位。主力重仓股票绝对不应该有巨大的成交量，如果出现，多为主力出货。因此，应对任何情况下的突然放量都要谨慎。

（5）避免大阴线。无论是大盘还是个股，如果发现跌破了关键支撑位，都必须加以警惕！如果是本来走势不错的个股，一旦出现大阴线可能引发中线持仓者的恐慌，并大量抛售。如果主力无力支撑股价，必然会跌下去，甚至主力也会借机出货。所以，无论在哪种情况下，见了大阴线就应该警惕，破位时随时准备出货。踏踏实实地研究好几个重要的技术指标，比如，我们为你传授的几个指标，要熟练运用。只有把各种重要的技术指标研究透彻了，才能更好地把握行情走势。一旦发现行情破了关键的支撑，果断撤离。

（6）不买自己不熟悉的垃圾股。在下决定买入某只股票之前要先分析一下该股的基本面，防止基本面突然出现变化，而造成市场的恐慌抛售。这种突发的利空可以把你永久套住。

（7）基本面分析的结论要用技术面来验证。股票有良好的基本面，但如果当时有巨大的恐慌抛售，趋势和形态恶化也会导致股价下跌。比如，你要分析的一只股票非常有潜力，各种分析的结论是该股的业绩将来会大幅增加，而与此同时，该股在较低价位时放量（但不下跌），才会验证这个结论。因为，放量说明有先知先觉的资金，特别是主力已经开始建仓。这就验证了利好的可靠性。相反，如果一只股票一直是市场关注的明星股，但技术形态或者技术指标严重恶化，甚至发出强烈预警，再好的基本面也是没有保障的。因为，股市中公布消息的速度永远没有股价的变动速度快。

只有上涨的股票才是好股票，下跌的股票全部是坏股票。所以对任何股票都不能太执着。

（8）不要听信小道消息。关于庄家的消息，如建仓或者拉升抑或出货之类的消息，千万不能信。很简单的一个道理：主力告诉你他在建仓，你们都去买了，他还建什么仓？他乐意让自己的成本太高吗？告诉你他在出货，他的货出给谁？你以为你的智商会高过主力吗？主力投入巨资请教数学专家运算，请教金融专家预测，行程数万公里历时数月调查研究，他会为你免费服务吗？在股市中最吸引人的都是陷阱。所以老老实实地学习各种分析知识，比你听消息可靠一万倍。

2. 解套的策略和技巧

股票解套，主要有两种类型，那就是自动解套和主动解套。

自动解套就是股票被套后束之高阁，短线解不了套就做中线，中线解不了套就做长线。被动地等着大盘走好，把股票价格带上来解套。这种方法不需要智商和技巧，需要的只是时间。股语戏称："爷爷等不到解套就让爸爸等，爸爸等不到就让孙子等。"自动解套如果遇到大行情会有解套的机会。但如果遇到灾难性的行情，再加上该股存在问题的话，则"孙子也要委托后人来等待解套了"。

主动解套是运用智力和技巧来主动解放被套个股的一种积极的方法。主要有以下几种：

（1）做空差价法。股票被套后，等反弹到一定的高度，估计见短线高点了，先卖出，待其下跌一段后再买回。通过这样不断地高卖低买来降低股票的成本，最后等总资金补回了亏损，完成解套，或有盈利，再全部卖出。使用该方法需要注意：

做空策略就是在大盘持续下跌过程中，将手中被套的股票先卖出，等大盘下跌一段时间后，再逢低买回的一种操作技巧。这种方法可以有效降低被套的损失，为将来的解套打下坚实的基础。做空的最根本前提条件是：对市场整体趋势的研判。只有在大盘呈现出明显的下跌趋势时，才可以应用做空策略。

（2）高抛低吸法。股票被套后，先在相对高点卖出股票，等到下降到一定的低位估计又要反弹时买入，等反弹到一定的高度就卖出。通过这样来回操作几次，降低股票的成本，弥补了亏损，完成解套。

（3）单日 T+0 法。具体办法是当日高位卖出股票，低位买入同等数量的股票，反复几次可以有效地降低成本。使用这种方法时需要注意：

能够非常熟悉个股股性和市场规律；必须有充分看盘的时间和条件，有一定短线操作经验和快速的盘中应变能力；分析决策买入卖出必须要快；切记不能贪心，一旦有所获利且股价上行受阻，立刻就落"袋"为安。这种操作事先不制定具体盈利目标，只以获取盘中震荡差价利润为操作目标。

（4）换股法。手中的股票被套牢后处于弱势状态，仍有下跌空间时，如果准确地判断另一只股票的后市上涨空间大，走势必将强于自己手中的品种，可以果断换股，以新买品种的盈利抵消前者的损失。换股策略适用于牛市初期。在下跌趋势中换股只会加大亏损面，换股策略只适用于上涨趋势中。将手中的亏损股适时卖出，选择主流的板块和"领头羊"的个股逢低吸纳。投资者只有根据市场环境和热点的不断转换，及时地更新投资组合，才能在牛市行情中及早解套并取得超越大盘的收益。那么，什么样的股票才有可能成为强势股票呢？我们应该换成什么股票呢？那就需要你参考我们前面讲到的选股技巧，综合运用这些技巧选出的股票都可以作为你的换股对象。

（5）半仓滚动操作法。具体同高抛低吸，但不是全仓进出，而是半仓进出。这样一次解决不了的目标，可以分成多次解决，这样比较容易顺利实现预定目标。如果前期亏损较大，试图一次性完全解套获利，不仅希望不大，还有可能遭遇不必要的风险。多次半仓轮动操作，将扭亏操作分成多次交易完成，反复运用波段操作或者充分利用被套股票进行高抛低吸，不断降低持仓成本，直至最终达到扭亏为盈的目标。

（6）补仓法。当买入的价位不高，或对将来的大盘坚定看好时，可以选用摊平的技巧，降低平均成本，等到价格达到平均成本以上，就可以解套和反败为胜。由于普通投资者资金量有限，很难经受住多次补仓，所以补仓的时机是至关重要的。补仓仅适用于在市场趋势真正见底后使用，千万不能过早地在大盘下跌趋势中补仓，以免非但不能解套，反而加重资金负担。具体的补仓技巧如下：

①轻度被套不补仓。轻度被套不用补仓，因为盘中较大的震荡都可以为解套提供机会。只有深度被套，才可以考虑补仓，后市进一步下跌的空间已经相对缩小。

②大盘向好时补仓。大盘处于下跌通道中或中继反弹时都不能补仓，股指进一步下跌时，大多数个股会受影响下跌。补仓的最佳时机是在大盘位于相对低位或刚刚向上反转时。这时上涨的潜力巨大，下跌的可能最小，给个股反弹提供了较稳妥的环境，补仓较为安全。

③只补强势股。有些股票大盘涨它不涨，大盘跌它跟着跌，这种股票不可以补。补仓的目的是希望用后来补仓股的盈利弥补前面被套股的损失。如

果自己的股票是强势股，只是暂时被套，可以选择补仓。但如果是弱势股，却不必补原来被套的品种。补仓补什么品种不是关键，关键是补仓的品种要取得最大的盈利，这才是要重点考虑的。所以，补仓要补就补强势股，不能补弱势股。

④把握好补仓的时机，力求一次成功。千万不能分段补仓、逐级补仓。首先，普通投资者的资金有限，无法经受得起多次摊平操作。其次，补仓是对前一次错误买入行为的弥补，它本身就不应该再成为第二次错误的交易。逐级补仓是在加重错误，越买越套，越套越买，最终无法自拔。

⑤被套股没有任何财务问题，公司运营良好，技术上也没有破关键中期趋势线或均线，且有止跌回稳的迹象，方可补仓。

⑥补仓时向上摊平而不是向下摊平。即在个股真正反弹时补仓，才能用后面的补仓收益弥补前面的损失。否则，向下补仓，趋势继续下行，只能越补越亏。

关于解套和补仓，实际上只是解决亏损的问题。我们后面会讲到一套万能的办法，可以让你完全避免这些恼人的问题。让你的操作简单化、系统化、科学化、效益化、轻松化。

郑重声明：

更多的买卖技巧参阅我们的另一本书《波段是金》。此书是我们内部操盘的绝密资料，不料一时疏忽，被不法者攫取了一部分，在网络上和黑市上以每份数万元的高价销售（更有"聪明"者在获取一小部分残缺资料后出版了书籍，成了市场上著名的畅销书，被很多职业投资者奉为经典）。由于这是一个完整的操作系统，不法者提供的只是只言片语，让你付出高价不说，更有可能由于不完整的操作而造成重大的损失。对于我们来讲，如果你由于阅读了那些资料而没有获取丰厚的收益甚至亏损，传到实力资金机构那里，会有损我们的声誉。所以，我们整理出版了这本书。当然，我们也相信，绝大多数的人是难以理解这本书的。我们培养操盘手需要的时间至少是2年。你能自学而通达，我们基本上表示不可能。建议有兴趣和有能力的读者不要错过此书。

插曲：神秘和传奇背后的辛酸
——私募操盘手的酒后真言

（1）如果股指除了下跌还是下跌，那么你肯定是在熊市中。

（2）一旦我们对一只股票或者板块取得了控制，你一定要心中有数。散户可是不明白这一点的。

（3）如果馊主意管用，那就是好主意。

（4）别出头，否则会把市场的吸引力引到你身上。

（5）如果我们还没建完仓，股价就势如破竹，那就是说我们进入了圈套。

（6）任何设想得天衣无缝的操盘方案，都经不起一场实战的检验。

（7）如果对手处在你的控制范围之内，那么就是说，你也处在对手的控制范围之内。

（8）职业股评家或者专家的行为是可以预料的，但这里充满着半吊子的专家。

（9）你的对手会在两种情况下操作：他准备好了和你没有准备。

（10）约定的时间和价格，往往不在约定的时间和价格进行操作。

（11）在股市上，轻松的捷径总是布满陷阱。

（12）千万不要脱离市场热点，否则没人替你当证监会的靶子。

（13）在你还没来得及出货的时候，比对手更精彩的抛盘只能是来自我们这一边的人瞒着大伙偷偷干的。

（14）需要配合使用的资金是肯定不会同时到位的。

（15）在股市中，运气是不会永远在你这一边的。

（16）在熊市开始的时候，操作的信条是：不管三七二十一先抛光手中的股票，再说下一步如何做。

（17）你需要的数据是手头上没有的数据。

（18）如果你不知道该采取什么样的行动，那么你先睡上一觉，因为不动最好。

(19) 当别人都晕头转向时，你却保持清醒，多半是你错误地估计了形势。

(20) 在股市中，没有比说得头头是道的专家更加可怕的了，有时他们是在狂叫。

(21) 需要知道的只有两个数字，盈利或者亏损。

(22) 在股市中，最大的幸福莫过于熊市开始的时候抛空股票。

(23) 一个操盘手还很想操盘，那就说明他还没有好好输过。

第六章　股民常见投资失误及其应对方案

> **导学**
>
> 在本章，我们重点对一些投资者常见的投资失误做一些点评，并在最后给出一剂猛药，彻底纠正这一系列错误。这就是一套科学的操作理念和正确的资金管理方法。

一、股民常见错误

如果把所有的错误都关在门外的话，真理也要被关在门外了。

——泰戈尔

每个人都有错，但只有愚者才会执迷不悟。

——西塞罗

每个人都会犯错误，如果让错误形成了习惯，则会让你难以进步和成功。但是也不要惧怕错误，我们只要从错误中吸取教训，积极改正，就能不断进步和走向成功。下面我们对一些典型的投资者常犯的错误，作一下总结，希望投资者能够在实战中自觉避免。

（一）忽略风险地追涨

这种情况多数出现在牛市中入市的人。胆大但心不细，艺不精。2007年最有轰动效应的非*ST金泰莫属，连续42个交易日涨停，股价上涨了7倍。有个投资者看到*ST金泰涨停似乎太轻松了，于是就在第32个涨停板打开时买进，到第35个交易日的时候，见涨停打开，还有点警觉，卖了，赚了15%。但股价似乎没有影响，直接又发力一直拉涨停。之后挂涨停也难以买到了，他就一直死盯着这只股票。果然，机会来了，第42个涨停的时候，他以全部资金挂了涨停买入，涨停被打开后直接成交。可是股价却突然变脸，3分钟之内大单直接从高空砸到跌停。跑的机会都没有，之后又连续遭遇了7个跌停，亏得他吐血。历史上最有名的上涨和下跌都让他摊上了。他就是属于只顾利益，忽略了风险的危险做法。投资者犯这种错误是因为对他来讲，对比风险，利益的诱惑作用更大。

只要你仔细观察，你就会发现，你的四周出现这种情况的不是少数。虽然这么经典的行情没有摊上，但是忽略风险地追高买入而被套的，绝不是个别现象。所以，在任何行情下，都要对风险提高警惕。追涨可以，但要有安全系数。读到此处的投资者，你得到了我们的提示，但你会不会在以后的投资中也犯这样的错误呢？

（二）选股有问题

选股问题主要体现在以下几点：

（1）买入低价票。据一项统计表明，市场的大牛股97%不会产生在低价股中。你何必花钱、花时间去干那个概率极小的事情呢？很多人认为低价股不可能再跌了，而且上涨空间非常大，这是可笑和幼稚的想法。比如，你买的股票只有5元，它只需要轻轻跌2元，你的资金就会亏损40%。无论多么便宜的股票，也改变不了你亏损40%的事实。你要做的事情是让股票涨，而不是看它是否便宜。

（2）选择二线股票而非龙头股。在一个行业板块中，一般龙头股涨幅最大，同时，有可能对应的市盈率也越高。而很多人以为，龙头股已经涨幅过高，就放弃龙头股，而选择了二线股票甚至垃圾股。事实上，在绝大多数行情中，龙头股的涨幅最大，是行业领涨股。二线股票只能让你有二线的收益。

（3）过度看重公司的分红。分红主要有现金、红股等方式。如果是红股，情况要好一些。表明公司珍惜任何一分钱，并把它积极投入到扩大规模和新产品研发等方面，而把利益继续转化成股份送给股东。但如果是高比例送现金，倒未必是好事。高比例送现金表明公司没有把资本充分运用到投资中去，有资金运作不充分、效率不高的嫌疑。当然，这也并不是一点好处都没有，只是从长远来看，持有理由不充分。但短期是有非常强烈地刺激股价的作用的。一般情况，股票前期的涨幅会大于股票实际分配现金收益，所以，短线最妙的办法是在得知高比例分配现金的消息时，提前买入，等到分红临近卖出。

（4）买股票选择范围有局限。比如，你是一个医生，对抗生素比较熟悉，你就更倾向于选择生产抗生素的医药股，而其他的都不管。诚然，由于你的专业，你对抗生素医药企业或许更加熟悉一些，但如果医药板块处在一个非常不利的走势时期，或者你熟悉的抗生素类企业效益不好而财务困难，那么你就有可能为你的选股局限而遭遇麻烦：好像别人的股票都在涨，只有你的不涨。

所以，选股应该把范围扩大，选择绩优成长股。

以上几点是典型的选股失误，应该坚决避免。而正确的选股方法，参阅我们第四章的选股方法。实际上，你不必刻意来避免这些问题，只需要牢记我们的选股准则，就可以避免这样的问题。

（三）急功近利

股市和其他市场一样，只有心胸广阔、勤奋实干的人才能成功。太急功近利，想一夜暴富，而又不愿意下苦功夫学习必要的投资技能和做好充分的准备，只能以失败告终。

急功近利者往往在操作上胡乱交易，不知所措，这山看着那山高，结果最终看到自己错过了很多超级大牛股,还懊恼这本来是自己的别墅钱。股票赚钱是每个投资者的最大心愿,但不下功夫、不讲策略地操作,只能适得其反。因为他们的能力和方法不能实现其愿望。你要清楚自己的情况,在投资前心中有数:我对这只股票有相当大的把握,原因是我对它的公司情况和K线走势做过详细的研究。这个研究不限于券商提供的历史资料,而是我自己收集的实时资料和亲自访问,这花了我一个星期甚至更长的时间。而不是我看了电视上的某个分析师今天早上推荐的,自己看了不到半小时就觉得可以,就买进了。

(四) 忽略交易成本

有许多人本身没有几天好好研究过技术,反而以短线侠客自居,在操作中,纯粹以超短线为主,完全忽略交易成本。这样做的结果是,只为国家交了印花税,为证券公司交了佣金。而实际上超级短线如果作为首要的投资方式,长期很难赚到大钱。当然,在超级行情的时候,果断出击,偶尔玩点超短线也未尝不可,但这种机会总是有限的。交易成本不只包括费用成本,也包括时间成本。如果是波段操作者,买入以后持有一只股票,哪怕是涨1%,也是涨了,是净赚。但如果是超短线,则1%就不值得交易,这样就错过了很多时间成本,积少成多就非常可观。假如几天都没有很好的买入时机,那么这段时间岂不是白白浪费。

(五) 过度投机

很多投资者把权证当作主要的投资工具,并且还要把股指期货作为主要的投资工具,意图通过自己的投机活动实现快速发财。但据一项200年来的历史统计表明,在房产、黄金、外汇、期货、股票和债券中,符合收益增长率最高的是股票。这表明,其他的投机工具从长期来讲,都没有股票的收益率高。而股票投资中,稳健操作者的成绩最出色。

（六）爱占小便宜

这是心胸狭窄、小肚鸡肠的做法。看看你身边的人，是否有这种情况：

（1）买入了某一只股票，本来赚了钱，结果为了节省"高额"的手续费，而导致到手的利润没了，还要倒贴本钱。

（2）现在很多证券公司都搞促销。比如，大户室，只要交易手续费达到一定的数量，营业部会提供免费的午餐餐券。于是，有的大户特别是女士为了拿到午餐餐券而随意交易，买入某些垃圾股票。5元一张的午餐餐券拿到了，可股票行情不好，股票大跌，一天少则损失几万元，多则损失几十万元不等。小学生都知道5元和5万元哪个大。

我们为什么强调人要心胸广阔，因为这确实是极其重要的。想要有大成功的人，就不要为了小节改变决策。

（七）心理素质差

炒股要有能输得起的勇气。如果心理素质差，就不要到股市来，股市有风险。

我曾见过一位大姐买股票时手都发抖，买入股票后，一旦行情出现波动，就开始心惊胆战、坐立不安。有一次股票大跌，她由于过度紧张吓出病来，在医院待了一星期。所以，心理素质不好的，建议不要炒股，因为，股票中的风险是谁也无法回避的。心理素质差很容易在操作上犯更多低级错误。所以，乐观是投资者必需的素质。

其实，心理素质差也有一些必然的原因，就是这些人的资金量比较小，甚至有可能是生活费、养老费或孩子的学费。对于这些人，我们衷心地建议您离开股市。不要拿买房子的钱和孩子下半年的学费来炒股。

（八）犹豫不决

其实，股民中有很多高手，他们准确地预测到了某只股票要涨，而且是大涨，并把它重点选出。可到了该下手的时候，他又不知道如何是好，是不是该买。于是，推荐旁边的股友买。股友一听，觉得对，就直接买进了。不多时间，该股票大涨，股友大赚一笔，而自己却临时买了其他垃圾股票。等两个人在一起聊天时才得知，这位股民当了义务荐股员，自己没有买进，反倒给别人提供了良机。这主要是对自己没有信心造成的。

所以，在操作中，一旦你经过了深入分析，下了功夫，就要果断操作。即使有什么判断错误，止损即可。

（九）仓位比例控制不好

仓位比例控制和选对股，准确买卖交易一样重要。

仓位应该动态配置，合理控制。这要配合行情走势。2005年以前，亏损最严重的股民几乎都是满仓操作，不管春夏秋冬股市涨跌，全部满仓，如果有现金就感觉像多了点东西。而到了牛市犹豫不决，没有重仓买股票的人很难赚到大钱。可能他选择的股票大涨了，涨了100%，可是你只买了10%的仓位，对他来讲，仍然是隔靴搔痒。

请记住一位非常有威望的操盘手的话：牛市，坚决满仓；熊市，坚决空仓或轻仓；震荡市或模糊市，半仓。

（十）思想短视，心态浮躁

这是新股民常见的失误。

思想短视，导致意识模糊；心态浮躁，导致操作无序。用一个非常简单的例子来说明：如分时走势图。当股市刚刚开盘时，分时走势呈现出大涨大跌的状态。但你只要仔细看它的界标，就知道，大涨不过涨了百分之零点几，而大跌则不过跌了百分之零点几。但就是这个小小的动作，就会导致有的投资者作出买卖决策。股价先"急速"下跌时，有可能将这只好股票卖了。但股市真正涨上去的时候，又开始后悔，便接着追高买入。这种操作有三个弊端：第一，失去了一段本来该有的利润。第二，失去当日卖股票的主动权，因为A股实行T+1交易。第三，抬高了自己的成本，导致风险加大或利润空间有所压缩。

不要被小波的震荡搞昏头脑。看大格局，谋大利润。

（十一）没有稳定实用的交易系统

交易系统对一个人的操作至关重要。出色的投资者都有一套适合自己的稳定的盈利模式，有自己的盈利绝技。而不实用的交易系统，只会让你与利润擦肩而过。比如，有很多老股民，采用几十年不变的战法，年底买股票，第二年春天卖股票。因为他们发现，股价很多年都是上半年涨，下半年跌。这无疑是守株待兔的做法，没有必然的规律。这种做法使他们错过了很多大牛行情。所以要有一套科学合理的操作系统。而操作系统，要稳定，不能乱了方寸。不能因为错过了少数好股票，而怀疑自己系统的科学性。只要它能持久给你创造利润就行，不必把所有的大牛股都揽入怀中。市场的机会不是给你一个人准备的。

（十二）迷信内幕消息

现在流行一句话：炒股就是炒信息。这话本身没有错，可是很多人的理解有错。他们把道听途说的小道消息当作股票操作的圣经，并寄予厚望，把自己的资金交给毫无根据的所谓的"内幕消息"。

你是否见到过这种情况，你隔壁的王大妈对旁边的刘大姐悄悄耳语：你别告诉别人，据可靠消息，某某股票要拉涨停了，我的某某亲戚或朋友在某某基金公司当经理，他们就是这只股票的庄家。不一会儿，你就见到刘大姐在走廊边上对其好朋友悄悄耳语：你别告诉别人，据可靠消息，某某股票要拉涨停了，我朋友是这只股票的庄家。不到半小时，几乎所有的人都知道这个"绝密"的"内幕消息"了。但是，最终他们都没有赚到钱，反而亏损惨重。原来这是庄家的出货技巧，他们好像"不经意"透露了一些"绝密"信息，然后让消息在市场上传播。可悲的是，很多人喜欢当这样的传播者，并把自己也当成了牺牲者。这验证了一句话：傻主意如果管用，就是好主意。

所以建议投资者，如果你的消息不是确切的、及时的、直接的、权威的，就干脆依靠自己实实在在的分析。

(十三) 不会止损

在股市中,谁都会有犯错误的机会。关键问题不是你每次都做对,而是在做对的时候充分盈利,在失误的时候果断止损,减少损失。有项统计表明,只需要做对一半就可以有非常不错的投资成绩。所以,止损是必要的。但不会止损几乎成了投资者所犯的最多的错误。本来是小亏,结果由于情感上不能忍受,于是一厢情愿地希望股票涨起来,但是实际走势却与他的希望相反,越跌得深他们就越不情愿认赔出场,最终难以自拔。等到实在无法忍受的时候终于下定决心卖股票了,结果刚刚卖掉,股票有可能立即涨起来。这样就形成恶性循环了,你的操作就会越发混乱,毫无章法。所以,止损实际上是克服人性本身的弱点,服从理智的聪明做法。

经过一项统计表明,止损点设为 6%~8% 是比较理想的止损位置。

(十四) 错误的补仓方法

当买入时机判断错误的时候,有可能要遭受一定的损失。有的投资者灵机一动,想到了从哪本书上看到的补仓理论,于是投入更多的资金补仓,以挽救原来的资金安全。等到反弹到一定的位置,就决定平仓。但这只股票却一泻千里,让你补仓很多次,直到把所有的资金都补完,还在下跌,越补越亏。这种超业余的投资方式,如果多玩几次,就会让你的整个操作系统崩溃。怎么办?究竟如何补仓?

我们前面第五章讲到过非常经典的补仓方法。采用这些方法才能让你越来越自信。

(十五) 在交易价格上斤斤计较

股市中的行情大涨或大跌来势都比较快。这就要求对战机要把握迅速,果断出击或清仓止损。所以,在交易价格上不能太过计较,只要大体上实现我们的盈利或者止损的目的,就是比较完美的交易。在大涨行情来临时,过于计较几分钱会因小失大,而导致错过急速上升的爆发性大牛股。这种低级错误会让你遗憾不已。或者在将要大跌时，因为几分钱或者区区小数而失去逃跑的机会，你将为此付出惨重的代价。所以，建议投资者在非常看好和看空一只股票时，应该采用市价交易或者抢板交易（在买时挂高价委托，在卖时挂低价委托）。

（十六）反趋势操作

反趋势操作即在跌势中买股票，在涨势中卖股票。这种错误的本源在于贪便宜和恐高症。当股价处于跌势的时候，贪便宜的心理使自己买入某只股票。这时，他们已经完全忘记了技术分析和公司基本面分析，把主动权交给了市场。当自己由于买到便宜的股票扬扬得意的时候，这只股票又给你提供了更便宜的买入机会。你可能才意识到，原来买入得不便宜。相反，到了涨势的时候，很多人就开始用熊市思维再考虑问题，他能用所有的理论证明股价到了头部（不知道他们是怎么证明的），于是果断卖掉，结果是仅仅小有盈利。然而股价却势如破竹，一飞冲天。他们不反思自己的操作失误，反而会说，"市场没有道理"。

所以，不要把过多的个人情绪加入到投资实战中。顺应趋势永远是股市获利的法宝。

（十七）股票账户管理失误

投资者账户上的股票无非是两种状态：盈利和亏损（持平可以视作亏损，因为它在浪费时间）。而一般投资者对这两种股票的策略是卖掉已经赚钱的股票，留着亏损的股票。往往的结果是：被卖掉的股票依然大涨，而所留的股票却仍然整理或者持续下跌。强者恒强、弱者恒弱的"马太效应"，在股市中表现得淋漓尽致。

正确的操作思路是卖掉不涨的股票，买进正在上涨的股票。当然，有些规则是必须遵守的，这就是我们第二章讲到的技术规则。

(十八) 不会控制自己

在多次交易成功后，自信心膨胀为自负，不能克制自己的投资频率和幅度，并警示自己有风险和谨慎操作。在浙江就有这么一位专业投资者和私募基金的操盘手，在多次操盘成功后，开始自负，把所有的资金都投入到权证交易上去，忽视了潜在的风险，结果一次严重失误导致了其长期难以恢复元气。在多次交易失误后，也不能停下来冷静思考，进行心理调整和技术调整。炒股要有宠辱不惊的心态。

建议： 实在难以控制的时候，就空仓或轻仓。然后找一些朋友聊天，或集体旅游，让自己的心态放平。

(十九) 马虎大意

典型的马虎错误有：

1. 交易参考的依据过期

所有的方法都没有问题，而只是看错了时间。比如，一只股票的资料说："今年8月，某某公司和某某公司进行资产重组交涉，取得了积极进展。某某公司实力雄厚……这次重组体现了某某公司大力发展……的决心。……"你可能以为有重大题材，应该坚决买入。但当你买入时才发现，股价没有一点激情，反而止不住下跌。原来这是去年的资料，你忘记看底下的公布日期了。

2. 下单方向和数字错误

有的投资者交易时心不在焉，下单时将数字敲错，卖打成买的情况，不在少数。有一个笑话讽刺一个证券公司的员工业务素质差：上海有一个百万富翁（当时算非常有钱了），有了钱后投资股票，而自己又常常出差。于是，委托一位证券公司的员工为其操作。一次，在出差中的百万富翁听说其持有的某只股票存在较大风险，于是委托那位证券公司员工卖掉。那位员工一马虎，把卖打成买了，在原来5万股的基础上又买了5万股。等百万富翁回来后发现，自己的股票数量增加了1倍，而且该股暴涨。大赚一笔的百万富翁，为了感谢该公司员工所犯的错误，还特地到公司表示感谢，弄得公司上下好不尴尬。

股民的失误是正常现象，但是如果读了本书，仍然犯上述低级错误，那么，你就应该想一想：你花钱买了本书，赔本的事你干吗？你可能会说，我很忙，没有时间来记忆那么多的东西。那么，现在有一种非常简单直观的办法，也是能够自然地克服所有以上失误的万能方法，你需要牢牢记忆。这就是一套资金管理准则，暂且用本人的艺名命名为：江山资金管理准则。

这套准则虽然看似简单，但是融入了哲学、军事、数学和统计学等领域的一些先进思想和精确的数字运算，是一套久经考验的资金管理系统，是建立在科学基础上的系统。又是现实、直观、清晰的系统。这套系统的更高等级的实战规范和应用技巧，以及大资金的运作技巧，请参看《波段是金》。这里只为初级投资者提供简单有效的实战参考。

二、江山资金管理准则

（一）顺应趋势

具体的操作方法是：

大势崩溃避免操作；

大势上涨积极操作；

大势震荡谨慎操作。

提示：坚持本规则可以避免捡便宜和盲目追高，以及错误的补仓行为。

（二）整体资金效率最大化

具体的操作方法是：

个股精选再精选：选股时一定要仔细考究。将最优秀的股票不断加入到自己的股票行列。

动态操作末位淘汰：把最不盈利甚至亏损的股票剔除。保证手中的股票是最能盈利的股票。

仓位控制协调：大势上涨，满仓操作。大势下跌，空仓操作。大势震荡，轻仓操作。

提示：可以避免风险积累越陷越深等错误行为，并可以充分利用资金进行盈利。

（三）投资为主，投机为辅

具体做法是：

重点狙击龙头：操作时应把绩优龙头股作为主流和长期投资的目标，并重仓操作，追求长期稳健收益。

闲钱快速投机：包括热点题材垃圾股和ST股以及权证、期货等，短线少量资金参与。追求短期极端收益，但短线对技术的要求较高。

提示：长期坚持这项原则，可以避免陷入极端的赌博式的投资误区。

（四）适当分散和集中

具体的操作方法是：

分散还是集中主要根据实际情况制定，不要死搬教条。主要由以下情况决定：

小资金集中操作：500万元以下最好不要超过4只股票。集中资金可集中精力获取最大收益。

中大资金分散操作：中大资金分散操作主要是为了分散风险，增加盈利概率和克服股票的流通障碍。比如，一只小盘股只有3000万股的盘子，那么它一天的成交量按照3%的正常换手率计算即为90万股。如果你要操作100万股，当日就会引起巨大波动，而且达不到交易目的。所以，大资金的分散有两层含义：一是同时操作几只个股，以分散风险和提高盈利概率。二是在操作小盘个股时，将资金分散成若干股小资金，悄悄进出，以防引起更大资金的注意或造成交易不畅。

超大资金：超大资金的运作需要高超的技巧，深远的谋略和超凡的心境，不是本书讨论的重点（如果您有这种需要，可单独深入沟通交流）。

（五）止损不止涨

股票亏损时，设立止损价位，严格执行。

股票上涨时，耐心等待。宜长线则长线，宜短线则短线，长短灵活控制（一般多为波段）。直到出现明显的强烈的卖出信号。

（六）成交确认

在交易后，检查账户内的情况是否符合操作目的。

提示：这主要是为了防止马虎大意和意外情况发生（比如，委托系统在你下单时中断，马虎输入错误等）。以便能及时发现问题，作出补救措施。

（七）忘掉风险

忘掉资金的风险，把炒股当作打游戏或者踢足球。你的注意力只需要集中在如何获得经验值或者下一个进球。

提示：这样可以举重若轻，使炒股变得轻松愉快。避免操作犹豫、下单斤斤计较等错误行为。过度担心风险，就不要炒股票。实际上，只要按照以上原则做了，风险已经降至最低。当然，利润也会让你非常满意。

好了，现在让我们把这七条经典准则归纳一下：

（1）顺应趋势；

（2）整体资金效率最大化；

（3）投资为主，投机为辅；

（4）适当分散和集中；

（5）止损不止涨；

（6）成交确认；

（7）忘掉风险。

你应该把这七条准则誊抄下来，贴到你一抬头就能看到的墙上或者电脑壳上，每次操作时都严格执行。等到你获得了非常不错的成绩，请不要忘记告诉江山老师，让江山也一起分享你的快乐。

插曲：要成为成功投资者的条件

心胸广阔：有较长远的预见能力，对风险有充足的准备。

尊重科学规律：根据市场规律来判断和分析，而不是根据感觉。

思维健全：思维懒惰、思维定式、思维偏激都难以取得成功。

心态良好：把炒股看作愉快的事情，而不是痛苦的折磨。

冷静：能够忍受住诱惑和短期的波动，信念坚定。

果断：经过深思熟虑后的操作坚决执行。

自我调节：始终保持信心对操盘非常重要。

善于学习，海纳百川：聪明的人始终在学习和提高，只有愚蠢的人仍然企图用七千年前的老方法取得成功。

下面测试一下你是否具有以上素质。

（1）有一个上市公司处在你非常讨厌的行业，但是它的效益却逐年增长，你会作出怎样的操作策略？（1分）

（2）一家上市公司的股票已经创了历史新高，但业绩和走势都表现优秀，你会担心它跌得很深而不敢买入吗？（1分）

（3）你的股票被套了，公司基本面发生了恶化，而且股价已经跌破了止损价位，你会继续持有至少等到它解套吗？（1分）

（4）你有两只股票，一只赚钱，另一只赔钱，你会选择卖掉哪一只，保留哪一只？（1分）

（5）你的股票已经被套，目前有一只股票上涨的概率非常大，而且预计收益非常可观，你会留着原来的股票还是果断换成现在看好的股票？（1分）

（6）看到别的股票都纷纷涨了，你的股票却没有动静，你是否在怀疑自己的决定，或者遗憾当初没有买入？（1分）

（7）一只股票已经开始启动了，它本身有非常大的安全系数和相当可观的预期收益，你会果断买入还是等待跌下来再买？（1分）

（8）你一连几次失误，是不是急于迅速扳回本钱而匆忙买入自己不熟悉的股票？（1分）

（9）多次失误后，你是否怀疑自己不具备炒股的能力？（1分）

（10）你是否一直坚持长久以来没有让你获取收益的方法继续操作，而不是思考和学习以求改进？（1分）

答案：

（1）买入。

（2）敢于买入。

（3）果断卖出。

（4）一般为卖赔钱的股票，留赚钱的股票。具体还要参考基本面和大盘情况。

（5）果断换股票。

（6）只要你的股票是没有问题的就继续持有。当然，如果很长时间总是不涨，说明该股票也该重新审视。

（7）果断买入。对于机会不要让私下的小算盘影响大局。没有十成把握，可半仓。

（8）一连几次失误后应该停下来好好想想，而不是急于扳回成本。以免因为盲目操作而造成恶性循环。

（9）在股市中失误是正常的，在这种情况下，一方面要总结教训，防止同样的错误再次发生，另一方面，要淡忘失败，鼓励自己寻找更加合适的机会。

（10）不断地接受新知识和新思想，只要是能够指导盈利的方法和知识都应该广泛吸纳。而对于多次使自己失败的方法和误解，应该果断放弃。

以上测试，只有得分在8分以上的人才有机会和能力获利，否则，很难取得成功。这里的得分不是答对了题就得分，答题只需要记住答案就可以了。我们要求的结果是你在实际的操作中真正地执行的结果。

　　读到这里，你已经学会了在股市中立足的本领。能够读到此处说明你有坚韧的毅力和刻苦学习的精神，以及投身证券行业的热情和决心。这是成为一个优秀投资者必备的素质。祝你早日成功！当然，你也还有很多东西需要了解。比如，我们接下来要讲到的其他的投资品种和获利方法。

第七章 股票衍生交易品种

> **导学**
>
> 掌握与股票相关的衍生交易品种，可以丰富你的投资内容，增加你的获利途径。有几种比较常见的投资品种需要大家了解。它们分别是：权证，可转换公司债券和股指期货。这是目前我国沪深市场上比较常见的衍生投资品种。
>
> 本章是附加内容，不需要初级投资者必须掌握。如果有能力完全消化以前的知识，可以更深入地学习这些相对高难度的投资品种。不过要特别注意，在还没有熟练掌握各种投资技巧的情况下，对于权证和期货应该尽量少沾手。至于原因，你会在下面的学习中得出答案。

一、权证投资知识

（一）权证是什么

权证是一种有价证券，投资者付出权利金购买后，有权利（而非义务）在某一特定期间（或特定时点）按约定价格向发行人购买或者出售标的证券。

简单地讲，投资者只要支付约定的费用，就有权在特定的时间购买或出售某只特定的股票或其他理财产品。比如，你购买了每份价格为 0.5 元的权证,获得了在 6 个月后用 15 元的价格购买某只股票的权利。如果这只股票到时的价格为 20 元,而你只需要 15 元就可以买到。那么,你每股盈利达到 5 元。

(二) 权证的基本要素

权证一般包括的基本要素:

(1) 各相关主体:主要包括权证发行人、权证认购人、权证持有人等。

(2) 标的资产:指权证发行所依附的基础资产,即权证持有人行使权利时所指向的可交易的资产。权证标的资产的种类非常广泛,其中最常见的是股票,即"正股"。

(3) 权证的价格及价值:权证价格即权证发行或交易时的单位价格。权证价值由内在价值和时间价值两部分组成。内在价值,即权证立即履约的价值;时间价值,为权证价格与内在价值两者之差,时间价值主要与权证有效期的长短以及正股价格的波幅有关。

(4) 权证的行使:权证持有人向权证发行人提出履约要求,要求依据权证的约定以特定价格认购或售出特定数量的标的资产。权证的行使通常涉及以下几个方面:①行使价格,又称权证的履约价格。②执行比例,是指每一单位权证可以认购(售)标的数量。执行比例将影响权证价格,行使比例越高者,其权证价格越低。如果股票权证的行使比例为 1∶1,即指每单位权证可以认购或售出一股标的股票或其组合。③到期日,是指权证行使履约的最后一个交易日。权证到期后即按合约进行清算交割并终止契约。在某些情况下,权证须提前到期,如上限型权证,当标的物收盘价格达到上限价格时,第二个交易日即按契约进行清算交割并终止契约。

(5) 权证的特别条款:行使价格(比例)的调整。①通常情况下,权证按既定的认股价格和兑换比率执行,或遇正股除权或除息时,权证的行使价格或行使比例要按约定进行相应调整。②权证的发行人通常会特别约定,当出现送股、配股等正股总额增加或减少的情况。③收购权益:如果有投资者对发行认股权证的上市公司提出了收购要约,那么收购方还要对这家上市公司已经发行在外并且仍然在有效期内的认股权证一同提出收购要约。此时，不论认股权证的有效期是否届满，认股权证的持有人可以要求行使认股权。

④赎回权：权证的发行人大多制定了赎回权条款，即规定在特定情况下发行人有权赎回其发行在外的认股权证。

（三）权证的分类

1. 按买卖方向分类

认购权证：持有人有权买入标的证券。

认沽权证：持有人有权卖出标的证券。

2. 按行权期间分类

美式权证：持有人在到期日前的任意时刻都有权买卖标的证券。

欧式权证：持有人只有在约定的到期日才有权买卖标的证券。

百慕大权证：持有人可在设定的几个日子或约定的到期日有权买卖标的证券。

3. 按发行人分类

股本权证：由上市公司主体本身发行，其行权后会影响股份公司的总股本。

备兑权证：不由上市公司主体本身发行，由上市公司（标的证券发行人）以外的第三方发行，其认兑的股票是存量的股票，总股本不增加，股本比例有变化。

4. 按行权价格与标的证券市场价格的关系分类

价内权证：行权价格小于标的证券市场价格。

价平权证：行权价格等于标的证券市场价格。

价外权证：行权价格大于标的证券市场价格。

5. 按权证的结算方式分类

现金结算权证：发行人仅对标的证券的市场价与行权价格的差额部分进行现金结算。

实物交割权证：涉及标的证券的实际转移。

(四) 特别注意"最后交易日"与"到期日"

权证通常都有一定的存续期，一旦过了存续期，未行权的权证即予以注销。在权证的存续期内，有两个关键的时点值得投资者引起特别注意，这就是"最后交易日"和"到期日"。

"最后交易日"指的是权证可以在二级市场上进行交易的最后一天，过了最后交易日，权证将不能在二级市场上交易，此时持有权证的投资者将不能售出权证，只能选择是否行权；而"到期日"是指权证的存续期的截止日期，到期日过后，权证存续期终止，未行权的权证成为废纸一张，不再具备任何价值。

交易所规定，权证存续期满前5个交易日，权证终止交易，但可以行权。这里的前5个交易日包括到期日，即如果到期日为T，则权证的最后交易日为T-5交易日。

市场上就有因为这两个日期而遭受亏损的例子：2006年12月15日，某投资者花费3万余元买入机场JTP1，当天没有卖出。原来，该投资者错把"到期日"2006年12月22日当成了"最后交易日"，以为要到22日之后权证才停止交易。而实际上，该投资者买入权证的这一天正好就是机场JTP1的最后交易日。结果最后交易日一过，该投资者无法出售手中的权证，只能选择是否行权，但由于机场JTP1处于价外，选择行权只会导致更大的亏损，于是3万余元全部打了水漂。

因此，建议投资者在买入权证之前，一定要认真了解权证的基本条款，尤其要弄清楚权证的"最后交易日"和"到期日"，对于临近到期的权证更应该提高警惕。另外，一定要时刻留意发行人是否发布有提示性公告。

如果投资者在权证的最后交易日当天仍然持有权证，则可以有两种选择：对于价内的认购（认沽）权证，可以选择持有并行权；否则，应适时售出权证，以免遭受损失。

(五) 如何计算权证的内在价值

内在价值是标的股票的价格与行权价的差额，即立刻行使权利的价值。

认购权证的内在价值 = max [标的股价 – 行权价，0]。即若标的股价减去行权价的结果大于 0，则以该结果为认购权证的价值；如果结果小于或等于 0，则以 0 为认购权证的价值。

认沽权证的内在价值 = max [行权价 – 标的股价，0]。即若行权价减去标的股票的结果大于 0，则以该结果为认沽权证的价值；如果结果小于或等于 0，则以 0 为认沽权证的价值。

(六) 权证价格主要受什么影响

主要影响认购权证或认沽权证价格走势的几个因素如下表所示。

表 7-1 权证价格影响因素

影响权证价格的因素	认购权证价值	认沽权证价值
正股价格越高	越高	越低
行权价格越高	越低	越高
正股价格波动率越高	越高	越高
剩余期限越长	越高	越高
无风险利率越高	越高	越低
现金红利派发越多	越低	越高

(七) 权证的涨跌幅是如何计算的

为反映权证作为股票衍生品的特性，上证所对权证实施与股票价格有关的涨跌幅限制，而不是 10% 或 5% 的固定涨跌幅限制。

权证涨跌幅计算公式如下：

权证涨幅价格 = 权证前一日收盘价格 +（标的证券当日涨幅价格 – 标的证券前一日收盘价）× 125% × 行权比例；

权证跌幅价格 = 权证前一日收盘价格 –（标的证券前一日收盘价 – 标的证券当日跌幅价）× 125% × 行权比例。当计算结果小于等于零时，权证跌幅价格为零。

举例如下:

如果正股昨日收盘价为10元,该股权证收盘价为1元,行权比例为1∶1,则今日的涨幅限制(即涨停价)为:$1+[10×(1+10\%)-10]×125\%×1=2.25$,最大涨幅比例为$(2.25-1)×100\%=125\%$;今日的跌幅限制(即跌停价)为:$1-[10-10×(1-10\%)]×125\%×1=-0.25$。跌幅比例为无限大。

注意:

(1)本处计算的仅为其最大涨跌幅价格,即涨跌停价格。而实际的涨跌幅在最大涨跌幅的限制之内。

(2)在计算中,股票涨跌变动价位的计算结果精确到"分";权证涨跌变动价位的计算结果精确到"厘"。

(八)权证风险以及防范措施

在以往的权证交易中,有很多投资者由于不了解权证的风险性而进行投资,结果导致了惨重损失。所以,投资者有必要了解权证的风险和防范风险的措施。

一般来说,权证投资主要存在以下几种风险:

(1)价格剧烈波动的风险。权证是一种带有杠杆效应的证券产品。一般来说,权证跌幅一般都会大于10%。例如,T-1日权证的收盘价是2元,标的股票的收盘价是10元。T日,标的股票跌停至9元,如果权证也跌停,则权证的跌幅将达到$10\%×125\%×1×(10÷2)=62.5\%$,该权证投资者的最大损失将达到股票投资损失的6.25倍。

(2)价外风险。按权证的内在价值,权证分为价内权证和价外权证。内在价值大于零的为价内权证;内在价值为零即无行权可能的为价外权证。对于认购权证而言,价内权证指行权价格与行权费用之和低于标的证券结算价格;对于认沽权证而言,则指行权费用与标的证券结算价格之和低于权证行权价格。

在权证内在价值为0的情况下,特别是临近行权期时,投资价外权证的风险非常大。例如，万科认沽权证的最后一个交易日，权证全日单边下跌，最终跌幅达95%。倒数第二个交易日的跌幅达44.44%，有些投资者的损失超过100万元。

(3) T+0风险。权证交易实行T+0交易，投机气氛更浓，权证单个交易日可以被来回买卖N次，导致投资者对于资金动向及买卖市场实况更加难以判断，市场风险因而进一步加大。例如，某些炒作权证的短线资金大量交易、频繁回转，而导致散户盲目跟风以至于亏损。

(4) 行权风险。投资者如果对权证的行权原理不熟悉，未及时对价内权证行权或者对价外权证误行权，则会导致巨大的损失。例如，曾有1661万份包钢价内认购权证未及时行权，投资者为此损失了5735万元；38060份大冶特钢价外认沽权利误行权，投资者为此损失了20.63万元。所以，投资者应该特别注意行权条款，看是否有行权价值，决定是否行权。

(5) 市价委托风险。权证交易中存在因市价委托方式导致的风险。例如，2007年2月28日，投资者A以市价委托卖出收盘价0.699元的海尔认沽权证82万份（实际成交价为每份0.001元），56万元变成820元，"辛辛苦苦几十年，一夜回到解放前"。所以，投资者在买卖权证时，需谨慎使用市价委托方式。

(九) 权证投资秘诀

权证炒作并非是毫无胜算的赌博，而是充满智慧的投机，需要纯熟的操盘技巧和灵活机动的操作策略。下面为投资者讲述一些简单的权证投资技巧。

1. 顺应趋势

最聪明的投资者明白顺应趋势的力量。权证投资中，应坚决不做横盘和下跌趋势，资金安全永远是最重要的，其次才是赚钱。投机的核心在于尽量回避不确定走势，只在明确的涨势中进行操作，才能增加胜算。做错了一定要止损，否则一次失误甚至可能致命。一定要利用好权证的T+0交易制度为所有投资者提供的机会，打得赢就打，打不赢就跑。

2. 只做龙头

这一点也跟股票投资一样。通过研判每天开盘后的价量关系和市场人气来判断龙头权证。当市场中多方占优时，权证价格自然会不断地上涨。不要抄底，这会让你损失惨重。顺应趋势可以让你稳健盈利，无往不胜。

3. 以投资的方法投机权证

炒权证如博傻，由最后一个傻子承担所有的游戏费用。但也有投资价值可期的权证能够获得稳定又丰厚的回报。在现在的大牛市中，权证投资应以认购权证为主。百万元以上资金运作要以波段为主，结合正股表现动态控制。

在牛市中，认沽权证几乎没有任何投资价值，应尽量避免沾染，想玩时仅以小部分资金，打机动游击战，快进快出，不要恋战贪多。

附注：权证的交易规则

交易期：T+0 交易

开盘、收盘价确定方式：按中小企业板方式执行

最小申报单位：0.001 元

涨跌幅度限制：标的证券涨跌金额的 1.25 倍

是否设大宗交易：否

结算交收：现金/证券给付

二、可转换公司债券

（一）什么是可转债

可转换公司债券（简称可转债）是指由公司发行的，投资者在一定时期内可选择一定条件转换成公司股票的公司债券，这种债券兼具债权和股权双重属性。

可转换公司债券是一种混合型的债券形式。对个人投资者而言，可转换

债券是一种兼顾收益和风险的理想的投资工具。当投资者不太清楚发行公司的发展潜力及前景时，可先投资于这种债券，待发行公司经营实绩显著，经营前景乐观，其股票行市看涨时，则可将债券转换为股票，以受益于公司的发展。

1. 可转换债券转股

目前深、沪市可转换债券转股分两种情况：一种是公司的可转换债券先上市，公司股票未上市，转股手续在公司股票上市后方可办理。另一种是公司股票已经上市，上市公司发行可转换债券，在可转换债券发行之日起 6 个月后可进行转股。

（1）股票后上市可转换债券转股。一些公司在发行和上市可转换债券时其公司股票并未上市，直至公司股票挂牌上市交易才可以实行转股程序。如早期发行上市的吴江丝绸转债、南化转债、茂炼转债就是可转换债券先上市，公司股票后上市的情况。

根据交易所规定，可转债转换为公司股票的主要步骤有三个：

第一步：申请转股。

投资者可以将自己账户上持有的可转债的全部或部分申请转换为公司的股票，转股申请通过证券交易所交易系统以交易申报方式进行。

深市转股时投资者应到证券公司填写转股申请，代码与可转换债券的代码相同。

沪市转股时，投资者应向其指定交易的证券经营机构进行申报。

目前有些证券公司的交易系统不能完成转股申请，投资者只能亲自到营业部办理有关的转股手续。

第二步：接受申请，实施转股。

交易所接到报盘并确认其有效后，记减申报的债券数额，同时记加相应的股份数额。

第三步：转换股票的上市流通。

转换后的股份可于转股后的 T + 1 日上市交易。

（2）上市公司可转债转股。上市公司发行的可转债是股票先上市，可转债后上市，转股规则与股票后上市的可转换债券转股规则基本一样，所不同的是上市公司的可转债明确可转债上市6个月以后才可以办理转股手续。

（3）转股价调整。发行可转换公司债券后，公司因配股、增发、送股、分立及其他原因引起发行人股份变动的，调整转股价格，并予以公告。

转股价格调整的原则及方式在公司发行可转债时在招募说明书中事先约定，投资者应详细阅读这部分内容。

2. 强制性转股

投资者持有可转换债券转股时，分为自愿转股和强制性转股两种形式。强制性转股的有关条款在公司发行可转换债券时就已定制好，由于该条款关系到投资者的切身利益，因此，投资者在投资可转换债券时应详细阅读该条款内容。

目前，我国可转换债券部分品种在发行时就具有强制性转股条款，如南化转债、茂炼转债、丝绸转债。到期后可转换债券持有人无权要求清偿本金，公司有权将可转换债券强制转股。

有的可转债虽然没有强制转股条款，但设置了期间有条件赎回的规定，如机场转债。

3. 赎回

赎回是指发行人股票价格在一段时期内连续高于转股价格达到某一幅度时，发行人按事先约定的价格买回未转股的可转债。赎回条款是为了保护发行人而设置的，旨在迫使可转换债券持有人提前将可转换债券转换成公司股票，以增加股本、降低负债，避免利率下调造成的损失。

（1）赎回条款。赎回条款一般又分无条件赎回（即在赎回期内按照事先约定的赎回价格赎回转债）和有条件赎回（即在基准股价上涨到一定程度时，通常为正股股价持续若干天高于转股价格130%~200%），发行人有权行使赎回权。

根据规定，发行人每年可按约定条件行使一次赎回权。每年首次满足赎回条件时，发行人可赎回部分或全部未转股的可转换公司债券。但若首次不实施赎回权的，当年不应再行使赎回权。

(2) 赎回程序。

第一步：当可转换公司债券赎回条件满足、发行人刊登公告行使赎回权时，交易所于赎回日停止该债券的交易。

第二步：发行人根据停止交易后登记在册的债券数量，于赎回日后三个交易日内将赎回债券所需的资金划入交易所指定的资金账户。

第三步：交易所于赎回日后第四个交易日将资金划入证券商清算头寸账户，同时记减投资者相应的可转换公司债券。

第四步：各券商于赎回日后第五个交易日将兑付款划入投资者开设的资金或保证金账户。

未赎回的可转换公司债券，于赎回日后下一个交易日恢复交易和转股。

4. 回售

回售条款是指发行人股票价格在一段时间内连续低于转股价格后达到一定的幅度时，可转换债券持有人按事先约定的价格将所持有的可转债卖给发行人。投资者应特别关注这一条款，因为这是一种保护投资者利益的条款，设置该条款可以有效地控制投资者一旦转股不成带来的收益风险，同时也可以降低转债的票面利率。

（1）回售条款。通常发行人承诺在正股股价持续若干天低于转股价格或非上市公司股票未能在规定期限内发行上市，发行人以一定的溢价（高于面值）收回持有人持有的可转换债券。这种溢价一般会参照同期企业债券的利率来设定的。

（2）回售程序。可转换公司债券存续期内，可转换公司债券持有人只能在每一年度回售条件首次满足时行使回售权。

第一步：当回售条件满足时，发行人发布回售公告。

第二步：可转债持有人在公告后的十个交易日内以书面形式通过托管券商正式通知发行人。证券商审核确认后，冻结可转换公司债券持有人相应的可转换公司的债券数额。

第三步：证券商将回售数据以报盘的方式传送给交易所，交易所于当日进行数据处理，并于回售申请终止日后第二个交易日将数据传给发行人，通知发行人按回售条件生效的价格将相应资金划入交易所指定的资金账户，交易所收到资金后再划入证券商清算头寸账户，同时记减投资者相应的可转换公司债券数额。

当交易所在一天内同时收到可转换债券持有人的交易、转托管、转股、回售报盘时，按以下顺序进行数据处理：交易、回售、转股、转托管。

5. 本息兑付

可转换公司债券的本息兑付是指设置强制性转股条款的可转换债券发行人每年向未转换成该公司股票的可转换债券持有人支付利息，或者非强制性转股的可转换公司债券发行人向到期未转换成该公司股票的可转换债券持有人一次性还本付息。

本息兑付程序：

第一步：到期一次性还本付息的可转债，交易所于转换期结束时自动终止交易后两个交易日内，将交易结束时的债券数据通知发行人，发行人于到期日前将相应本息款划入交易所指定的资金账户。

第二步：交易所于到期日后第三个交易日将本息款划入证券商清算头寸账户，各证券商于到期日后第五个交易日将本息款划入投资者开设的资金或保证金账户。

第三步：设置强制性转股条款的可转债，每年兑付利息期间，债券交易不停市，付息办法参照A股派息程序执行。

（二）可转债的交易规则

（1）每个账户申购可转换公司债券不少于1000元面值，超过1000元面值的，必须是1000元面值的整数倍，每个账户认购上限为不超过公开发行的可转换公司债券总额的1‰。

（2）可转换公司债券实行T+1交易。可转换公司债券实行T+1交收，交易清算参照A股的现行清算办法办理。

（3）可转换公司债券以面值100元为一报价单位，价格升降单位为0.01元。以面值1000元为1手，以1手或其整数倍进行申报，单笔申报最大数量应当低于1万手（含1万手）。结算单位为张（即100元面值）。例如，若购买1手＝10张＝1000元雅戈尔的初次发行转债，键入价格100元，数量10，代码733177。

（4）可转换公司债券交易的集中开市时间同A股。

（5）可转债买卖双方须向所委托的证券商缴纳佣金，佣金按成交金额的1‰计取，不足5元按5元收取。

（三）可分离转债及其套利方法

可分离转债即将权证融合在可转债中的新投资品种。可分离转债在海外市场由来已久，至今依然是成熟市场常用的投融资工具之一。国内的可分离转债是随2006年5月8日《上市公司证券发行管理办法》的颁布而正式推出的。

1. 债券控制风险，权证创造收益

可分离转债发行后，其债券和权证部分将分别上市交易，可分离转债的定价就是对这两者分别定价并加总。可分离转债的价格弹性完全在于权证，市场最为关心的也在于权证部分。

目前国内市场权证品种仍然稀缺，尤其是期限长、杠杆较高的认购权证，上市后均有大幅上涨，大大超出理论价值。市场会给予权证这种对股价高度敏感的产品以较高的溢价，溢价程度则根据权证条款、正股价格上升潜力等因素而有所不同。

举例来说，武钢可分离转债上市时，权证理论参考价为3.058元，对应溢价率为25%，但权证上市后最高涨至5.6元，溢价率超过40%。这之间的价差部分就反映了市场对未来股价的高预期，从而也构成了一级市场投资者的申购收益。

2. 低成本的结构化产品

相对于在一级、二级市场赚取价差，持有可分离转债做中长期投资也是一种不错的选择。据统计，投资者如果要从市场上购买权证和债券来构建这种结构化产品，要比直接申购得到的可分离转债多支付30%的代价。可分离转债实际上为投资者提供了低成本构建结构化产品的机会。考虑到国内股票市场良好的成长性，对于低风险偏好的投资者来说，持有这种产品的整体效用也许更好。

以武钢的可分离转债为例，发行价为100元，债券部分价格为84元，因此附送的9.7份权证值16元，每份权证为1.65元。投资者可以将债券卖出，将得到的84元现金存入银行，一般获得高于3%的年利率。两年后权证到期，无论股价如何变动，投资者都至少可以收回90元。而如果股价上升，权证部分可以使投资者获得很高的收益。根据预测，武钢股份2009年每股收益可以达到1.2元，以15倍动态市盈率计算其股价可以达到18元，每份权证价值7.8元，权证部分总价值为76元，那么投资收益率为66%，年复合收益率接近30%。

三、股指期货的基本知识

（一）股指期货是什么

股指期货即股票价格指数期货，是以股票市场的价格指数作为交易标的物的期货。股指期货是金融期货中最晚出现的一个品种，也是20世纪80年代金融创新过程中出现的最重要、最成功的金融工具之一。目前，股指期货已成为全球各大金融期货市场上交易最为活跃的期货品种之一。

（二）股指期货的功能

从股票指数期货市场参与者的角度来看，股指期货主要有三种功能，即套期保值、套利和投机。

（三）股指期货的要素

1. 合约乘数

股指期货的合约价值以一定的货币金额与标的指数的乘积表示。股指期货标的指数的每一个点代表固定的货币金额，这一固定的货币金额称为合约乘数。

因为金额固定，所以期货市场以该合约标的指数的点数来报出期货合约的价格。根据官方公布的信息，沪深300指数期货的合约乘数暂定为300元/点。假设沪深300指数现在是5000点，那么沪深300指数期货5000点就是它这一时刻的价格；则一张沪深300指数期货合约的价值为5000×300＝1500000（元）。如果指数上涨了10点，则一张期货合约的价值增加3000元。

2. 保证金

保证金是清算机构为了防止指数期货交易者违约而要求交易者在购买合约时必须缴纳的一部分资金。保证金水平的高低，将决定股指期货的杠杆效应，保证金水平过高，将抑制市场的交易量，而保证金的水平过低，将可能引致过度的投机，增加市场的风险。

目前，设计沪深300指数期货的交易所收取的保证金水平为合约价值的12%。

假定某人在5000点买进1手合约，那么投资者交易1手股指期货需要缴纳的保证金就是5000×300×0.12＝180000（元）。如果出现亏损，还需要客户准备随时追加资金，弥补亏损带来的保证金缺口。假设一个投资者有25万元资金，买入1手股指期货合约，价格是5000点，这时这个投资者需要支付的保证金是180000元。如果沪深300指数当天下跌了100点，则客户第一天就损失30000元，这时客户的账面权益就剩下220000元，如果第二天继续下跌200点，则客户的账面权益就剩下160000元。这时客户的资金已不足以支付保证金，期货经纪公司就会要求你在第三天开盘前追加保证金，否则在第三天开盘后，就会采取强行平仓。

从指数下跌看，指数仅下跌了6%，但是客户资金权益却下跌了36%，是指数下跌幅度的6倍。

3. 熔断机制

熔断机制即暂停交易机制，是当股指期货市场发生较大波动时，交易所为控制风险所采取的一种手段。当波动幅度达到交易所规定的熔断点时，交易所会暂停交易一段时间，然后再开始正常交易，并重新设定下一个熔断点。沪深300指数期货合约的熔断价格为前一交易日结算价的正负6%，当市场价格触及6%，并持续1分钟，熔断机制启动。在随后的10分钟内，买卖申报价格只能在6%之内，并继续成交，超过6%的申报会被拒绝。10分钟后，价格限制放大到10%。

4. 交易时间及最后交易日交易时间

沪深300指数期货9：15开盘，比股票市场早15分钟。9：10~9：15为集合竞价时间。15：15收盘，比股票市场晚15分钟。最后交易日下午收盘时，到期月份合约收盘与股票市场收盘时间一致，为15：00，其他月份合约仍然在15：15收盘。

5. 交割与结算方式

期指市场虽然是建立在股市之上的衍生市场，但期指交割以现金方式进行，即在交割时只计算盈亏而不转移实物。在期指合约的交割期，投资者完全不必购买或者抛出相应的股票来履行合约，这就避免了在交割期股票市场出现"挤市"现象。

股指期货是以现金方式结算，并且是按期货的规律实行每日无负债结算制度，即投资者账户中每天的履约保证金不能出现负数。

6. 合约月份

沪深300指数期货同时挂牌4个月合约。分别是当月、下月及随后的两个季月月份合约。如当月月份为6月，则下月合约为7月，季月合约为9月与12月。表示方式为IF0706、IF0707、IF0709和IF0712。其中IF为合约代码，07表示2007年，06表示6月合约。

7. 最小变动单位

最小变动单位（即一个刻度），通常也是用点数来表示，用最小变动单位与合约乘数相乘即可得到最小变动单位的货币形式。最小变动单位对市场交易的活跃程度有重要的影响，如果变动单位太大，将可能打击投资者的参与热情。最小变动单位的确定原则，主要是在保证市场交易活跃度的同时，减少交易的成本。

沪深 300 指数期货的最小变动单位为 0.2 点，按每点 300 元计算，最小价格变动相当于合约价值变动 60 元。

（四）股指期货交易的特点

（1）可卖空交易。卖空是投资者预测股票价格将会下跌，于是向经纪人交付抵押金，并借入股票抢先卖出。待股价下跌到某一价位时再买进股票，然后归还借入股票，并从中获取差额收益。做空机制的优点在于，即使股市下跌，投资者仍然可以获利。

（2）交易成本较低。相对现货交易，指数期货交易的成本是相当低的。一般股指期货的交易成本只有股票的 1/10 左右，费用包括：交易佣金、买卖价差、保证金和相关税项。

（3）高杠杆比率。股指期货采用放大交易方式，即收取保证金的比例较低。英国的股指期货杠杆比率甚至达到 28∶1。

（4）市场流动性高。指数期货市场的流动性明显高于股票现货市场。据统计，在 1991 年，FTSE-100 指数期货交易量就已达 850 亿英镑。

（5）股指期货实行现金交割方式。期指市场虽然是建立在股票市场基础之上的衍生市场，但期指交割以现金形式进行，即在交割时只计算盈亏而不转移实物，在期指合约的交割期投资者完全不必购买或者抛出相应的股票来履行合约义务，从而避免了在交割期股票市场出现"挤市"的现象。

（6）一般来说，股指期货市场是专注于根据宏观经济资料进行的买卖，而区别于现货市场专注于根据个别公司状况进行的买卖。

（五）股指期货与股票的区别

股指期货和股票的主要区别如下表所示。

表 7-2　股指期货和股票主要区别

区　别	股指期货	股　票
保证金制	10%保证金交易	全额交易
交易规则	T+0 交易	T+1 交易

续表

区　别	股指期货	股　票
交易方向	双向交易，无论买、卖都可开仓单向交易	只能买开仓
交易期限	有期限，合约期到必须平仓	无期限
有无利息	无利息	有股息
品种数量	品种数量有限	股票品种众多

（六）股指期货的操作要诀

股指期货行情的技术分析研判方式与股票大致相同，但有几个技术参数完全不同于股票。股票投资者分析股指期货行情时，大家应根据自己不同的技术分析习惯，适当修正对这几个技术参数原有的看法。

（1）成交量。股指期货的成交量，是当天之内买和卖成交量双向计算的总和，其中买、卖都可能有开仓或平仓。期货的成交量数值同时包含了买、卖、开仓、平仓不同组合的信息，比股票的成交量反映的信息要多。

（2）持仓量。股指期货的持仓量是指买和卖双方双向计算的没有平仓的头寸的总和。其中，一半是买持仓，另一半是卖持仓。持仓量的变化也是对行情影响较大的指标。持仓量的大小，代表了该期货合约交易的活跃度，还蕴含着同一时刻行情变化的动向。在实际操作中，持仓量的变化方向与同一时刻行情涨跌的变化方向应结合起来分析。另应注意，由于持仓量中一半是买开仓，另一半是卖开仓，所以有的时候持仓量越大，也代表参与者对未来行情的分歧越大。

（3）K线图。股指期货一般价格波动比股票幅度大而频繁，分析工具主要以图表为主。更由于其采用T+0规则，所以，投资者应多参考分时图，或更短的K线图（例如，可利用5分钟K线图）以便更灵活准确地分析和交易切入。这点有点像股票中的超级短线。

（4）避免满仓操作。由于股指期货是放大交易，满仓操作是极其危险的，所以切忌在股指期货交易中满仓操作。这点和股票截然不同。在股指期货交易中，一般使用20%以内的保证金较为合适。

（5）双向盈利及时止损。由于买开仓和卖开仓交易都有机会盈利，且行情波动大而频繁，投资者可根据行情发展双向交易，涨跌都可赚钱。但一定要记住，股指期货交易中判断失误后，一定要止损。如果再按照"早晚能涨回来"的"长线投资"老办法，恐怕在没涨回来之前，已经被强行平仓了。

(6) 如何成为一个成功的股指期货投资者。通过对很多期货投资者的成功经验和惨败教训的总结，我们认为一个成功的投资者应该做到以下几点：

①安全第一，盈利第二。股指期货的风险比股票投资大得多，一次失误，有可能足以"致命"，所以应该首先控制风险。李嘉诚曾经谈到他在做一笔生意时首先考虑的是如何卖出"未买先思卖"，事先做好对最坏情况的设想。比如，气象台说天气晴好，那也要做好准备，如果几分钟后发布"十号风球"怎么办？期货投资也要在入场之前做好在什么情况下离场的准备。这样就不用为诸多的不确定性而忧虑。

②有所为，有所不为。期货投资需要耐心，要耐心等待机会的到来。只要你适时地把握机会，顺势而为，你才能成功。什么钱都想赚，有时自知是方向不明，但仍照做不误，必然失败。投机界有句格言：不是所有机会都为你一个人准备的。贪心的结果必然是付出惨重的代价。顺应趋势，重点把握好几次重要机会，果断出击，足以让你获得惊人的收益。

③清仓操作。不成功的投资者往往急功近利，想毕其功于一役，结果采取孤注一掷的做法，失败也就往往由此造成。他把期货当成是纯粹的赌博，而不是经过严格系统的分析和测算，即使偶然获利，也会酝酿更大的错误。控制仓位比例，是保存实力的明智做法。一般有丰富经验的投资者会把仓位控制在 15%~20%。

④投机有道。投资者要有一套切实可行的交易思想和模式，在坚持原则的基础上灵活运用，而不是没有经过慎重分析的盲目操作。有的投资者看别人赚钱就开始心急，胡乱买入某些品种，然后盼望着暴利出现，这纯粹是自欺欺人，用流行的词叫"意淫"。

⑤技贵精专。有的人学会了几乎所有的投资分析方法，以获取"与之配比"的回报，结果事实常常跟他开玩笑。原因是，他没有将几种甚至是一种理解和运用到炉火纯青。程咬金就会三板斧，结果没有几个人能胜过这三板

斧。投资股指期货也是如此。在此建议，投资者只需要把本书中讲到的格兰威尔投资八法、KDJ指标和RSI指标运用好，就足可以让你在股指期货市场上所向披靡。

⑥服从市场。这点股指期货和股票是一致的。不要抱着自己的成见来投资。证券市场有自己的运行规律，这是客观的，不是以你的意志为转移的。成见只能让你"在错误的路上越走越远"。只有顺应趋势，服从规律，才能成功。

投资者坚持自己的有效操作理念来投资，而不是成见。这两者的区别是操作理念如果错了，就应主动修正并通过多次验证有效后才坚持。而成见是，错了不做任何分析地继续坚持，错一百次坚持一百次，最后发现四周的朋友由散户变成了百万富翁，而自己由百万富翁变成了散户。一旦失去信心，就开始违反以上几条原则，形成恶性循环。

坚持按以上方法操作，你就会发现，简单的道理中蕴藏着丰富的利润。

插曲：股指期货的发源

20世纪70年代，西方各国出现经济危机，股票市场崩盘，道琼斯指数在1973~1974年下跌超过了50%。人们意识到在股市下跌面前没有恰当的金融工具可以利用。

1977年10月，堪萨斯市交易所（KCBT）向美国商品期货交易委员会（CFTC）提交了开展股票指数期货交易的报告，并提议以道琼斯的"30种工业股票"指数作为交易标的。由于道琼斯公司的反对，改而决定以价值线指数（Value Line Index）作为期货合约的交易标的。

1979年4月，KCBT修改了给CFTC的报告。但美国证券交易委员会（SEC）与CFTC在谁来监管股指期货这个问题上产生了分歧，造成无法决策的局面。

1981年，双方签订"夏德—约翰逊协议"，明确规定股指期货合约的管辖权属于CFTC。1982年该协议在美国国会通过。同年2月，CFTC

即批准了 KCBT 的报告。

1981年2月24日，KCBT 推出了价值线指数期货合约交易。4月21日，CME 也推出了 S&P500 股指期货交易。紧随着是 NYFE 于5月6日推出了 NYSE 综合指数期货交易。

股指期货一诞生，就取得了空前的成功，价值线指数期货合约推出的当年就成交了35万张，S&P500 股指期货的成交量则更大，达到150万张。1984年，股票指数期货合约交易量已占美国所有期货合约交易量的20%以上，其中 S&P500 股指期货的交易量更是引人注目，成为世界上第二大金融期货合约。S&P500 指数在市场上的影响也因此急剧上升。

股指期货的成功，不仅大大促进了美国国内期货市场的规模，而且引发了世界性的股指期货交易热潮。

插曲：中国股指期货历史

1993年3月10日，海南证券交易报价中心在全国首次推出股票指数期货交易，可交易品种包括深证综合指数和深证综合A股指数各4个到期月份的期货合约。

1993年9月9日，中国证监会通知，券商未经批准不得开办指数期货交易业务。海南证券交易报价中心深证综合指数和深证综合A股指数期货交易业务在10月暂停。

2010年2月20日，证监会正式批复中国金融期货交易所沪深300股指期货合约和业务规则。2月22日9时起，正式接受投资者开户申请。4月16日正式上市交易。股指期货再次重启。

第八章 认识创业板和新三板

导学

创业板和新三板是资本市场的重要组成部分，然而对很多投资者来讲，却显得比较陌生。为了充分认识这两个新市场，更好地把握市场给我们带来的机遇和风险，我们要了解本章的知识。新市场有新机会，接着读下去吧，你会找到答案。

一、什么是创业板、新三板？

创业板，又称二板市场（Second-board Market），即第二股票交易市场，是与主板市场（Main-Board Market）不同的一类证券市场，专为暂时无法在主板上市的创业型企业、中小企业和高科技产业企业等需要进行融资和发展的企业提供融资途径和成长空间的证券交易市场，是对主板市场的重要补充，在资本市场有着重要的位置。

世界各国对创业板的称呼不同，比如成长板、新市场、证券交易商报价系统等，典型的创业板市场有美国的纳斯达克、英国的AIM等。

2009年10月30日，中国创业板正式上市。

"新三板市场"原指中关村科技园区非上市股份有限公司代办股份转让系统，因挂牌企业均为高科技企业而不同于原转让系统内的退市企业及原STAQ、NET系统挂牌公司（俗称三板市场），故形象地称为"新三板"。目前,新三板不再局限于中关村科技园区、天津滨海、武汉东湖以及上海张江等试点地的非上市股份有限公司,而是全国性的非上市股份有限公司股权交易平台,主要针对的是中小微型企业。

创业板和新三板的设立,进一步完善了我国多层次资本市场体系,形成了主板(含中小板)、创业板、场外柜台交易网络和产权市场组成的多层次资本市场体系。

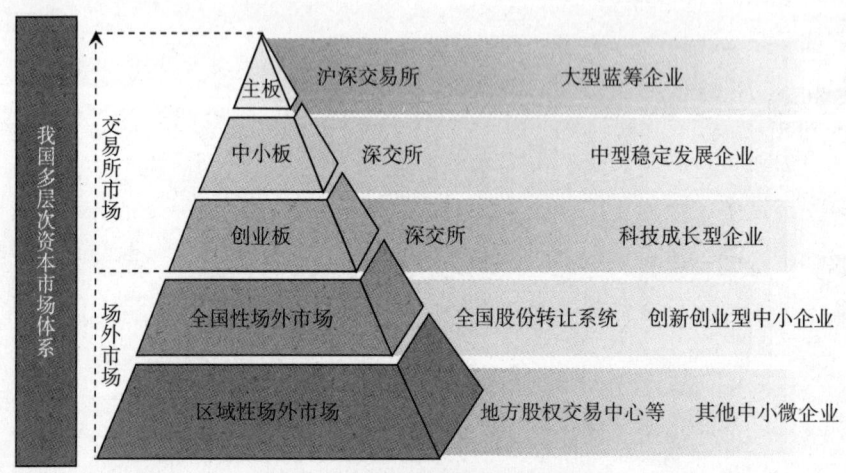

图 8-1 我国多层次资本市场体系

二、创业板与新三板的上市条件

(一)创业板上市条件

1. 创业板上市主体资格

(1)发行人是依法设立且持续经营三年以上的股份有限公司(有限公司整体变更为股份公司可连续计算)。

(2)最近两年连续盈利,最近两年净利润累计不少于1000万元;或者最近一年盈利,最近一年营业收入不少于5000万元。净利润以扣除非经常性损益前后孰低者为计算依据。

（3）公司股本总额不少于 3000 万元；公开发行的股份达到公司股份总数的 25%以上；公司股本总额超过 4 亿元的，公开发行股份的比例为 10%以上。

（4）公司最近三年无重大违法行为，财务会计报告无虚假记载。

2. 企业申请上市应满足的条件

（1）注册资本已足额缴纳，发起人或者股东用作出资的资产的财产权转移手续已办理完毕。发行人的主要资产不存在重大权属纠纷。

（2）最近两年内主营业务和董事、高级管理人员均没有发生重大变化，实际控制人没有发生变更。

（3）应当具有持续盈利能力，不存在下列情形：

1) 经营模式、产品或服务的品种结构已经或者将发生重大变化，并对发行人的持续盈利能力构成重大不利影响；

2) 行业地位或发行人所处行业的经营环境已经或者将发生重大变化，并对发行人的持续盈利能力构成重大不利影响；

3) 在用的商标、专利、专有技术、特许经营权等重要资产或者技术的取得或者使用存在重大不利变化的风险；

4) 最近一年的营业收入或净利润对关联方或者有重大不确定性的客户存在重大依赖；

5) 最近一年的净利润主要来自合并财务报表范围以外的投资收益；

6) 其他可能对发行人持续盈利能力构成重大不利影响的情形。

（二）新三板上市条件

1. 新三板上市主体资格

新三板上市公司必须是非上市股份公司。

2. 申请新三板挂牌应满足的条件

（1）满足新三板存续满两年的条件（有限企业整体改制可以连续计算）；

（2）新三板主营业务突出，具有持续经营记录；必须满足的条件。

(3) 新三板上市企业治理结构健全，运作条件规范；

(4) 新三板上市企业股份发行和转让行为合法合规；

(5) 新三板上市企业注册地址在试点国家高新园区；

(6) 地方政府出具新三板上市挂牌试点资格确认函。

3. 进入新三板创新层的条件

新三板分层，是指在新三板挂牌的数量众多的企业当中，按照一定的分层标准，将其划分为若干个层次，可降低信息收集成本，提高投资分析效率，增强风险控制能力，引导投融资精准对接。同时，通过内部分层，可以在交易制度、发行制度、信息披露的要求等制度供给方面，进行差异化的安排，以促进新三板市场持续、健康发展。目前，新三板暂时分为两层：基础层和创新层。

(1) 新三板挂牌公司进入创新层，需满足以下条件之一：

1) 最近两年连续盈利，且年平均净利润不少于2000万元（以扣除非经常性损益前后孰低者为计算依据）；最近两年加权平均净资产收益率平均不低于10%（以扣除非经常性损益前后孰低者为计算依据）。

2) 最近两年营业收入连续增长，且年均复合增长率不低于50%；最近两年营业收入平均不低于4000万元；股本不少于2000万股。

3) 最近有成交的60个做市转让日的平均市值不少于6亿元；最近一年年末股东权益不少于5000万元；做市商家数不少于6家；合格投资者不少于50人。

(2) 最近12个月完成过股票发行融资（包括申请挂牌同时发行股票），且融资额累计不低于1000万元；或者最近60个可转让日实际成交天数占比不低于50%。

(3) 公司治理健全，股东大会、董事会和监事会制度、对外投资管理制度、对外担保管理制度、关联交易管理制度、投资者关系管理制度、利润分配管理制度和承诺管理制度完备；公司设立董事会秘书并作为公司高级管理人员，董事会秘书取得全国股转系统董事会秘书资格证书。

三、创业板与新三板的风险

从上市条件就能看出,创业板的上市门槛要大大低于原来的主板和中小板,而新三板更是无实质性门槛,这一方面有利于更多科技型和创新型中小企业和普通中小微企业进行融资,另一方面也给投资者带来更多风险。

(一)创业板的风险

1. 上市公司经营风险

创业企业经营稳定性整体低于主板上市公司,不排除一些上市公司会经营失败,从而导致其达不到上市要求而退市。

2. 上市公司诚信风险

创业板公司和投资者之间存在突出的信息不对称问题,完善公司治理,加强市场诚信建设的任务更为艰巨。若大面积出现上市公司诚信问题,会让投资者面临巨大投资风险。欣泰电气于2016年8月22日因欺诈发行和信息披露违法而被终止上市,给投资者造成了毁灭性损失。随着证监会执法力度的加大,相信有更多创业板的诚信问题和违法问题被发现和制裁。

3. 过度炒作而导致的大幅波动风险

创业板上市公司规模小,市场估值难,估值结果稳定性差,而且较大数量的股票买卖行为本身就有可能诱发股价出现大幅波动,股价波动幅度明显高于主板市场。涨幅超过20倍以及跌幅超过80%的情况,都曾在深圳创业板中出现过。

4. 创业企业的技术风险

高科技转化为现实的产品或劳务具有明显的不确定性,必然受到许多可变因素以及事先难以预料的不确定性因素的作用和影响,存在出现技术失败而造成损失的风险。

5. 交易规则改变及停牌带来的风险

创业板的交易规则未来很有可能发生一定的变化。如果不熟悉规则变化，操作过程中将会遇到规则变化带来的风险。

（二）新三板投资风险

1. 运营风险

新三板挂牌公司集中于高新技术企业，技术更新较快，市场反应灵敏，对单一技术和核心技术人员的依赖程度较高，这在本质上决定了其变动性较大。此外，新三板企业通常规模不大，而且其主营业务收入、营业利润、每股净收益等财务指标远低于上市公司，抵抗市场和行业风险的能力较弱。

2. 信息风险

挂牌公司的信息披露标准低于上市公司，投资者基于披露的信息对挂牌公司了解有限。

3. 信用风险

虽然股份报价转让过程有主板券商的督导和协会的监管，但仍然无法避免中止交易的风险，影响投资者的预期收益。特别需要注意的是，股份报价转让并不实行担保交收，可能因为交易对手的原因而导致无法完成资金交收。

4. 流动性风险

由于新三板挂牌条件较为宽松，导致大量的公司可以挂牌交易。截至2017年2月，新三板挂牌企业已经超过10000家。由于投资者可选菜单非常充分，因此很多挂牌企业交易清淡，流动性远远低于主板和创业板，较大数额的买卖变得非常困难。

5. 估值风险

新三板挂牌企业都是科技创新型企业和中小微企业，对投资者来说，属于企业早期投资。新三板企业的估值难度更大，特别是对科技和服务模式的把握，没有良好的产业知识和金融投资知识，估值结果可能差距巨大。

(三) 创业板和新三板的机遇

1. 国家政策扶持

科学技术是第一生产力。中国"十三五"规划将创新驱动发展战略提到前所未有的高度，大力扶持战略新兴产业，旨在通过科技驱动整个国民经济实现质的飞跃。总体和长远来说，创业板和新三板企业面临良好的发展机遇。

2. 投资者可选投资标的增多

通过投资创业板和新三板，投资者可以参与高科技和创新型中小企业的良好投资机会。成熟投资者将能够挖掘出更加具有增长潜力的投资标的，从而实现超额收益。

3. 企业早期投资，带来更加丰厚的回报

企业投资创业板，是在其高速成长阶段进行投资，可能会获得超过主板成熟企业的投资收益率；而新三板基本都是中小微企业，大多数是初创型高科技公司和中小微企业，投资者在新三板的投资实质是一种 PE 投资行为。如果金融知识和投资经验丰富，能够在早期发现和投资高增长潜力的企业，可能会获得类似于 PE 机构的丰厚回报。

四、创业板与新三板的开户条件与要求

由于创业板和新三板巨大风险的存在，因此交易所也对开户投资者提出了更高的要求，以保护广大投资者避免遭受惨重的损失。

(一) 创业板开户条件与要求

(1) 根据证监会等要求，开通创业板交易权限需要满 2 年交易经验。

(2) 需到证券公司现场办理。如果是之前未办理过股票账户的新开户投资者，执意申请开通创业板权限，不满 2 年交易经验需现场签署特别风险提示；如果已有股票账户且已有创业板权限的投资者，新开股票账户时可以直

接开通创业板权限。

（二）新三板开户条件与要求

1. 机构投资者

（1）注册资本 500 万元人民币以上的法人机构。

（2）实缴出资总额 500 万元人民币以上的合伙企业。

2. 自然人投资者

（1）投资者本人名下前一交易日日终证券类资产市值 500 万元人民币以上。证券类资产包括客户交易结算资金、股票、基金、债券、券商集合理财产品等，信用证券账户资产除外。

（2）具有两年以上证券投资经验，或具有会计、金融、投资、财经等相关专业背景或培训经历。投资经验的起算时点为投资者本人名下账户在全国股份转让系统、上海证券交易所或深圳证券交易所发生首笔股票交易之日。

五、创业板与新三板的交易规则(新三板做市交易)

（一）创业板交易规则

创业板目前基本沿用了主板的交易规则（可参与本书第一章相关内容），只是创业板没有 ST 股（特别处理股票，涨跌幅限制为±5%），因为创业板实行直接退市制度，即达到退市条件直接退市，而不是像主板一样先被 ST 处理。

（二）新三板交易规则

二级市场买卖新三板股票交易规则。

1. 交易时间

每周一~周五 9：15~11：30，13：00~15：00，遇法定节假日和全国股份转让系统公司公告的休市日，全国股份转让系统休市。

2. 买卖股票的申报数量

申报数量应当为 1000 股或其整数倍；卖出股票时，余额不足 1000 股部分，应当一次性申报卖出。股票转让单笔申报最大数量不得超过 100 万股。

3. 股价变动单位

股票转让的计价单位为"每股价格"；转让申报价格最小变动单位为 0.01 元人民币。

4. 有效报价区间

开盘集合竞价的申报有效价格区间为前收盘价的上下 20%以内；连续竞价、收盘集合竞价的申报有效价格区间为最近成交价的上下 20%以内；当日无成交的，申报有效价格区间为前收盘价的上下 20%以内。

不在有效价格区间范围内的申报不参与竞价，暂存于交易主机，当成交价波动使其进入有效价格区间时，交易主机自动取出申报，参加竞价。

5. 股票交收实行 T+1

6. 不设涨跌幅限制

六、怎样查询创业板与新三板股票

（一）创业板股票查询

（1）创业板股票的查询代码为 300 开头，即 300×××。输入股票代码+回车，即可查询。例如，爱尔眼科的股票代码为 300015，输入 300015+回车，即可查询到爱尔眼科。

（2）输入创业板股票的简称首字母+回车，查询创业板股票。例如，爱尔眼科简称首字母为 aeyk，则输入 aeyk+回车，就可以查询爱尔眼科。

（3）创业板整个板块的行情报价查询。

输入创业板字母缩写"CYB"+回车，就能看到所有创业板股票的行情报价。相关个股也可以点击进去进一步查询。

（二）新三板股票查询

1. 新三板的查询代码

（1）430开头的新三板股票是做市商改革前上市的股票代码，相当于老的新三板股票。股票查询方式为430×××+回车。例如，输入代码430074+回车，就可以查询德鑫物联。

（2）830开头的新三板股票是做市商改革后上市的股票代码，中证登专门在北京设立登记结算公司，独立开通830证券代码替代了原来的430证券代码。股票查询方式为830×××+回车。例如，输入830978+回车，就可以查询先临三维的股票行情。

2. 输入新三板股票的简称首字母+回车，查询新三板股票

例如，hhll+回车，就可以查询海航冷链。

插曲：中国股市骗术小伎俩

您是否接到过这种电话：你好！我是某某私募的。您有兴趣跟我们做股票吗？我给你推荐一只股票，你明天跟踪好吗？

你在挂掉电话后，可能很好奇：他（她）说的股票究竟怎样？经过次日跟踪，发现他们说的股票涨停了或大涨了。

连续几次，他们说的股票都涨停或者大涨。这就可能大大地让你动心了，你可能为他们精湛的选股技艺而啧啧称赞，终于决定交会员费跟他们干了。

交了大量的会员费加入会员后，他们再给你推荐的股票，没有一只是大涨的，反而是高位套牢，长期被套。这样惨烈的结局不禁让你懊恼：明明他们开始说的股票都会大涨，为什么一加入会员了，反而出现大跌呢？

这其实是一个股市骗术小伎俩，其骗术流程是这样的：

第一步，在推荐股票的前一天（不是当天让你买，而是次日关注），他们（所谓私募）自己会募集一定的资金，资金量足以让一只股票封住涨停板（注意，一定是流通盘不大的股票。流通盘越大需要的资金越多）。

第二步，拉升前一天通知公司招募的大量员工，向全国各地的股民打电话，让所有股民都关注他们的目标股。

第三步，将目标股迅速拉到涨停板，不会给散户介入的机会。同时，业务员继续打电话回访，刺激你加入他们的会员。

第四步，你交纳费用加入会员。然后，他们给你推荐股票，结果将你套住。

这四步每一步都是不可缺少的，四步环环相扣。但这四步都有疑点，我们分别来做一下解释。

第一步，准备足够将自己要"推荐"的股票拉涨停的资金。也就是说，他们后面给你说的股票涨停，并不是他们的选股能力，而是他们自己将股票拉升到涨停板。而几次给你推荐股票出现涨停，你往往会将这归结为他们选股能力精湛，才会加入他们的会员。

第二步，他们打电话给你推荐股票一般都是收盘后，让你第二天关注，而不是当日盘中让你买。因为，股票炒作短期内看就是零和游戏。如果主力让你买入然后再拉升，这种"抬轿子"行为与分给你现金有什么区别？别傻了，主力与你无亲无故，为什么要给你推荐股票而且是涨停板的股票？

经济危机后很多大学生找不到工作，特别是在东部沿海。他们被所谓私募廉价雇用来打电话。你的电话是一些与证券相关的单位出卖给这些骗子公司的。打电话的主要目的是，让全国各地的人都了解他们的"实力"。

第三步，拉到涨停板（或者大涨），主要就是让广大中小投资者感受到他们的"实力"。有了钱拉到涨停板是水到渠成的事情。拉到涨停板有一个非常重要的意义，那就是广告效应。一般投资者都是喜欢涨停板，特别是那些散户，一听涨停板就来精神。连续几次被涨停板刺激，他们终于忍不住诱惑，要和所谓的"私募"合作了。

第四步，交费加入会员，你终于上钩了。你可能会说，没关系啊，我只交纳了几千元或者几万元的会员费而已。你会认为，他们的真正目的是赚取我的提成啊，我不赚钱他们是赚不到大钱的。是这样的吗？我们来分析。首先，他们集中所有的力量拉一只股票，而这只股票是在全国做广告，他们让什么都不懂的业务员忽悠股民交会员费，全国各地的人都交费，集中起来却是笔可观的费用。但还有一笔账，假设拉一只股票到涨停需要 3000 万元的资金，而全国各地只征收到 2000 万元会员费，是不是得不偿失？答案是，不会。他们拉到高位的股票，已经盈利颇为丰厚，这个时候正好要找出货对象。怎么找呢？简单，让业务员打电话给那些所谓的会员，让所有会员倾其所有购买该股。很快主力就出掉货了，股票兑换成现金了，大获全胜。而那些所谓的会员还在想，我赚不了钱，他们也赚不了钱，所以死耗，结果越耗越亏。因为你的资金早已被主力偷梁换柱成一只不名一文的垃圾股了，换句话说，就是你所有的资金被他们拿走了。

一个戏剧性的结局是，许多财迷心窍的中小投资者因为人家几番小伎俩就花了大把会员费，买了一个高位被套的机会。其实你的钱都被他们拿走了。记住，他们赚的是你的钱，而不是股市的钱。

与其抱怨连天，不如动脑预防，杜绝事情再次发生。散户的口头禅："当初……"钱没了，"当初"有什么用。不动脑筋、不长见识，再给你 100 次"当初"，你也会上钩，这个是有必然性的。所以，放弃那些所谓的"当初"吧，好好学习真正的知识，这样，做起来才会实在和持久。

现在的江湖骗术严重玷污了"私募"这个神圣的称谓，败坏了这个行业的风气，为我们所不齿。

读到这里，本书已经学习完了。你可以纵横股市了。但在实战中你仍然会遇到很多问题，那个时候，你需要再将本书复习一遍，你依然会发现本书能够告诉你答案。

写在后面的话

　　由于事务繁忙，对于大家的来信，我非常遗憾不能够全部回复。谢谢大家的理解！如果您感觉本书有价值，请您推荐给每一个需要它的人。衷心地祝愿广大读者取得投资的成功！

江　山

关注作者，可扫描二维码加微信公众号：估值在线。